U0924867

旅游消费者行为

孟波◎编著

中国旅游出版社

前　言

本书的出版离不开时任我们学校旅游管理系主任、山西旅游大数据实验室创办人和负责人刘改芳教授（现任山西大学历史文化学院科研副院长）的大力支持和帮助。刘改芳老师作为专业上公认的领路人和指导者，在2020年帮助山西大学的旅游管理专业成功入选了“国家一流本科专业”建设点，这直接带来了国家在资金和政策上的支持，促使学科的发展进入了快车道。在这种情况下，教学和科研上的努力和发展成了必须和急迫的事情。

在此背景下，我们开始筹备旅游消费者行为相关教材的编著工作。本书的初稿由我和山西大学旅游管理系的硕士研究生们共同完成，他们是19级（李灵慧）、20级（张洁娜）、21级（邢娜、杨佳楠、胡大可、秦端阳，王怡雯）和22级（罗丹）这几届的同学。在初稿完成后，我又重新进行了一次统一校对，同时邀请了我系的安微娜老师、王雅婧老师、王婷婷老师、李燕燕老师一同进行了二稿的撰写工作。二稿在一稿的基础上对部分内容进行了增加和删减，经过大约一个学期的努力，最终完成了终稿。最后，罗丹同学还对全书的格式和文献进行了校对。

具体写作分工如下：孟波撰写第1章，张洁娜和孟波撰写第2章，李灵慧和孟波撰写第3章，孟波撰写第4章，罗丹撰写第5章，王婷婷撰写第6章，王雅婧撰写第7章，邢娜和孟波撰写第8章，杨佳楠撰写第9章，李燕燕撰写第10章，胡大可和孟波撰写第11章，孟波撰写第12章，秦端阳和孟波撰写第13章，孟波撰写第14章，王怡雯和孟波撰写第15章，安微娜撰写第16章。

在编写教材的时候，我们力图在以下几个方面进行了新的尝试：

- 每章都增加了“开篇”部分，引导读者更好进入学习。

●增加了“章节概要”内容，帮助读者快速把握和理解所要学习的知识要点。

●章节末增加了“学术用语”的部分，同时在正文中对该术语进行加黑处理，帮助读者随时查找，更好把握专业词汇。

●图表采用了中英双语展示，通过追溯英文原始表达，消除不同翻译带来的理解误差。

●部分章节增加了“知识延伸”部分，让读者有一定的延伸阅读。

●对“知觉”和“态度”两个比较重要的部分，增加了“应用”的章节，实现了知识层次（理论部分，第 5 章和第 11 章）和能力层次（应用部分，第 6 章和第 12 章）的同步提高。

●必要的章节增加了相关的问卷量表题项。读者可以利用这些量表，迅速编制出问卷，进行调研和分析；行业的从业者也可以借此撰写工作调研报告。

●每章末还增加了国情和思政方面的思考题，拉近了理论和现实生活的距离，通过旅游理论分析实际情况，挖掘旅游现象的本质，融入爱国主义教育，帮助读者建立正确的国家价值观、文化观、人生观。

老师们都在不同程度上增添了新的视角，提升了教材的质量。其中，王雅婧老师 20 多年一直承担《旅游市场营销》等相关课程的教学任务，对消费者行为的知识有着独特的理解。另外，李燕燕老师一直从事旅游信息的相关教学和科研工作，对全书进行了审阅，尤其对相关习题和知识点的选择提出了不少建议和意见。而且，李燕燕老师还承担着旅游消费者行为的教学任务（我俩每人承担半个学期的教学任务），在旅游统计分析、旅游信息和课程设计方面的经验也对教材进一步完善起到了帮助作用；安微娜老师一直从事旅游文化学和旅游经济学方面的研究，不同的知识体系对消费者行为的理解增加了新的视角；王婷婷老师一直深耕于酒店、旅行社等接待业领域，海外学习和工作的经历提高了教材的国际视野。老师们专业的知识背景、丰富的教学经验以及同学的勤奋努力都给了我强大的心理支持和信心保障。

在编写教材的过程中，有过痛苦和迷茫，但更多的是团结和感动。除了基本教学任务之外，老师们大多有着科研和行政事务的压力（很多老师同时承担着国家社科项目、省级精品课程建设，以及系内副主任、学生活动中心、本科生导师等工作），而研究生们本身也有着很重的课业压力（硕士一年级几乎满课）。在这种情况下，我们这一群人仍投入大量时间找资料和文献，抽出零碎时间集体讨论。大家克服困难，齐心向上的这段集体奋斗的经历，现在想来实属难能可贵。值得一提的是，我所指导的研究生在参与编写教材的过程中，也得到了学习和研究上的进步。同学们都在旅游消费者领域确定了自己的研究方向，并撰写相应的学术论文。可以说，教材的编写给予了我们无限的研究灵感。

在最后的出版过程中，刘改芳教授在百忙之中仍在关心书籍的出版事宜，多方联系出版社信息，提供出版方面的建议和安排，尤其还安排了自己大数据实验室的杨成林研究员（系我系 18 级硕士研究生毕业）在出版合同的签订和财务手续上提供了及时而快速的帮助。在此特别感谢杨成林研究员给予的无私帮助。

此外，还要感谢中国旅游出版社的相关工作人员，在出版任务紧迫、时间紧张的情况下，中国旅游出版社的工作人员以及李冉冉编辑以高效和准确的工作态度帮助我们出版教材。可以说，没有这些工作人员的辛勤努力，这本书不可能如此高效率地得以出版。

写下这段文字的同时，也正值山西大学 120 年校庆。120 年的时间，对一所学校是一段征程和一个新的历史起点。而在这个特殊的历史节点，消费者行为教材的完成似乎也意味着我们对过去工作的总结，同时也似乎意味着我们在旅游领域新的开始。

最后，本书也可能存在一些错误和疏漏。在此还请广大学者、同事和同学们不吝赐教，以求不断进步，促进旅游相关专业和知识的不断发展。

孟波

于山西大学　历史文化学院　主楼

2022 年 9 月

目录

Contents

第一部分 导论：旅游者行为基础 | 001

第 1 章 旅游消费者行为概要 | 002

第二部分 决策过程 | 025

第 2 章 决策过程：旅行前 | 026

第 3 章 决策过程：旅行中 | 048

第 4 章 决策过程：旅行后 | 066

第三部分 内部影响 | 077

第 5 章 知觉与旅游行为的理论 | 078

第 6 章 知觉与旅游行为的应用 | 090

第 7 章 学习、记忆与旅游行为 | 108

第 8 章 性格与旅游行为 | 130

第 9 章 动机与旅游行为 | 145

第 10 章 满意度与旅游行为 | 161

第 11 章 态度与旅游行为的理论 | 173

第 12 章 态度与旅游行为的应用 | 186

第四部分 外部影响 | 197

第 13 章 群体影响 | 198

第 14 章 社会阶层与生活方式 | 213

第 15 章 家庭与旅游行为 | 227

第 16 章 文化与旅游行为 | 241

第一部分

导论：旅游者行为基础

第1章 旅游消费者行为概要

开　篇

星巴克（Starbucks）的成功证明了消费者行为和体验研究的重要性。星巴克为消费者提供了不同的咖啡产品，消费者可以在店内点一杯咖啡，坐下来慢慢品尝；也可以购买咖啡豆，用磨好的咖啡豆自己制作咖啡。不过，在咖啡店购买一杯现成的咖啡可能需要支付更多的钱，原因是商家提供的不仅是咖啡本身，其中的服务体验会被消费者认为是一种产品，产生价值，让消费者愿意支付更多费用。在星巴克的咖啡店里，印着专门图标的咖啡杯、优雅的环境、咖啡香气等都成了消费体验的一部分。这些体验最终都对消费者的行为产生影响。

像这样，星巴克会为消费者提供体验，而且还不断做出新尝试和改变。而这一切都基于对消费者体验和行为的深刻理解。而在旅游要素中，无论是迪士尼、环球影城等主题乐园，还是希尔顿等国际星级酒店，又或者是埃菲尔铁塔、伦敦眼这样的世界级旅游目的地，这些企业的管理者也都和星巴克一样，为了给顾客提供极致体验，不断寻求理解旅游消费者行为的方法。旅游目的地的营销和管理者都需要通过正确理解旅游者体验和行为制定相应的营销方案和策略。

本章的目的是为全书提供基础性的理解以及结构框架（详见章节概要部分）。为了对旅游消费者行为有一个整体性的认识，我们首先会对消费行为做概要性介绍，之后会突出介绍消费者行为中的介入行为，并由此为依据，介绍消费者的决策过程。通过旅游消费者概念的理解，我们就可以具体讨论旅游消费者决策过程的一般性框架。

学习目标

- 界定消费者行为。
- 理解消费者的介入。
- 理解旅游者的决策模型。
- 理解选择域的概念。
- 理解 Um 的旅行模型。
- 了解 Crompton 的旅行模型。
- 了解 Woodside 和 Lysonski 的模型。

章节概要

一、旅游者行为概要
　1. 消费者行为的定义
　2. 消费者行为的研究
　3. 消费者行为的重要性
二、消费者决策过程与介入行为
　1. 消费者的决策过程
　2. 介入的概念
　3. 介入的决定因素
　4. 介入的测量
三、旅游者的决策
　1. 旅游者的决策过程
　2. 旅游者的决策模型
　3. 旅游目的地的选择行为
四、旅游者行为的理解
　1. 旅游者的概念
　2. 旅游者行为的概念
　3. 旅游者行为框架

一、消费者行为概要

（一）消费者行为的定义

我们在和别人交往的时候，往往会好奇对方想法：对方的生日如何度过？喜欢什么样的礼物？喜欢什么样的食物？在消费领域也是如此，但企业的经营者和相关学者们想知道的并不只是恋人们的想法，他们更想知道企业应该生产什么样的产品；比如，在长隆、方特等主题乐园里应该增加什么样的娱乐设施，消费者渴望拥有什么样的体验等。为了解这些消费者的想法和行为，人们不懈努力、探索，逐渐形成了消费者行为的相关知识，形成了理论。

因此，**消费者行为（consumer behavior）**描述了消费者对服务和产品以及对相应的营销策略的反应。具体来讲，消费者行为是满足消费者需求和期待的产品，包含了消费者选择、购买、使用、评价以及处理的过程。

虽然对于消费者行为的看法，学者们有着不同的意见，但总体来讲都包含了“为什么”和“怎么样”两个方面。也就是说，消费者为什么购买这个产品，为什么使用这个产品，这个过程是怎样的？因此，消费者行为和心理学有着密切的关系，也会应用到很多社会学的相关理论。

（二）消费者行为的研究

消费者的行动过程是怎样的？这肯定是产品制造者最为关心的问题之一。在产品供应小于需求的时候，消费者的想法和行为对产品制造者来说可能没有那么重要；但当产品供应逐渐大于需求、产品销售没有进一步提高的时候，企业就会寻求广告、社交媒体等方式对自己的产品进行宣传。这个时候就非常有必要对消费者行为进行系统性研究了。为了弄清楚消费者行为的相关问题，学者们利用多种方法进行了研究。从这些研究结果中逐渐理解了影响消费者行为的因素包括内部因素、外部因素共同作用，以及消费者对企业的宣传广告和营销活动的反应。

上述的这些研究内容也就决定了我们需要借用很多基础学科的理论和方法，尤其是心理学、社会学、社会心理学，人类学等学科占据了很大的比重。而其中**认知心理学（cognitive psychology）**对研究产生了相当大的贡献。

具体来讲，消费者行为的研究所关心的是产品和服务是如何让消费者产生感知和记忆，为什么喜欢 / 讨厌（态度），如何决定购买（决策过程），为什么购买（动机），个人偏好和性格等个人特性如何影响购买行为。

另外，人所处的外在环境——收入、教育水平、年龄等社会经济变数，以及社会阶层、家庭、朋友等群组也会影响消费者行为。从更大范围来看，还应该掌握文化和国家等因素对消费者购买行为的影响。这些话题也都是旅游消费者行为中需要详细论述的部分。

（三）消费者行为的重要性

消费者行为的理解，在多个方面都体现其重要性。这其中最容易理解就是对市场营销制定所产生的指导作用。消费者行为的理论、假设和实证研究的基础给决策者提供了更好的决策依据。相比于经验和知觉的决策，有着更加科学的基础，因此也更容易成功。

另外，理解消费者行为对企业和政府都有好处，比如可以为企业（如酒店、景区、旅行社）和相关组织（文化和旅游主管部门）的营销活动提供大致的行动指南。在了解消费者行为之后，企业和政府可以根据需要和欲望做出恰当的反应；企业可以评估公司的财务、设备、营销能力、服务能力等是否有相对优势，判断企业是否可以进入市场；政府也需要评估经济状况、自然状况和技术发展是否能够推行相关的政策。

营销决策需要消费群体的信息，涉及科学的市场调研方法（观察法、访谈法、问卷法等）。市场调研者需要使用诸如市场报告、内部财务数据、专家询问等二手数据，也可以根据焦点访谈，个人深度访谈和问卷发放的一手数据得到综合的消费者信息。

其中，能够提高关于消费者问题背景的看法和理解的方法被称为**定性调研（qualitative research）**。定性的研究方法有很多类型，具有代表性的包含焦点小组（及在线焦点小组座谈）、深度访谈、投影法（常用的投影法包括词语联想法、句子完成法、图片相应法、漫画测试法、角色扮演法、第三者技术等）、民族志调研等。

而通过量化分析，依赖某种形式的统计分析的方法被称为**定量调研（quantitative research）**。在大部分消费者行为的调研中，需要先做定性调研，然后才是定量调研。定性调研有助于更深刻理解问题的环境背景以及基本事项，为定量调研打下基础。

另外，消费的伦理问题也逐渐被全社会关注。由于企业的趋利性，经常还是会发生企业不顾消费者的利益（高卡路里、高脂肪、高盐等健康问题）开展营销活动的现象。如何负起企业的社会责任，打造绿色可持续的产品（包括旅游产品在内）已经成为时代的要求。

二、消费者决策过程与介入行为

（一）消费者的决策过程

不同学者对消费者购买决策过程的理解略有不同，但大体上都可以区分为五个阶段：需求和认知阶段、信息的搜索阶段、评价和选择阶段、购买和消费阶段、消费后评价阶段（见图 1.1）。

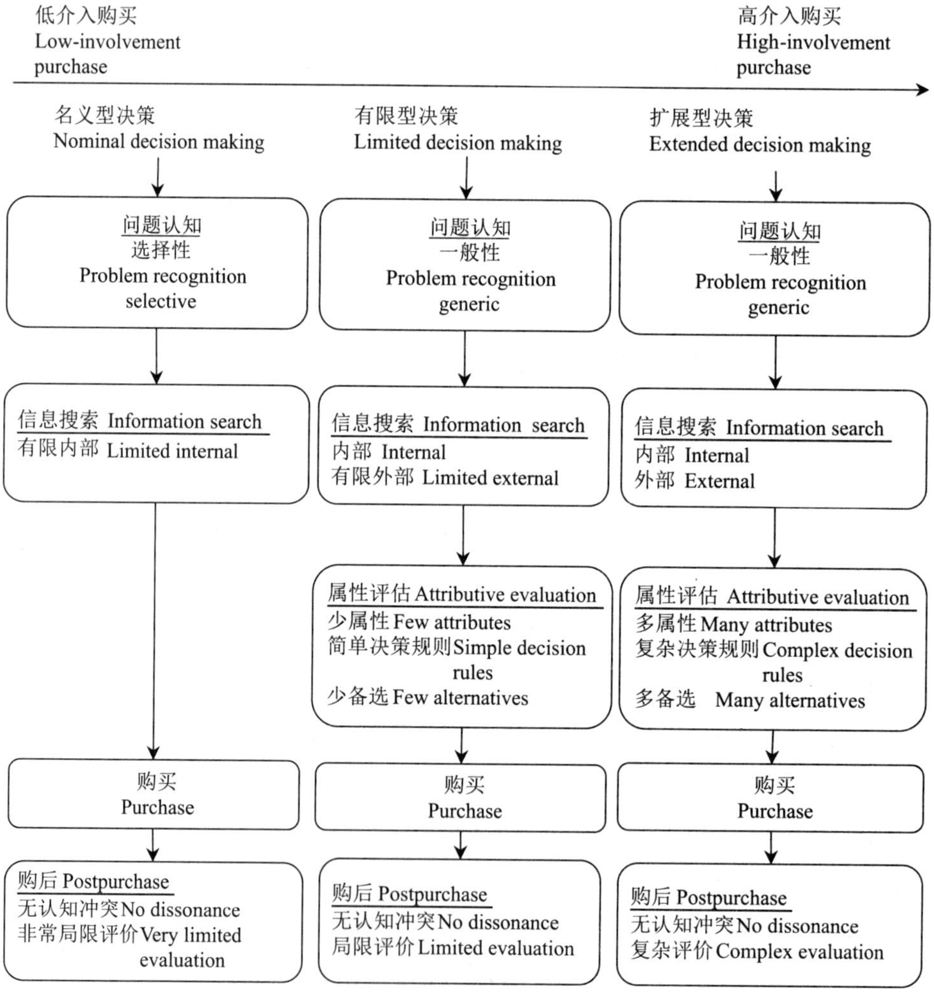

低介入购买 Low-involvement purchase → 高介入购买 High-involvement purchase

名义型决策 Nominal decision making
- 问题认知 选择性 Problem recognition selective
- 信息搜索 Information search
  有限内部 Limited internal
- 购买 Purchase
- 购后 Postpurchase
  无认知冲突 No dissonance
  非常局限评价 Very limited evaluation

有限型决策 Limited decision making
- 问题认知 一般性 Problem recognition generic
- 信息搜索 Information search
  内部 Internal
  有限外部 Limited external
- 属性评估 Attributive evaluation
  少属性 Few attributes
  简单决策规则 Simple decision rules
  少备选 Few alternatives
- 购买 Purchase
- 购后 Postpurchase
  无认知冲突 No dissonance
  局限评价 Limited evaluation

扩展型决策 Extended decision making
- 问题认知 一般性 Problem recognition generic
- 信息搜索 Information search
  内部 Internal
  外部 External
- 属性评估 Attributive evaluation
  多属性 Many attributes
  复杂决策规则 Complex decision rules
  多备选 Many alternatives
- 购买 Purchase
- 购后 Postpurchase
  无认知冲突 No dissonance
  复杂评价 Complex evaluation

图 1.1 消费者决策类型和介入程度

资料来源：MOTHERSBAUGH D L，HAWKINS D L. Consumer behavior：Building marketing strategy［M］. Los Angeles：McGraw-Hill，2015.

在这个过程中，消费者是否投入了很多的时间和精力进行了慎重的思考？是首次购买某产品，还是已经是反复购买产品？这些情境会有不同的决策过程。

首先，此时消费者可能不会思考，是一种单纯直接购买的行为（比如，家里的牙膏用完了所引发的直接购买）。这种在日常生活中的反复购买的形式，也常被我们称为**名义型决策（nominal decision）**。在有限时间和精力的条件下，如消费者购买自己非常熟知的品牌或者通过简单信息判断（如购买最便宜的品牌）进行决策。这种解决问题的方式被称为**有限问题解决（limited problem solving）**。

除此之外，有些消费者会在购买某产品时在信息收集和评价选择方面投入很多时间和精力，这种问题决策的方式被称为**扩展问题解决（extended problem solving）**或广泛决策过程。

因此，我们经常以消费者是否投入时间和精力、是否做过慎重的思考作为标准，把决策的类型分为三类：名义型决策、有限性决策、扩展性决策。

首先，名义决策的消费者行为是一种习惯性购买，是一种为了解决日常问题的习惯性决策。因此，名义决策发生在消费者介入程度很低的情况下。消费者经过内部信息的搜索（长期记忆）找到自己熟悉的品牌，产生购买行为。名义决策还可以区分为忠诚购买和习惯性购买。在忠诚购买中，消费者对产品的介入程度相当高（有丰富的产品相关知识），而在购买的时候介入程度很低。相反地，有的消费者并不忠诚于一个品牌，会认为所有的品牌一样。他们没有相关产品的知识，当下次购买时会习惯购买上次购买过的产品，但不忠于这个品牌。当有新的品牌出现时，有可能会更换品牌。

其次，和名义决策相比，有限性决策同时包含了内部信息的搜索和外部信息的搜索，但备选方案较少，可进行判断的产品属性也较少。消费者通过有线的信息进行简单的判断，也很少在购买之后进行评价，因此是介于名义决策和扩展决策之间的决策类型。有限决策的发生会依赖于情感或情境。消费者刚换一种产品，并不是因为对现在使用的产品感到不满，而是在情感上厌倦了它们。消费者可能只是因为其他产品的新奇而转变了产品的使用。

最后，扩展性决策包含了大量的内部信息搜索（回忆）和广泛的外部信息搜寻，对很多同类产品进行复杂判断，也有购买后评价。因此，扩展性决策发生在消费者介入程度很高的情况下。在日常生活中，能够达到大量介入程度的时候并不多，但在涉及重要产品（房、车）购买时以及复杂产品（电脑、手机等电子产品）购买时则比较多见。

（二）介入的概念

从上面的决策过程中也可以看出，消费者的决策行为是根据介入水平来进行区分的。因此，**介入（involvement）**作为消费者的特性的重要概念，也贯穿了全书。从含义上来说，介入被认为是由于特定情境下产生刺激后发生的个体重要程度或者关心程度。

理论上，消费者介入的概念可以在**社会判断理论（social judgement theory）**中找到根据。根据该理论的阐述，个体在接受他人的说辞时会有三个区域：一是接受区域（latitude of acceptance），二是拒绝区域（latitude of reject），三是无关区域（latitude of non-commitment）。

一般来说，人们在接受在自己的接受区域内的意见时，会认为这些意见接近自己的想法；而遇到和自己相左的意见时，则会认为这些意见和自己的不同。这些感知会影响自己的社会判断。人的介入程度也和这种区域的划分有关联，人的判断会随着介入程度的不同而产生不同。

另外，介入程度越高的消费者会越加坚持自己的意见，外部刺激对其产生的范围也会随之变小，而介入程度低的消费者对外部刺激的范围则会变大。因此，高介入消费者会更难接受营销的信息，而低介入的消费者则会更容易接受营销信息。

（三）介入的决定因素

影响介入程度的因素大体可以分为五类。

（1）人的个体本身。人的个体对于购买的商品或服务本身就有不同的介入程度，尤其相较于不那么想购买的商品来说，人对于自己想要购买的产品，其介入程度更高。比如，一个人想在休年假时去某个地方旅游，他就会更加关心这个地方的广告等相关信息，有较高的介入程度。一般来说，旅游产品和其他商品相比，被认为有更高的介入程度要求。

（2）价格。价格同样也被证明和介入程度有关。一般来说，价格越高则介入程度越高。消费者在购买如住房、汽车等大件商品时，有着更高的介入程度；而在购买口香糖、洗衣粉等日常用品时，其介入程度则较低。当然，现实情况中也存在着即使价格不高却伴随着高介入行为，或者价格较高却是低介入行为的情况。比如，海外旅行往往需要较高的花费，但也会有人只咨询了很少人的意见就做出了决定；而对于花费不多的旅游纪念品，有的人却会听取很多人的看法和意见。

（3）营销活动。通过人为的营销活动，可以增加消费的介入程度。比如，有一个不知名的旅游目的地，为了宣传可能会依靠名人做广告，或者通过电视剧、综艺节目等加以宣传。

（4）情境。对新婚旅行和一般的家庭旅游，消费者的介入程度会有不同。大部分人会觉得新婚旅行一生只有一次，会更加慎重并倾注更多的经历，表现出了高介入程度。

（5）个体差别。包括个人的兴趣爱好、社会经济特点等。比如喜欢照相的人会表现出更多对相机的兴趣；收入越多的人对高价产品的兴趣越大；在有共同兴趣爱好的车友会中，有更多相关产品的信息，介入的程度也就越高。

（四）介入的测量

学者们为了测量个体对产品或服务的介入程度付出了很多的努力。文献中的介入量表可以分为单维度和多维度量表。

单维度的代表性量表有个人介入量表（Personal-Involvement，PII），多维度的量表被称为介入画像（Involvement Profile，IP）。个人介入量表有20个题项，可以测量个人对服务和产品的介入程度。相反，多维度量表中的维度包含有快乐价值（hedonic value）、感知重要性（perceived importance）、象征价值（symbolic or sign value）和危险感知（risk probability）等维度。

表1.1 旅游者的介入量表（Tourists Involvement）

我完全融入这里了。 I am completely absorbed by this place.
我沉浸在这个地方了。 I am involved in this place.
当我在这个地方的时候，我经常会完全沉入其中。 I am often totally immersed when I am in this place.

资料来源：MENG B，CHOI K. An investigation on customer revisit intention to theme restaurants：The role of servicescape and authentic perception［J］. International Journal of Contemporary Hospitality Management，2018，30（3）：1646-1662.

表1.1是旅游者介入的单一维度量表。利用量表，我们就可以测量旅游者的介入程度以及这些程度和其他变数之间的关系。

三、旅游者的决策

很早以前，旅游营销的学者们就对决策过程颇感兴趣。尤其是在激烈的商品竞争环境中，服务和产品如何被旅游者接受，旅游的相关购买者如何对不同的旅游产品做出决策是制定多种营销手段的重要方面。也正因为这样，有关旅游中的决策过程的相关研究也日益丰富。一般消费者的决策过程对于理解旅游消费者的决策过程起到了基础性的作用，也影响到了旅游消费者决策的研究。大部分的研究人员认为消费者的决策过程是顺次的、阶层的结构。

在旅游中，旅游者的决策过程可以大体分为两个模型。一个是旅游者的一般性模型，另一个是旅游目的地选择模型。和一般消费者类似，旅游者也经过了问题识别、信息搜索、产品评估、购买消费、购买后行为等阶段。

（一）旅游者的决策过程

这里为了方便理解，我们从小明的例子中看一下旅游者的决策过程是怎样的。小明想度过一个有意义的假期。为了达成这个目标，小明首先到网上寻找了旅游的相关信息，经过思考最终决定去海外旅行。按照计划，他准备在一周的休假期间去新西兰滑雪，并参与观看企鹅等活动。所以他买了飞机票并预订了酒店。最终，小明愉快地度过了一周的假期。从这个过程来看，小明度假的行为到底和购买汽车等消费行为有什么不同？换言之，购买新西兰旅游这种商品和购买汽车行为的决策过程有什么不同？

先从结论来讲。很多旅游学者认为这两种决策过程非常相似。旅游活动也是满足人们旅游欲望的一种目标指向行为。旅游者产生了旅行的欲望，为了使这种欲望得到满足，会进行信息的搜索和评估，然后决定去旅行并参与旅游活动。最终，旅游者回来之后，还会进行事后的评价。但从不同点来讲的话，旅游者的决策并不是一个单独的选择，而是在不同的时间点做出的复杂决定过程。在一段的时间内，旅游要面对和众多旅行要素（旅游目的地、住宿、同行者等）相关的决定。

旅游者决策过程中最先要做的事情就是要确认出行的必要性。也就是说，旅游者到底要离开自己的家去旅游还是要待在自己的家里。在问题认识过程中，个体则会受到个人和家庭价值差异（如年龄、教育程度、代际观念），需求水平等内部因素以及周围环境（朋友、亲戚的推荐，广告的营销）等外部因素变化的影响。

下个阶段则是信息的搜索和评价的过程。这个过程是为了解决认识到的问题，准备“解决方案”，对信息进行比较搜索过程。在这个过程中，大部分的旅游者为了获取信息，会通过网络搜索、问询旅行社、促销活动等多种信息源进行评价，也会通过朋友和亲戚的先前体验或建议进行多种准备。

当搜集到足够的信息，旅游者就会评估不同的旅游产品和服务，最终选择一个旅游目的地。这种决策过程也会由家庭成员们共同决定，需要确定旅游目的地、住宿类型、同行者、交通方式、旅行时间等众多事项。

同时，旅游者的决策过程包含了对旅游目的地的选择，也包含了旅游活动结束之后的评价阶段。这种情况下，旅游活动是不可或缺的重要部分，这其中包含了具体的旅游活动、旅行路线、每天的支出费用，以及休息和用餐地点、时间等。在旅游决策的最后阶段，也就是旅游之后的评价阶段，旅游者会通过旅游活动是否满足了自己的期待来进行评价，这些评价会对未来的旅游决策过程产生影响（见图 1.2）。

决策阶段	问题认知 Problem awareness	信息搜寻/评价 Information search	购买决定 Purchase decision	旅游活动 Tourism activities	旅游后评价 Post-trip evaluation
决策特点	旅游需求感知	为解决问题的产品搜寻和评价	可能的产品中最佳选择	能够满足需求的实际旅游活动	旅游后度决策的评价
决策内容	旅游必要性、是否出发等	信息搜索的方式、内容、评估内容	目的、同行者、交通、住宿、就餐、费用、日期	具体旅游活动	评价标准、方法、内容、满意/不满意
内部影响	价值观、年龄、教育水平、需求水平、动机	旅游活动相关的过去回忆和体验	决策方法、有无子女等	个人偏好、年龄、需求、预算	同出发前的信息一致性、花费是否物有所值
外部影响	邻居、朋友的劝导，广告，文化	大众媒体、口碑、旅游吸引物等	时间、经费、旅游目的地可进入性	设施使用、设施条件、气候天气、同行者偏好	他人评价、同行人评价

图 1.2 旅游者的一般决策过程

资料来源：KIM B，JANG H. The influences of Children in family tourists decision making process. 51th TOSOK conference proceedings，2002，244–257.

（二）旅游者的决策模型

旅游者做出怎样的决定，以及受到怎样的影响？从以上问题出发，旅游的研究者开发了相关的旅游者决策模型。这其中最早的是 Mathieson 和 Wall 在 1982 年开发的旅行购买行为决策模型（见图 1.3）。此模型认为人们通过旅行所获得的体验可以分为 5 个阶段：旅行准备阶段、从家出发到旅游目的地流动阶段、到达目的地的活动阶段、重新从旅游目的地出发回家阶段、回到家里的回想阶段。

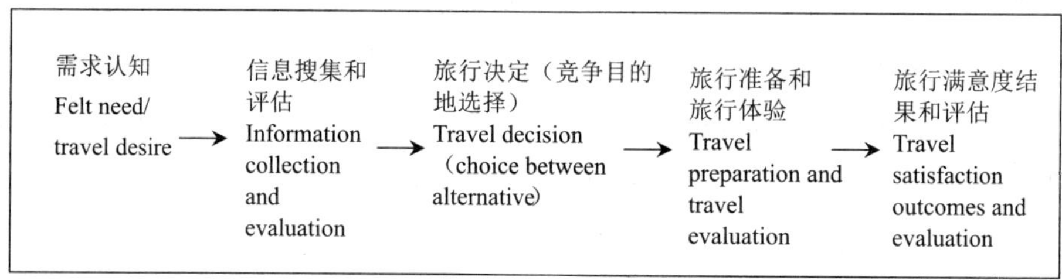

图 1.3　Mathieson 和 Wall（1982）的旅行购买行为模型

在这个过程中，会涉及很多的决策过程。除此之外，消费者行为中还有休闲旅行模型（vacation-sequence model）、理性行为模型（the theory of reasoned action）和计划行为理论（the theory of planned behavior）、刺激—反应模型（stimulus-response model，SR）。

综合这些模型来看，消费者的模型基本可以区分为购买前、购买中和购买后的三个阶段。购买前阶段都涉及需求和认知的激发阶段，是偏好、动机和期待等要素的形成阶段；购买阶段是受到市场营销的刺激、产生信息搜寻对同类产品进行评价的阶段；购买后符合期待与否、满意与否的阶段则是购买后阶段。消费者对购买后阶段的评价则又会成为影响下次购买前阶段的因素。

先前的研究中，还会有一些模型对其中某个或某些影响因素进行研究，如性格、动机、态度、学习等都是决策过程中重要的影响因素（见图 1.4）。

另外，在决策过程中的个人偏好、社会经济学变数、家庭、群组团体、文化等要素也都会产生影响。比如某人想买一件衣服，但是经济条件不允许，或者家庭和社会文化不赞同这种衣服，他就会减少买这个衣服的意向。

但是，旅游者的决策过程和上述所总结的模型仍然有距离，这些模型是在理想化状态下的总结。在不同的旅游情境下，旅游者会受到很多要素的共同相互作用。尽管如此，这些模型（包括一些旅游方面的扩展模型）对我们认识旅游者的一般行为起到了关键的作用。

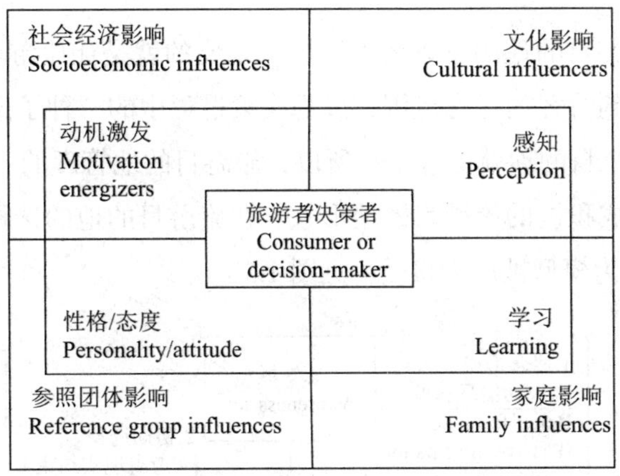

图 1.4 Gilbert（1991）的旅游者决策模型

（三）旅游目的地的选择行为

对前面所述的旅游者决策过程进行总结的模型就被称为旅游行为的一般模型。旅游研究人员认为，在旅游的决策过程中，最重要的就是目的地的选择。

当然，这其中最重要的原因就是大部分的旅游决策是在选择了旅游目的地之后才产生的。比如，去度假的时候，我们会首先选择旅游目的地，之后才选择相应的交通方式（飞机、租车、火车等）、酒店以及旅游目的地的相关旅游活动。正因为这个原因，旅游者如何选择旅游目的地，为什么喜欢一个特定的旅游目的地就成了长久以来吸引学者研究的有趣话题。当然，这些研究也很大程度上受到了消费者行为研究的影响。

选择域（choice set）。旅游目的地选择行为研究的学者们认为，旅游者在选择目的地的时候，会在心中预留几个候选目的地，之后随着时间增加逐渐减少，最终通过这种减少的过程，寻找出最终的旅游目的地。这种方式被称为选择域。研究普遍认为，消费者无法了解所有的品牌，他们会自己区分出感知品牌（awareness of brands）和无感知品牌（unawareness of brands）。在他们感知的品牌中，能够进入购买考虑的品牌被称为“唤起组”。也就是说，消费者在购买的时候，只有一部分品牌进入考虑范围。

这个原理在旅游上也是类似的。比如，我们结婚旅行选择了海南岛。虽然也有可能是一开始就选择了海南，但大部分的情况是我们在很多的选择中（如张家界、秦皇岛、桂林、云南等）去掉一些不太喜欢的旅游目的地，然后在剩下的旅游目的地中进行的选择。

因此，对于旅游目的地的管理者而言，最重要的就是让旅游者知晓这个旅游地，让旅游目的地进入到游客的考虑范围，成为决策过程中的“种子选手”。如果有可能让旅游者喜欢上这个目的地就更好了。所以，旅游目的地管理的一项重要工作就是宣传旅游目的地，形成积极的旅游目的地形象。在旅游目的地的选择研究方面，Um 和 Crompton 提出的行为模型被广为接受（见图 1.5）。

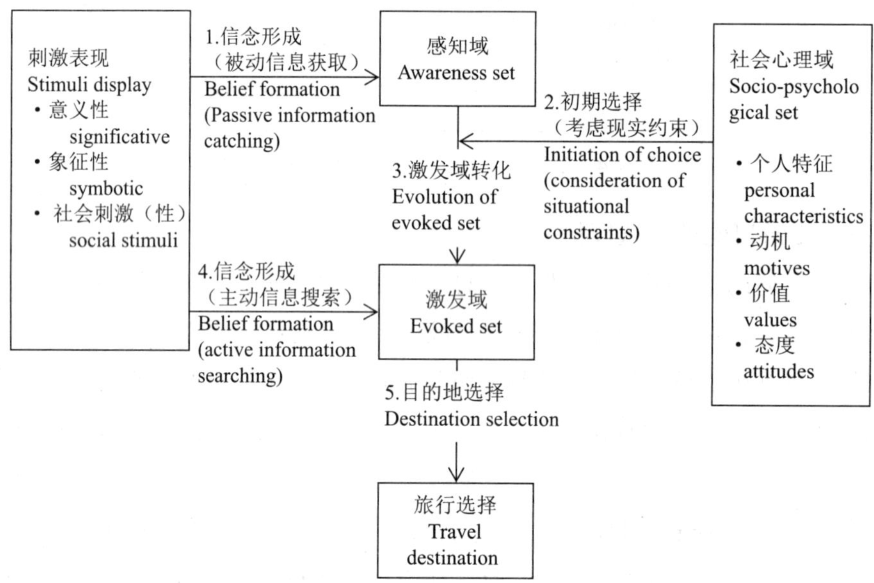

图 1.5 Um 和 Crompton（1990）的旅游者行为模型

资料来源：Hudson（1990）Consumer behavior related to tourism，In Pizam，A & Mansfeld，Y.（Eds）consumer behavior in travel and tourism.

Um 和 Crompton 模型首先区分出了旅游目的地的**知晓域（awareness set）**和**未知域（unawareness set）**。也就是已经知道的旅游目的地、进入考虑对象的旅游目的地以及不包含的旅游目的地。随着时间的流逝，旅游者最初的考虑对象逐渐会剩下 3~4 个，剩下的都被排除掉。这就形成了后期考虑选择域，决定了旅游者的最终决策。

在这个过程中需要注意的是：模型是以人的理性思考状态为前提的，而在旅游决策过程中“高介入”特点（旅游产品需要旅游者更高的精力投入）的情况下，实际的决策情况可能与这个模型并不相符。而且旅游中的突发情况也往往破坏了这种决策过程。比如，本来想好要去某个地方旅游，但突然出现的事件（地震、疫病等）会降低旅游者的访问意向；而一些初期没有进入考虑范围的选择也可能成为最终的选择。尽管如此，由于大部分的旅游决策都是“高介入”行为，因此Um和Crompton的模型在现实应用时时仍然显示出较大的实用性。

一般来讲，人们在初期考虑的选择集群中，只有相对比较少的选项会进入到后期的考虑之中。Um和Crompton的模型认为，人们在后期考虑的旅游目的地大概不会超过4个，也就是说前期人们会考虑4个以上的旅游目的地。而根据消费者行为研究者的说法，初期进入考虑的品牌在5~9个。如果是旅游的情况，相当于5~9个旅游目的地。而随着旅旅游时间的临近，由于旅游者受到信息搜寻、外界宣传的刺激和其他人的影响等，考虑的数量会降到4个左右。其他的选择就已经被淘汰。这其中受到的影响因素包含了内部和外部的因素，旅游者的动机、个体特点、价值、态度等是内部因素，过去的体验、之前的知识水平、其他人的信息和广告等是外部因素。当然，这其中也会包含一些像花费、时间、健康等的变数。

和其他模型类似，Um和Crompton的模型也存在局限性，如所有的旅游行为都假定为高介入的行为、把整个过程决策的过程认为是单一过程、没有考虑情感因素等。尽管有一些缺陷，但Um和Crompton的模型仍然是一个广受关注的研究成果。

Woodside和Lysonski模型（见图1.6）认为旅游决策收到外部因素（如营销变量）和内部因素（如旅游者变量），再加上情感要素，最终形成旅游目的地的偏好。

旅游目的地的偏好程度决定了访问旅游目的地的可能性。这个过程还受到时间、花费等情境变数的影响。Woodside和Lysonsk模型认为进入旅游者初期考虑对象的旅游目的地包含有3~5个。和Um和Crompton模型不同的是，模型把旅游目的地的范围更加具体化，尤其是强调了情感因素的作用以及旅游者偏好的形成。

具体来看，该模型有四个类型的核心概念。第一，情感联系，指的是旅游者和某一特定目的地的相关联的特殊情感。第二，旅游者目的地的偏好，受到目的地认知的层次分类和情感联系的共同影响。第三，旅游意愿，说的是特定时间对某一特定旅游目的地的游览感知的喜好。第四，情境变量，说的是某一特定的时间和地点所存在的对当前行为产生影响的所有因素，如社会环境、任务因素和先前状态等。

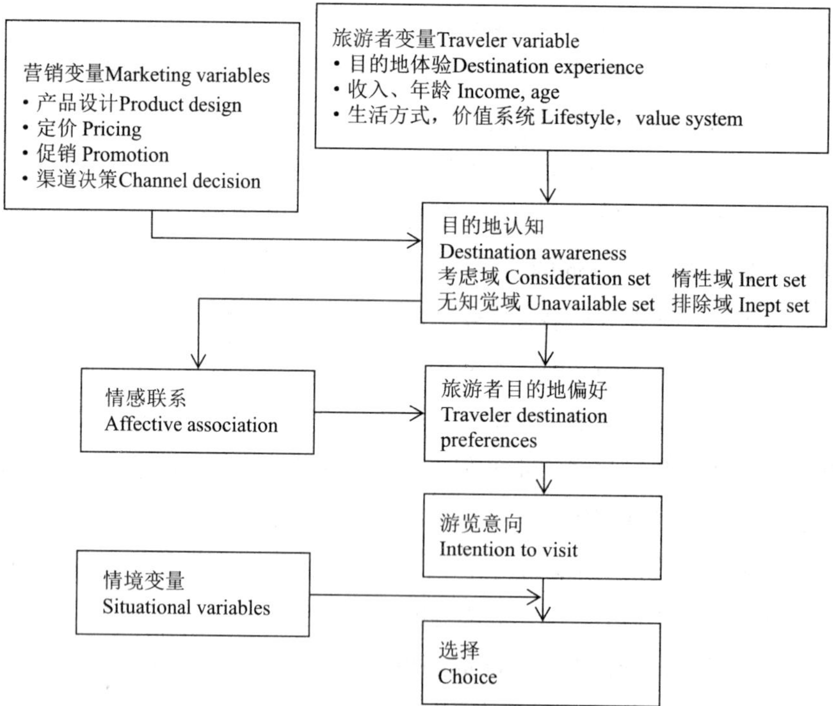

图 1.6　Woodside 和 Lysonski 旅游目的地选择模型

Woodside 和 Lysonsk 模型认为，旅游者度目的地的感知和认知受到“四个区域”（考虑域、惰性域、无知觉域、排除域）的影响，而这四个区域又受到了外部营销变量的影响；情感联系也会影响到旅游者的偏好，最终影响到旅游的意向。整个模型基于心理学的基础，尤其对旅游目的地认知进行了分类，成了目的地决策研究中的新突破。

四、旅游者行为的理解

（一）旅游者的概念

旅游者应如何定义，一直以来颇有争议。但该定义是整个学科的出发点，会影响整个旅游行业和学术领域，因此在很多不同的资料来源中存在不同观点。司汤达（Stendhal）可能是最早使用“旅游者”这个概念的人，后来在 1780 年英国湖区的一本旅游手册中也提到过“旅游者”这个词。

值得注意的是旅游者（tourist）和旅行者（traveler）最初可能是同一个概念，但在历史的发展中逐步被赋予了不同的内涵。“旅行者”一般被认为是在较长时间段内进行旅行和游览的人（如背包旅行），含有冒险和独立精神。而“旅游者”则更加贴近现在的大众旅游，是通过旅行社等中介机构，参与到团体旅游中的那些人。

因此，要理解旅游者的行为，知晓旅游者的类型和角色也至关重要。最早对旅游者进行分类的学者是格雷（Gray），他将旅游分为享受癖（Sunlust）和漫游癖（Wanderlust）。享受癖的目的在于被称为“3S”，也就是阳光（Sun）、大海（Sea）和沙滩（Sand），这些旅游者追求的是气候、舒适的环境、美味的食物等；漫游癖的目的在于旅行和体验不同的人群和文化，他们对于不同文化和潜在的体验和学习更感兴趣。

可以看出，格雷的分类方法是基于旅游目的而进行的，而随后一些学者针对旅游者本身进行了一些分析。这其中，科恩（Cohen）被认为是最有代表性的学者，他以社会学理论为基础，把旅游者行为和旅游目的地的环境联系起来，认为旅游者类型是基于旅游者、旅游业的机构组织和东道主国家之间的关系。所有旅游者都存在于一个有着“熟悉—陌生图谱”的、所谓的“环境气泡”中。

图谱中最“熟悉”的旅游者无法逃离气泡，而最“陌生”的旅游者则能够打破气泡。在这个基础上，旅游者被分为以下四种。

（1）有组织的大众旅游者（制度化，如包价旅游者）。

（2）个人大众旅游者（制度化，如飞机和酒店预订者）。

（3）探索者（非制度化，如独立旅行者）。

（4）漂流者（非制度化，融入当地者）。

而和科恩类似，史密斯（Smith）（1989）也以旅游者行为为基础，在考虑旅行者数量和对东道国环境的影响后，把旅游者分为 7 种类型：探索者、精英旅游者、另类旅游者、非寻常旅游者、初期大众旅游者、大众旅游者、包机旅游者。

当然，这种旅游分类也被一些学者批评为区别不清晰，有着重叠和不好准确归类的问题。

（二）旅游者行为的概念

旅游被认为是旅游者的行为。因此，如果想要正确理解旅游就必须理解旅游者行为。而无法正确理解游客的行为，就会带来无法理解旅游这种社会现象的结果。因此，旅游者行为的概念应该如何理解成了旅游研究的核心问题。

从旅游者行为的范围来看，旅游者的行为应该发生在旅游目的地中，在旅游地的移动以及停留时间中所发生的活动都可看以作是旅游行为。但就和消费者行为类似，旅游者个体行为也不仅仅是单纯购买和消费，一般来说还会包含旅游者对旅游相关信息的搜索，对不同旅游目的地的评价、旅游目的地的移动和停留时所产生的活动、最终回到自己居住地的回忆，以及对旅游目的地、产品、旅行社和酒店等的评价。而从大的范围来看，旅游者的行为和服务相关产品的消费者行为尤其类似。

当然，旅游者行为也有独特的地方。第一，旅游者的行为经常会伴随有“和多种环境或当地居民相互交流”的现象，这和单纯的商品购买是不同的。在消费者购买和使用电视的行为中，消费者只是购买电视，而不会和电视产生任何交流；但消费者如果在一个旅游目的地，就会和当地的居民和环境产生交流。这种交流的行为能够产生经济、环境和社会方面的影响。

第二，旅游者的行为都伴随有一定的活动。这些活动所产生的体验就被称为旅游体验。这些体验也和一般的商品体验有着不同。一般来说，旅游者的消费体验（如观看演出、参观博物馆等）比一般产品的体验（购买电视、汽车等）更加复杂，需要旅游者进行更多的认知活动。

另外，在影响消费者行为的外部因素中，有些因素本身也充当了被消费的产品。比如，文化就是这样一类因素，文化旅游、遗产旅游等要素虽然也影响者旅游者，但肯定也是旅游体验重要的组成部分。

第三，旅游者的行为比消费者更加复杂，范围也更广。旅游者会通过旅行社预订飞机，这个行为本身可以认为是一次消费者的行为；接着这个消费者又去酒店住宿，这就又是一次消费行为。由于这些行为都可以包含到旅游者的行为中，因此旅游者的行为可以看作是多次消费者行为。另外，这些行为不局限于同一时间和地点发生，这点就和一般消费者行为不同。

由此看出，正由于旅游者行为的不同，作为一般消费者的规律在旅游情境中应用时，就需要进行专门的研究。而在更大的程度上，旅游消费者和其他消费者存在的相似性也决定了我们可以把一般消费者行为理论作为基础，在考虑旅游特殊性的基础上理解旅游者的行为。

（三）旅游者行为框架

和消费者行为一样，旅游者的行为也是从认知开始，产生了想要去某个地方的想法，为了消除工作和生活中的压力产生欲望，为了和以前的老朋友见面回忆之前的时光，或者要趁着年终奖金的发放，去一个自己一直想去的地方等。我们有数不清的理由和动机让我们产生旅游的行为。而旅游活动所有的开始都始于需求和认知。我们产生了旅游的动机，要决定去什么地方，为了达成这个目的要努力搜寻相关的信息。

搜索到的信息可以大体分为两个类型：一种是根据自己记忆的**内部搜寻（internal search）**，另外一种是依靠宣传材料、书籍、电视等信息的**外部搜寻（external search）**。

在搜寻到相关的信息之后，人们就会在几个选择中进行评估。比如，为了度过春节假期，我们可以选择滑雪或者温泉，也可能只是去商场。地点可以选择日本、瑞士、南美国家或者只是所在地周边的景点。人们大部分时候会通过理性判断，在这些选项中选择对于自己最优的地点和方式。比如，选择旅行社的游客可能会寻找好几家旅行社，对比价格和服务最终选择适合自己的旅游产品。

当旅行者结束购买行为后，就会按照预先计划动身去旅游，正式开始旅行。从做出旅行计划、向旅游目的地流动、在旅游目的地活动，最后回到自己的家里并通过照片、纪念品等产生对旅游目的地的回忆等一系列阶段都可以包含在旅游活动之中。回忆和回想阶段是人们对自己先前选择的评价，可以是旅游目的地的评价，也可以是旅游产品、旅行社、航空公司或者导游等服务的评价。对这些产品和服务会引发满意或者不满意的结果。不满的旅游者会产生相关的不满意行为（如传播负面口碑、降低重游意向等）；而满意的旅游者会进一步产生重游意向以及对旅游目的地的忠诚度。

从大的方面来看，旅游决策过程中所受到的影响可以归纳为两类，分别是内部因素的影响和外部因素的影响。外部因素包含有自己的家庭、社会阶层、文化等要素；内部要素包含有动机、学习、知觉、性格和态度等要素。

上述旅游者行为可以利用 Blackwell，Minard 和 Engel 总结的框架加以理解（见图 1.7）。

图 1.7 为我们的全书提供了一个概念框架。这个框架既为我们提供了旅游者行为的一般结构和过程，同时也反映了全书的内容。

总体上，前面谈及的动机、学习、知识、态度等内在影响可以归纳为生理和心理的内在要素。外部要素包含有人口统计学特点（如社会阶层、家庭、收入）和文化（国别）。总体来看，旅游者的外在（个体差异）和内在因素（环境影响）可以共同产生自我形象和不同生活方式，因此旅游者体验也反映了自我形象和生活方式的变化。

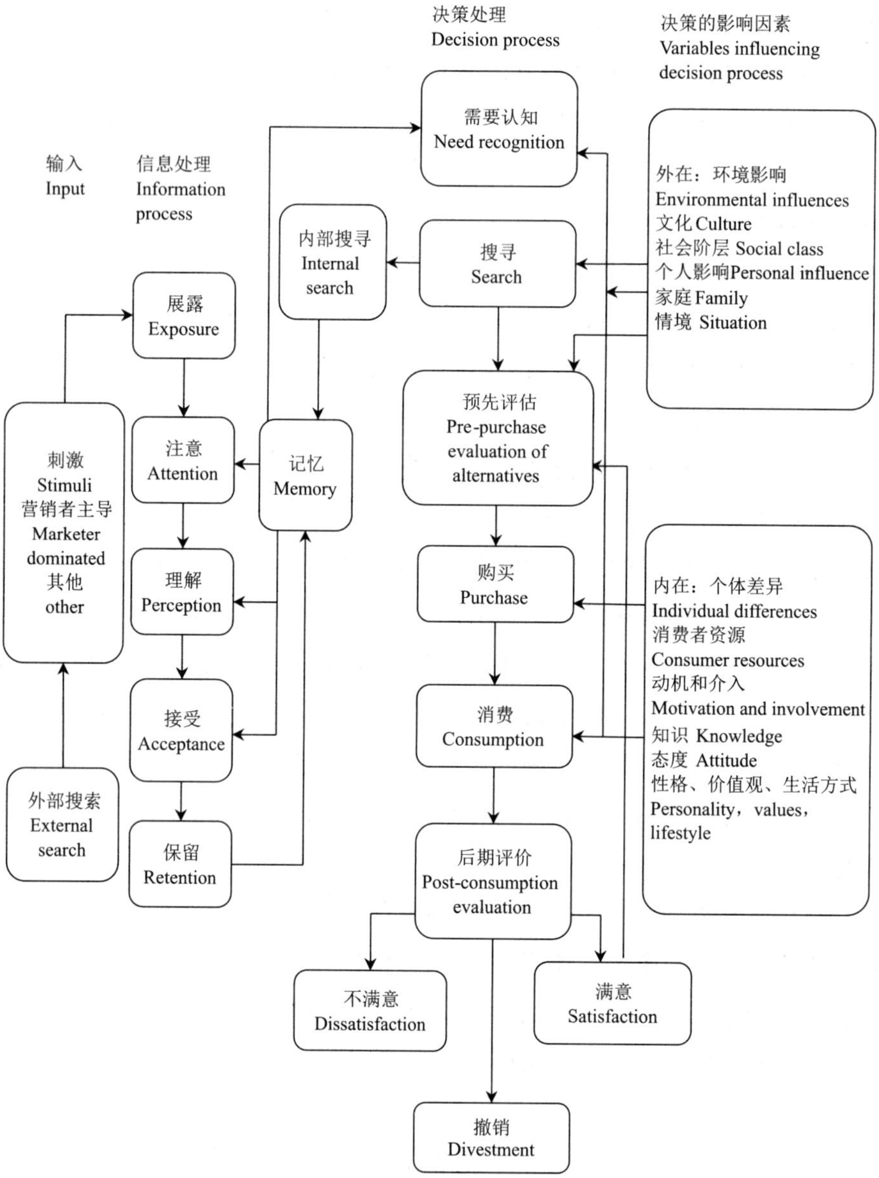

输入
Input

信息处理
Information process

决策处理
Decision process

决策的影响因素
Variables influencing decision process

需要认知
Need recognition

内部搜寻
Internal search

搜寻
Search

外在：环境影响
Environmental influences
文化 Culture
社会阶层 Social class
个人影响 Personal influence
家庭 Family
情境 Situation

展露
Exposure

刺激
Stimuli
营销者主导
Marketer dominated
其他
other

注意
Attention

记忆
Memory

预先评估
Pre-purchase evaluation of alternatives

理解
Perception

购买
Purchase

内在：个体差异
Individual differences
消费者资源
Consumer resources
动机和介入
Motivation and involvement
知识 Knowledge
态度 Attitude
性格、价值观、生活方式
Personality，values，lifestyle

接受
Acceptance

消费
Consumption

外部搜索
External search

保留
Retention

后期评价
Post-consumption evaluation

不满意
Dissatisfaction

满意
Satisfaction

撤销
Divestment

图 1.7　旅游者行为框架

资料来源：BLACKWELL R D，MINARD P W，ENGEL J F. Consumer behavior（9th ed.）[M]. Winfield：South-Western College Pub，2001.

当然，这只是一个理想的简化框架，真实的情况可能远比理论要复杂得多。在本书中，我们会通过四大块来论述旅游消费者行为的相关内容（见图 1.8）。

第一部分 导论：旅游者行为基础

1.旅游消费者行为概要
- 消费者行为概要
- 消费者决策过程与介入行为
- 旅游者的决策
- 旅游者行为的理解

第二部分 决策过程

2.决策过程：旅行前
- 旅游者需求识别
- 旅游者信息搜索
- 旅游者的评价选择

3.决策过程：旅行中
- 旅游者的购买行为
- 旅游者的活动
- 旅游者的体验

4.决策过程：旅行后
- 旅游者的购买后体验
- 购买后不一致
- 旅游者的购买后评价行为

第三部分 内部影响

5.知觉与旅游行为的理论
- 感知和知觉过程
- 展露、注意和唤起
- 知觉的选择、组织化和理解

6.知觉与旅游行为的应用
- 环境感知
- 风险感知
- 旅游目的地形象

7.学习、记忆与旅游行为
- 学习理论
- 记忆和忘却
- 旅游行为和学习

8.性格与旅游行为
- 性格的含义与特征
- 性格理论
- 性格和旅游行为
- 性格和旅游目的地的宣传

9.动机与旅游行为
- 需求和动机
- 旅游动机的理解
- 动机理论
- 动机的测量

10.满意度与旅游行为
- 旅游满意度
- 满意度的效果

11.态度与旅游行为的理论
- 态度的概念和构成
- 态度形成和测量
- 态度的理论模型

12.态度与旅游行为的应用
- 态度和旅游行为的关系
- 态度理论在旅游中的应用
- 态度的变化

第四部分 外部影响

13.群体影响
- 群体和参照群体
- 群体的影响力
- 群体和旅游行为

14.社会阶层与生活方式
- 社会阶层变数的影响
- 社会阶层的影响
- 生活方式

15.家庭与旅游行为
- 家庭和旅游行为
- 家庭生命周期
- 家庭决策过程和旅游行为
- 消费者社会化

16.文化与旅游行为
- 文化
- 文化和旅游行为
- 作为旅游体验的文化

图 1.8 本书章节结构

第一部分是导论（即本章），其余的三个部分是详细论述部分，分别是第二部分决策过程、第三部分内部影响和第四部分外部影响。

其中，第二部分决策过程分为 3 个章节，分别是决策过程：旅行前（第 2 章）、决策过程：旅行中（第 3 章）和决策过程：旅行后（第 4 章）三个阶段。我们会在第 2 章学习旅行前（pre–trip）的需求识别和信息搜寻行为，在第 3 章学习旅行中的评价、选择和购买（旅游活动和旅游体验），在第 4 章学习旅行后（post–trip）的购买体验、购后不一致和购后评价。

第三部分内部影响有 8 个章节，分别从知觉与旅游行为的理论（第 5 章）、知觉与旅游行为的应用（第 6 章）、学习、记忆与旅游行为（第 7 章）、性格与旅游行为（第 8 章）、动机与旅游行为（第 9 章）、满意度与旅游行为（第 10 章）、态度与旅游行为的理论（第 11 章）、态度与旅游行为的应用（第 12 章）这几个方面分别论述不同的内部因素和旅游行为的关系。

第四部分外部影响有 4 个章节，分别是群体影响（第 13 章）（如参照群体）、社会阶层与生活方式（第 14 章）（经济变数、阶层影响、生活方式）、家庭与旅游行为（第 15 章）（如家庭生命周期、家庭决策）以及文化与旅游行为（第 16 章）。

学术用语

［1］消费者行为（consumer behavior）

［2］认知心理学（cognitive psychology）

［3］定性调研（qualitative research）

［4］定量调研（quantitative research）

［5］名义型决策（nominal decision）

［6］有限问题解决（limited problem solving）

［7］扩展问题解决（extended problem solving）

［8］介入（involvement）

［9］社会判断理论（social judgement theory）

［10］选择域（choice set）

［11］Um 和 Crompton 模型

［12］知晓域（awareness set）

［13］未知域（unawareness set）

［14］Woodside 和 Lysonski 模型

［15］内部搜寻（internal search）

［16］外部搜寻（external search）

主要文献

［1］BLACKWELL R D，MINARD P W，ENGEL J F. *Consumer behavior*（9th ed.）［M］. Cincinnati，Ohio：South-Western College Pub，2001.

［2］MOTHERSBAUGH D L，Hawkins D L. *Consumer behavior*：*Building marketing strategy*［M］. Boston：McGraw-Hill，2015.

［3］MENG B，CHOI K. An investigation on customer revisit intention to theme restaurants: The role of servicescape and authentic perception [J]. *International Journal of Contemporary Hospitality Management*, 2018, 30(3): 1646–1662.

思考（认知能力训练）

1. 谈一谈旅游者的介入行为是如何导致不同的决策过程的？

2. 利用旅游者的介入量表，测量一下自己的介入水平和旁边同学的介入水平是否相近？思考一下为什么会这样？

思政（应用能力训练）

绿水青山就是金山银山。国家森林公园等生态相关的旅游形式在我国不断兴起，结合这样的社会背景，思考以下几个问题：

（1）结合旅游者的行为框架，谈一谈人们在选择这些“绿色旅游目的地”时的决策过程。

（2）在决策过程中，旅游者会受到哪些因素的影响？

（3）这些旅游目的地的营销者应该注意哪些方面？

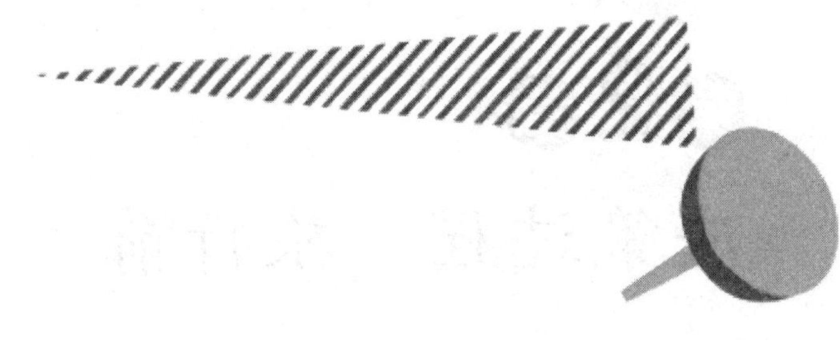

第二部分

决策过程

第2章 决策过程：旅行前

开 篇

旅游者决策过程中的关键部分就是旅游目的地的选择。我们国家的文化和旅游主管部门都为推进旅游的发展做了很多宣传上的努力。这些信息都会对旅游目的地形象的塑造产生影响。

在旅游者决策过程中，最先产生的是对需求的感知。我们在面对国庆、中秋等假期时，可能在行程开始之前的很长一段时间内就已经开始了对相关信息的收集。而在收集到诸如住宿、餐饮、旅游吸引物等信息之后，我们可能就会付之于行动了。

本章我们将要讨论的内容就是这种需求的认知以及相关的信息搜索行为，也就是旅行前的行为。旅游者在完成信息的收集之后，会根据某种标准选择能满足个人需求的旅游目的地。这部分的内容包含在前面学习过的“旅游者决策过程”中的选择过程部分。因此，我们在本章中也会讨论购买决策的相关内容。

本章首先从旅游者的需求识别出发，接下来会探索旅游者的信息搜索，这其中包括信息源、信息搜索方式、搜索时机以及影响信息搜寻的因素等，最后，本章还会介绍旅游者做出评价和选择的类型和标准。具体的学习目标和章节目录概要如下所示。

学习目标

- 理解旅游者的需求识别。
- 理解旅游者的信息搜索模型。
- 理解旅游者的决策。

章节概要

决策过程：旅行前

一、旅游者需求识别
二、旅游者信息搜索
  1. 信息源
  2. 信息搜索方式
  3. 信息搜索时机
  4. 影响信息搜索的因素
三、旅游者的评价选择
  1. 决策的三种类型
  2. 决策的标准
  3. 决策规则

一、旅游者需求识别

之前我们就讨论过，旅游者在决策过程中最早出现的阶段就是有关需求的认知。决策过程中的这种需求被我们理解为“理想状态和现实状态的差别所引发的一种缺乏状态”。人的身体有维持稳定态的倾向，因此当需求不能得到满足的时候，人就会产生某种紧张感。这种紧张感就会引发**欲望（wants）**。因此，欲望可以被认为是满足需求的手段，而需求和欲望的区别就在于我们是否产生了意识。也就是说，需求是没有意识到的一种状态，当需求被激活时就会感到产生了某种欲望。

而当欲望和具体对象相结合时，就诱发了**动机（motive）**。动机是指激发和维持个体的行动，并使行动朝向一定目标的内部动力。如图 2.1 所示，欲望和动机的差别就在于是否存在具体的**对象（objectives）**。也正因为此，动机也总是和某种具体的行为相伴出现。当然，动机也会在人们满足某种需求时出现。这里营销就起到了重要的作用，营销手段会让人们意识到需求的同时，联系到某个具体对象上，最终为了满足欲望，诱发购买使用行为。

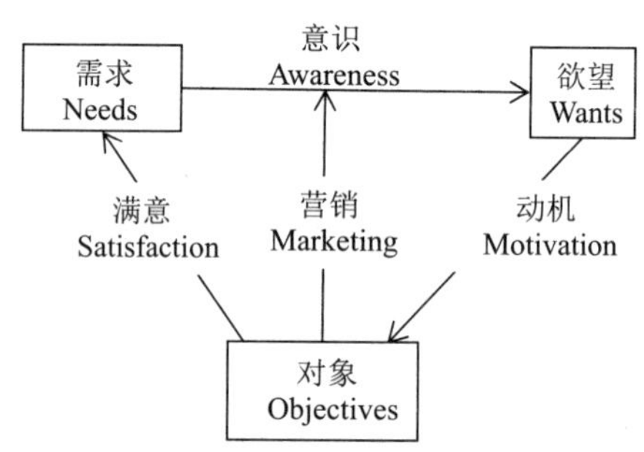

图 2.1 需求、欲望、动机和营销的关系

资料来源：Mill，R.C.，& Morrison，A.M.（1998）. The Tourism System，p.56.

也就是说，旅游消费者决策首先是从认识到对旅游产品的消费需要开始的，基于对物质或精神要素的不满足，意识到期望状态和实际状态之间的不一致，进而产生对某种需求的确认。

旅游信息需求会促使搜寻动机的产生，而搜寻动机会引发个体产生信息搜寻行为，三者密不可分。根据沃格特和费森奈尔（Vogt and Fesenmaier）对旅游信息需求的分类，存在以下五种典型的类别。

（1）功能性需求。信息搜寻活动将主要面向问题解决，构建未来可用信息数据库或降低购买决策风险、成本与不确定性，由此来提升决策和效率。

（2）娱乐性需求。旅游者在搜寻过程中获得满足，包含知觉感官的享受、情感上的兴奋与刺激及主观认知上的体验需求。

（3）创新性需求。勇于追求新鲜刺激，包含新奇冒险的旅游行程、寻找新的旅游目的地、追求多样化的产品或刺激与独创性的旅游体验。

（4）美学性需求。信息如同刺激物一般能激发旅游者心理意象与幻想，利用图像信息的传达使旅游者形成意象，进而激发其想象力，塑造幻想情境。

（5）符号性需求。通过社交互动的过程，让旅游者获得他人认同或成为意见领袖，进而分享知识或提出建议。

二、旅游者信息搜索

（一）信息源

旅游者是从哪里得到旅游信息的呢？在旅行出发之前，人们会通过多种渠道获得目的地的相关信息。这种产生信息的地方被称为**信息源（information source）**。和旅游相关的信息源可以通过商业性质或人的口碑而形成。

表 2.1　信息源和类型

信息来源 source of information	信息类型 type of information	
	非人信息源 impersonal	人的信息源 personal
商业 commercial	· 宣传手册 brochures · 广告 guidebooks · 当地旅游组织 state travel offices · 旅行社或旅游网站 travel agency, websites	· 车友会 auto clubs · 旅游咨询 travel agents · 旅游产品销售人员 tourism salesman
非商业 noncommercial	· 旅行杂志、报纸、书籍 magazines，newspapers，books · 电视、广播的旅游相关节目 TV，tourism progams	· 亲友 friends or relatives · 高速公路上的游客中心 highway welcome · 个人经历 personal experience · 旅游专家 tourism expert

资料来源：修改自 FODNESS M，MURRAY B. Tourist information search［J］. Annals of Tourism Research, 1997，24（3）：506。

从表 2.1 中可知，旅游宣传手册、广告、旅行社的网页等信息源都以不需要人的接触为前提，这其中旅游企业等团体具有商业目的。相反，旅游咨询、车友会等地方汇聚的一些信息源虽然也带有商业性质，但却是以交流为前提的人的接触。

旅行杂志和报纸中的文章、地方组织等的网站、电视节目等提供的旅游信息可以被称为非商业信息，同样，也可以区分为是否需要以人为前提进行交流。我们在去旅行社之前，常会咨询有过相关体验的亲朋好友的意见。也有的人已经有了之前体验，但也通过旅游专家的意见得到相关信息。这种信息源是通过人的交流为前提的非商业目的地的交流。非商业的信息源一般比商业信息源有着更高的可信度。

根据上面提到的，人们获得旅行所需的信息，然后通过商业性质或人际接触而形成信息源。从游客消费决策的角度来看，这些信息来源可分为内部信息和外部信息。其中的内部信息包含了过去的自我积累、个人经历等主动获取的信息源，以及低介入度学习形成的被动获取；而外部信息则是全部来自主动获取（见图 2.2）。

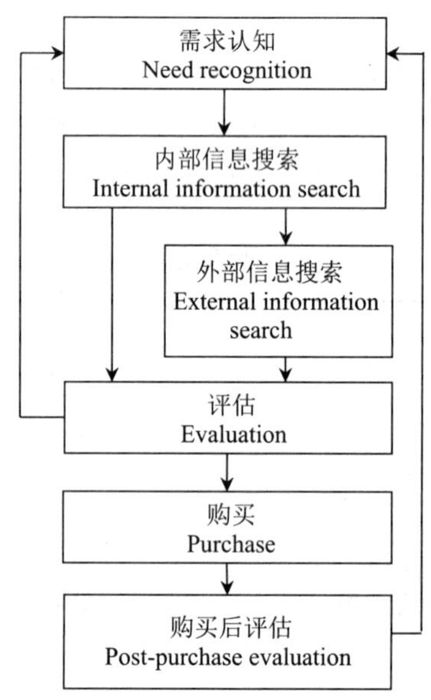

图 2.2 信息搜索模型

资料来源：CROTTS J C. Consumer decision making and prepurchase information search. In A. Piz Y.Mansfield（Eds.），Consumer behavior in travel and tourism，1999，p.153.

表 2.1 中的商业信息源就是外部的营销信息来源，如旅游销售人员、网站或广告，以及非商业的个人接触，如亲友、旅游专家等，还包括一些独立来源，如旅行杂志、旅行团体等，除此之外，一些试体验也是不可忽视的外部信息源。

在大多数情况下，旅游消费者是以内部信息作为其主要的信息来源。因为长期记忆中的信息虽然最初是从外部来获得的，但游客主要凭借记忆中的信息来解决目标问题，如直接的个人体验、亲友介绍或低介入度学习。

而且，我们可以发现，营销信息只是外部信息来源的一种，在游客消费决策中的直接价值十分有限，而它可以间接影响其他所有信息来源。比如旅游产品特征、促销信息等营销信息，提供了市场上可获得的基础信息，独立来源也是建立在营销活动提供的信息基础上的，个人来源（如亲友介绍）也是如此。即便游客可能不会将所获得的营销信息立即付诸消费决策，但毋庸置疑的是，这些持续展露的广告信息会影响游客对旅游产品需求的感知，以及进一步的消费评价。所以，我们可以发现，广告和营销人员提供的信息对游客消费决策的长期影响是非常重要的。

当游客认为营销信息的来源高度可靠时，旅游营销活动就比较容易影响游客的态度。具有可靠性的信息源不仅可以在游客缺乏能力和动机时，使其对旅游产品做出直接、正面的判断，而且可以增加信息的接受度。

信息源的**可靠性（credibility）**是由可信度和专业性两个基本要素组成。也就是说，如果信息源提供的是完整、客观且准确的信息时，我们就可以认为该信息源是可信的。比如，我们的朋友或许是值得信任的，但是缺乏专业的旅游知识，而旅游营销人员或旅游企业可能具备丰富的专业知识，但是有时却被游客质疑。所以，被视为专家的个体或者没有明显误导他人动机的人都是可靠性的信息源，如独立的第三方担保代言（如行业协会），既有可信度也具备了专业知识，是营销人员积极寻找的担保代言的对象。当然，企业自身也可以通过提升可信的声誉或形象，来提高企业营销信息的影响力。

（二）信息搜索方式

信息搜索策略（information search strategies）是指消费者为满足消费欲望和实际需求而收集相关信息的过程与方式。人们在哪里搜索信息被称为信息源，在当下信息的洪流中，有数不清的信息向我们涌来。当旅游消费者面临旅游信息搜集的问题，一般会凭借自己的先前经验解决，也会通过旅行社、亲朋好友、新闻报道及广告等渠道搜索信息。在信息处理的过程中，旅游消费者会针对性地注意、理解和接受他们所搜集来的信息，如图 2.3 所示，旅游者基于对信息的评估进行购买决策，然后进一步产生购买后评价。信息获取的方式可以分为三大类：空间的分类、时间的分类、信息的作用分类。

第一类的搜索方式是从空间的信息搜寻方式来说的。首先，从自己的记忆中获取信息被称为**内部搜寻方式（internal information search）**；从网络、报纸杂志等方面获取的信息，被称为**外部搜寻方式（external information search）**。

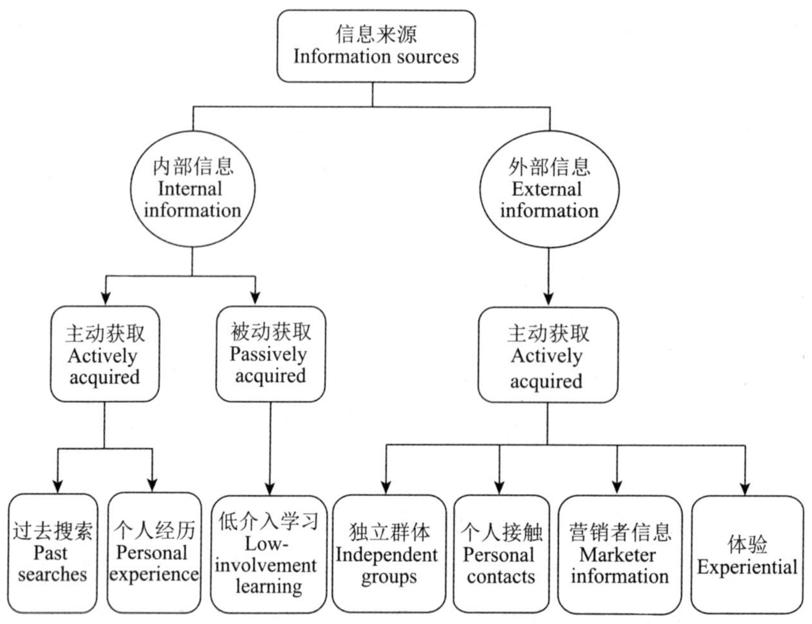

图 2.3 购买决策的信息来源

资料来源：MOTHERSBAUGH D L，HAWKINS D L. Consumer behavior：Building marketing strategy［M］. Los Angeles：McGraw–Hill，2015.

在通常情况下，旅游消费者信息搜索会遵照“由内而外”的过程进行。消费者会从自己的记忆来源中进行信息搜寻，如过去的信息搜寻活动、个人经验或低介入学习所形成的内部信息。在很多情况下，消费者依靠储存在记忆中的信息就可以解决他们所面临的购买问题。

例如，在购买饮料、面包等产品的过程中，绝大多数消费者可以凭过去的经验或印象做出选择，不需要求助于外部信息。但当内部搜寻信息不足时，消费者在购买前也会进行外部信息搜集。旅游消费者会在外部信息搜集的过程中，对自身收益和成本进行权衡。搜索的收益包括低价格、高质量和高消费、舒适度等方面，而搜索的成本则包括时间、金钱、搜索过程中的问题、机会成本等方面。当其他方面相同时，更多收益感知会导致搜索的增加，而更多成本感知时则会导致搜索减少。也就是说，当消费者认为搜索下一个品牌的成本高于收益时，就是停止搜索。

另外，互联网为消费者提供了前所未有的信息量。很多旅游企业通过互联网创造信息搜索体验。这种外部的信息搜索方式扩展到虚拟、交互式的环境中，更具吸引力、更容易、更快捷。而且，传统媒体也可以有效地引导消费者到企业网站搜索信息。

对于大部分旅游消费者来说，消费前也同样会在网上进行信息搜寻，如优惠信息、网络评论及价格比较等。可见，互联网在旅游者信息搜索和获取中发挥着重要的作用。然而，互联网上的信息搜索也面临一个重要障碍——信息超载，这需要不断发展出专业化的服务和工具，才能有效地帮助消费者进行信息搜寻和购买决策。

此外，在互联网中，除了来自营销人员的信息之外，还包括许多个人信息源，比如用户评论就是一种典型的个人信息源。相关研究表明，消费者使用网上搜索性能信息时会大量采用评论信息。这种情况下的形成的口碑信息会为消费者信任带来一定的影响力。

第二类信息搜索的方式和购买活动时机相关，可分为**持续搜索（ongoing information search）**和需要解决问题时的**购买前信息搜索（prepurchase information search）**。

比如，我们现在可能并不需要一台电视，但却对电视表现出兴趣——有时间的时候会搜索和电视产品相关的信息。这种情况就被称为持续搜索，是为了将来的购买行为做出的准备。与之相反，如果当下自己家里的电视突然坏了，需要马上新买一台电视机。我们可能会向朋友寻求建议、去电视机卖场询问等。这种情况下的信息搜索就被称为购买前的信息搜索。

第三类信息搜索的方式是根据依靠单一信息源（是否有其他信息做补充）的信息搜索方式，是在信息搜索的操作层面上的分类。

比如，我们有时候只通过我们的经验中的信息做决定，这种情况叫作**决定式信息搜索（decisive information search）**，也就是只依靠一个信息源。比如，绝对尊重朋友的意见，或者不去搜索其他任何意见，只相信自己头脑中的判断（内部搜索）。

有时候我们会依靠好几个信息源，这被称为**补充式信息搜索（contributory information search）**。把朋友的意见、自己的判断、先前的体验等综合起来一同加工判断。除此之外，还可根据信息是否由自己的意愿而形成（主动搜索），或者只是偶然得到的信息来进行判断。我们常常会了解和学习到在电视和广播中偶尔出现的旅游景点，这种情况被称为偶然的学习，属于一种**被动信息获取（passively acquired information）**。

与此相反，也有为了专程去往某个旅游目的地而搜集信息的情况。这种情况是有计划的信息搜索，是主动信息获取的类型。

（三）信息搜索时机

信息搜索过程中，营销的人员最为关心的问题是在什么时候做出适当的营销策略，也就是营销的时机。消费者行为的相关理论一般会认为购买之前是营销的最好时机，但旅游者的行为研究中却发现可能是“购买”（体验）之后。这其中的原因是旅游消费的复杂性，整个过程中包含了一个又一个的决策过程。比如去张家界旅行，我们需要乘坐交通工具、选择酒店入住，之后又要选择各类旅游活动、寻找餐厅就餐等。一系列的活动中，后一个选择会受到前一个选择的影响，这个特点也使得旅游中的营销时机变得相当复杂。

根据一般的情况，大约 70% 的人都会在离开驻地之前搜索一定的信息，4% 左右的人会在旅行的过程中进行选择，剩下 25% 左右的人会到达旅游目的地后才发生决策的过程。但对于 70% 的出发前游客的比例来说，他们更多的是在选择相互竞争的旅游目的地。因此，对于当地的旅游目的地的管理者来说，尤其要针对在旅游目的地做选择的这 25% 的人而倾注力量，而在这个时候做出相应的营销策略就成了最佳的时机。

（四）影响信息搜索的因素

我们讨论了旅游信息搜索的方式，接下来若要达到营销目的，还需要厘清影响旅游者信息搜索的因素有哪些，才能制定出与信息搜索模式相契合的策略。人们并不是花费同样的时间和精力搜索信息，也不会选择所有的方式搜索信息。Fodness 和 Murray 的旅游信息搜索方式模型（见图 2.4）就揭示了这一现象。

可以看出，旅游信息搜寻是一个动态的过程，以偶发变数（条件因素）、信息搜寻策略、旅游者特点、搜索结果四个维度来分析旅游者如何使用不同的信息源来规划自己的旅游过程。

具体来说，Fodness 和 Murray 的模型界定了旅游消费者在信息搜索策略中相关变项之间的相互关系。比如说，人们采用哪种信息搜索方式，会受到情境和产品特性等偶发变数及旅游者个体特点的共同影响。对比去过某个旅游目的地的重访游客和一次也没去过某个旅游目的地的初次访客，他们搜索信息的程度是不同的。大概率上，初访游客会搜寻更多的信息。这里关键的变量就是信息搜索的数量和类型。旅游者会根据产品和服务不同，花费的时间和精力也相应不同。根据此，信息搜索的类型可分为三种类型。第一，**习惯性信息搜索型（routine information search）**的人，他们花费的时间最少；第二，信息搜索限制型的人，他们会选择一到两个信息源；第三，**广泛**

信息搜索型（extensive information search）的人，他们会花费更多时间，也会接触相对更多的信息源渠道。

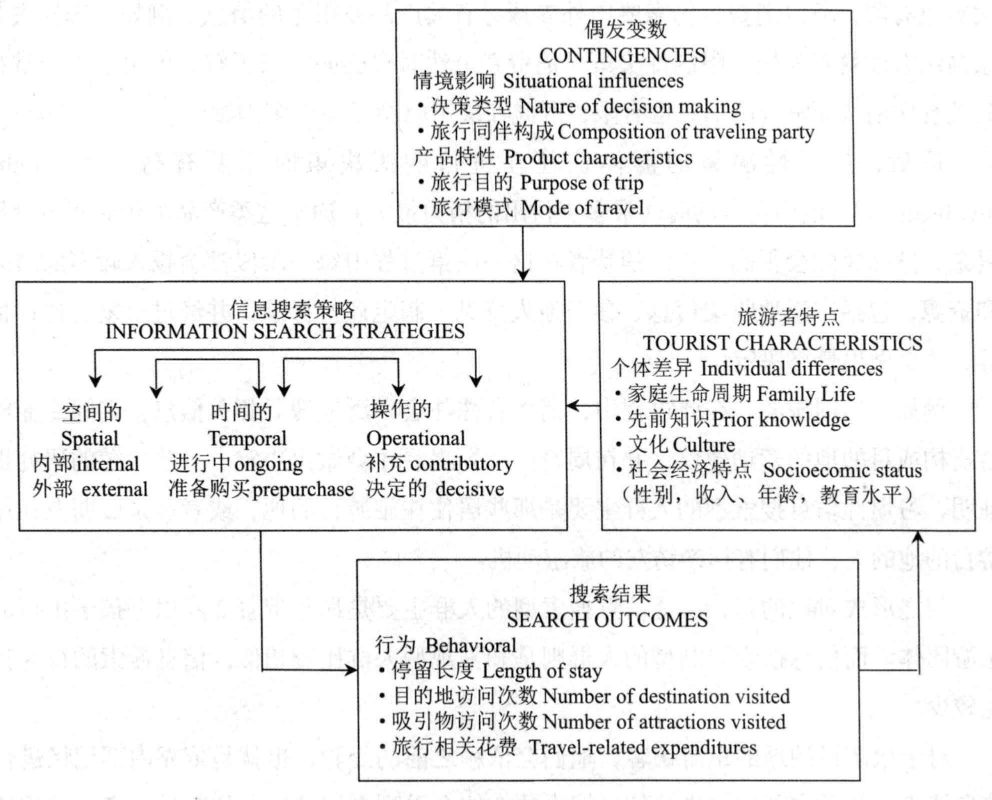

图 2.4 信息搜索的方式模型

资料来源：FODNESS D，MURRAY B. A model of tourist information search behavior［J］. Journal of Travel Research，1999，37：221.

旅游者在外出旅行之前，会依据收集的有关信息并进行加工，结合自己的主观偏好做出旅游决策。

首先，习惯性决策的消费者经常会在低介入（low-involvement）的状态下不假思索地做出购买决策，即消费者的购买行为是其习惯使然。在这一决策过程中，消费者对产品类别已经具备非常丰富的经验，且经常购买。一般这类产品中价格偏低或日常用品居多，感知风险较小，消费者对可供选择的产品和服务都很了解，不用再做更多的信息搜集。例如，旅游者在外出旅行前购买火车票的行为就属于习惯性决策，消费者不用向外界获取信息或建议，就可以明确自己需要得到什么，决策因素相对较少。

其次，限制性决策的人需要花费较多的时间和精力，会完整地经历购买决策的所有阶段。相对习惯性决策而言，消费者在购买时感知到的风险也要更大，而且购买的次数也有限，所以消费者仍需要向外界搜寻有关产品或服务的信息。例如，选择去某家高级餐厅就餐就属于限制性决策，消费者虽然对自己的需求了解，但由于不经常在此类餐厅消费而掌握的信息也有限，因此在决策时会考虑更多因素。

最后，广泛性决策的群体往往在进行购买决策时需要有高介入（high-involvement），他们花费的时间最多、付出的精力最大。通常这类产品也相对较昂贵且复杂，感知风险会很高。所以消费者在这一决策过程中每一阶段都会投入较多的时间和资源，包括广泛地收集信息、参考他人意见、制定评价标准，并经过反复对比评估等，才会做出最终决定。

例如，出国旅游，在此过程中，消费者往往会广泛地搜寻相关信息，询问专业旅游机构或目的地的营销建议，并在周密的计划之后才会做出决定。一些旅游的研究也证明，习惯性信息搜索型的人群主要是那些居住在旅游目的地，或者有亲戚朋友在旅游目的地的人，他们有探亲访友的旅游动机。

与之形成对比的是，广泛信息搜索型的人群主要是那些带着 2 岁以下孩子出行的旅游团体。而信息搜索限制型的人群则是和常规型人群比较相似，信息搜索的行为都比较少。

对于旅游目的地的重游访客，他们会依赖之前的经验，也就是依靠内部记忆进行信息搜索。依靠内部记忆进行信息搜索的个体会受到有用的信息的数量、产品的重要程度、消费者知识水平等因素的影响。比如，由于已经积累了相关的知识，去海外旅游次数较多的人群会更多依赖自己的经验。依靠外部信息搜索的人群则会受到更多因素的影响。

这其中旅游消费者的介入水平在外部信息搜索的过程中起到了关键作用。一般来说，人的介入程度越高，就会投入更多的时间和精力进行外部信息的搜索。因此，新婚旅行的夫妇可能会比周末游玩的情侣有更多的信息搜索行为。当然，即使是周末旅行，如果需要比较的产品选择（旅游目的地）数量较多、特点复杂，自然也就需要更多的信息搜索行为。还有就是旅游时使用的交通工具越是复杂，也会需要更多的信息搜索。

除了上述决策类型之外，产品特征和旅游者的个人特点也会影响搜索行为。尤其像旅游体验这类无形产品，在购买之前很难进行评估和判断。因此，也给决策过程中带来了不确定性和危险性。这样，对于这种危险性较高的服务类产品，人们更倾向于依赖个人的体验和记忆之类的信息源。

在旅游产品的选择上，人们搜索信息的行为会随着目的地类型的不同而产生差异。比如，如果我们在桂林有非常熟知的朋友帮助制订旅游计划，我们可能会选择“行进中”的搜索信息方式，而不是“购买前”搜索信息方式。相比之下，如果我们是单纯的旅游者（不是访问亲友），大概率会在出发之前搜索和依靠更多的外部信息。

另外，根据不同的个体特点（旅游者特点），外部信息搜索的行为也会随之有所变化。比如，第一次去国外旅游的人一般都会通过网络、旅行者、专业信息源等搜索相关信息。但如果已经去国外旅游过几次之后，可能更会通过书籍、杂志、视频等信息源获取信息，也许会需要更多精力和时间。当然，有时候旅游知识非常丰富的人会觉得不需要更多的信息，而很少进行信息搜索行为。

消费者行为的研究结果表明，对于产品的先前知识和信息搜索程度呈现出倒“U”形的关系（见图2.5），并且这种关系和产品类型没有太大关系。也就是说，搜索信息行为最多的人有着中等水平的知识。

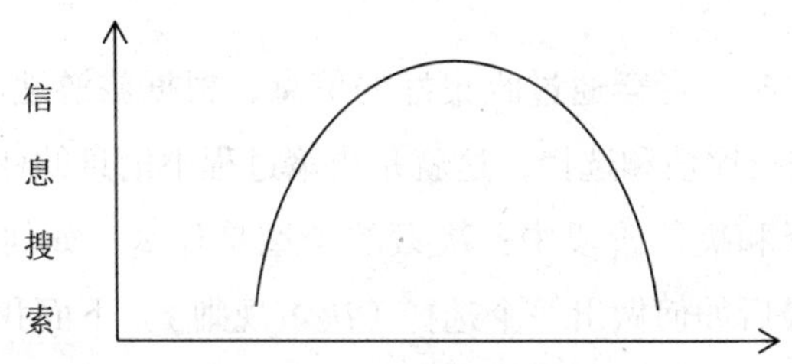

Information search　产品的事前知识　prior knowledge

图2.5　先前知识和信息搜索程度的关系

资料来源：SOLOMON M R. Consumer behavior：Buying，Having，and Being（6th ed）[M]. Upper Saddle River，N.J.：Prentice Hall，2004.

在其他条件都同等的情况下，年轻、受过良好教育、喜欢购物的人有更多的信息搜索行为；女性比男性有更多的信息搜索行为，高收入群体更喜欢“行进中”的搜寻信息（或临时搜寻信息）的方式，偏好同时使用内部和外部信息源；低收入群体会更加依赖购买前搜寻信息，并更加依赖自己的经历和记忆等内部信息源。

因此，低收入者的信息搜索趋向于依赖其朋友或周边的人，而高收入者趋向于使用政府型旅游信息，如接待中心、地方旅游机构及专业导游等。这可能因为低收入者没有足够的资金支持他们的决策，他们会选择他们认为相对稳妥、有保障的信息渠道。而高收入者更能承担不满意的旅行的风险。另外，个体所处的文化环境也会对决策产生影响，亚洲群体受集体主义的文化影响，会更加依赖旅行者和导游。

关于旅游信息搜索策略和搜索结果，停留时间、目的地访问次数、吸引物访问次数和旅行相关花费有显著正相关的关系，也就是停留时间越短、目的地访问次数越少，则景点吸引物访问次数也越少，旅游花费也就越少，最终旅游者信息搜寻的努力程度也随之减少。

总体上，旅游者信息搜寻方式的选择会随着出游前计划时间的长短、旅游团体的构成、旅游目的和旅游模式的不同而改变。人们在做出常规旅行决策时，通常会采纳亲朋好友的信息来计划他们的旅行，而对于其他的信息来源途径使用则较少。而旅游者的个性特点也会对信息搜索产生影响。旅游者特点的个体差异也会从家庭生命周期、消费者的先前知识、文化、社会经济地位等方面体现出来。

三、旅游者的评价选择

从阶段上说，旅游者会通过收集好的信息，根据旅游地的特点、吸引物等属性，对各式的目的地进行评估和选择，这就是决策过程中信息的评价和选择阶段。

在这样的选择和决策阶段中：决策的类型是什么？如何使用这些标准评价商品（决策的标准）？最后如何做出一个选择（决策规则）？下面我们将介绍这些内容。

（一）决策的三种类型

旅游者的购买决策可以理解为消费者购买决策在旅游消费领域的具体化。因此，旅游目的选择模型中把人们的决策过程限定在理想决策的前提之下。但由于人类有感情的成分，无法完全做到理性。因此，我们在面对很多信息进行选择分析的时候会带有局限性，展现出**有限的理性（bounded rationality）**。

基于这样的基本原则，消费者最常采用的三种决策过程有基于感性的选择、基于属性的选择和基于态度的选择。

第一种**基于感性的选择（affective choice）**，实际上采用的是“我感觉它怎么样”的决策标准，消费者会根据自己对产品或服务的想象，凭感觉做出评价。

第二种**基于属性的选择（attribute-based choice）**，要求消费者在选择时具备相关产品的特定属性的知识，并且能在不同品牌之间对其属性进行比较，这相较于基于情感和态度做出决策时更加费时费力，但能做出最优决策的可能性也更大。

第三种**基于态度的选择（attitude-based choice）**，包括运用一般态度、总体印象、直觉和启发式的线索等，在决策时不是根据产品的属性对品牌进行比较，而通常是基于态度做出的。

基于情感的选择集中于审美相关的产品上。当我们买衣服的时候，就不会像买电视那样看价格和电视的功能，而是着重看衣服的颜色、设计，整体的感觉和自己是否合适等。就像买衣服，“有一种吸引我的东西”的这种感觉使我做出选择，这种选择就是基于情感的选择。决策的时候，情感要素来自我们要购买的东西的整体感觉。再比如，我们去旅游的时候，通过那个地方的美丽风景的照片而做出的决策也是一种情感选择。

如果说情感的选择是基于我们所选择对象商品的感觉，那么基于属性的选择就是对对象地点、商品、服务等不同要素的分别评价。比如，我们在国庆假期选择去哪的时候，会看一些旅游目的地重要属性，如价格、交通、天气、物价水平、安全等。这就是以属性为基础的选择。以属性为基础的选择，需要考虑每个因素，然后在旅游目的地之间相互比较做出决定。可以说，基于属性的选择是最为理性的选择方式。

基于态度的选择是通过选择对象、商品和服务的一般态度，综合印象等做出决策的过程。但是和基于属性的选择不同的是，基于态度的选择并不对每个因素进行评价。

为了方便理解，我们看一下小明的例子。小明想要去植物园，但记得有人说植物园里面没意思；但又通过同事了解到：植物园适合和孩子一起去，也看到电视里面的介绍，说和孩子去可以学习大自然。于是小明为了和家人一起度过周末，预约了植物园的门票。

这种情况下，小明并没有对每个因素进行比较，而是通过对这个旅游目的地的综合印象和态度做出了决策。人们在这三种决策方式中会选择其中的一种，也可能会混合使用几种方法。比如，小明也可以想象着和家人一起去植物园的美好时光，这就是基于情感做出的选择。和前面提到过的一样，人们会这样做出选择的原因是人的能力不是无限的，不能完全进行理性的比较（会耗费时间和精力），因此常在理性和情感想结合的状态下做出决策。

（二）决策的标准

决策的标准（evaluative criteria）就是面对选择的时候，消费者能够想起来哪些特征有好处（benefits）。这些特征和好处也就是消费者选择时所依据的品牌属性，也是决策的重要维度。比如说，旅游者可以通过各种方式感知和利用决策标准，包括极端方式（如价格越低越好）、限定指标（如价格不能超过某个值）或区间（如设定价格可接受的范围）等各种形式。

典型的决策标准一般与消费者所期望获得的利益相关。在这种情况下，营销者强调这种特征给消费者带来的利益，会比强调特征本身更有说服力，因为消费者想得到的是利益。决策标准可能在类型、数量和重要性上存在差异，旅游者在消费决策中采用的标准可能很多，包括从显性的成本、功能特性到无形因素。

此外，营销者对旅游者赋予每一决策标准的重要性也非常关注。如果他们对每一标准赋予的权重差别较大，那么他们最终选择的品牌也可能不同。假设他们各自代表一个顾客群体，那么，即使基于同样的选择标准但对各标准赋予的权重不同，就会形成不同类型的细分市场。所以，营销者通常希望了解旅游者所依据的决策标准，以便能够发展针对性的品牌特征，并把这些特征传播到目标市场。而且，营销者也会试图改变旅游者的决策标准来使他们的品牌受益。因此，对于营销者来说，衡量决策标准是非常重要的一环。

那么，营销者就需要了解旅游者会采用何种决策标准，在每一决策标准上，旅游者又是如何看待备选品的，以及每一标准的相对重要程度。在营销学的方法中大体有两种方法。一种是直接向消费者询问的直接法；另一种是间接确定法。通过问卷向消费者询问问题，或者要求10~15人进行小规模的讨论，让消费者谈论采用什么决策标准都属于直接法。但有的时候，由于问题可能会涉及情感或情绪因素，而旅游者有时会不愿陈述他们对产品的决策标准。此时，使用我们在前面章节提到过的间接测量的方法就很有必要。

例如，**投射法（projective techniques）**可以通过一定的刺激手段，使受访者指出“他人”可能会采用的决策标准，而这个“他人”则很可能就是受访者自身的投射，由此可以间接了解到他所采用的标准。

还有另外一种可以间接确定决策标准的方法——**知觉图（perceptual mapping）**。这种方法是先让消费者从一些可能配对的品牌中，判断所有备选品牌的相似性，并指出哪对品牌最相似，哪对次之，直到完成所有的配对及排序，最后通过计算机对这些判断数据进行处理，从而得出消费者对各品牌的知觉图。在这一过程中，消费者并没有直接表明其具体的决策标准，只是对所有具有相似性的品牌进行了配对和排序，并得出一个知觉图，而消费者决策标准的维度就展现在知觉图上了。

旅游者在评估不同产品时，常使用的标准是质量和价格的比值（也就是性价比）。当然也会比较旅游目的地的属性（如气候、拥挤程度、设施等），好处，吸引力等；也可以根据旅游目的地的总体形象作为选择的标准。

也有研究也表明，旅游者在选择目的地的时候，其吸引力的影响因素是价格和距离。尤其是价格和距离不同的情况下，会对决策产生负面或正面的影响。比如，我们去很远的旅游目的地时，虽然有的人会因为距离降低了旅行意向；但也有人认为越远的地方越会有“异域文化”，反而增强了决策的动力。价格和距离也有类似的地方。有的人会因为价格过于昂贵而放弃旅游，而有的人则会觉得昂贵的价格能够带来身份的象征意义，反而会追求选择此类旅游目的地。

当然，是否去旅游还存在其他的选择标准。比如，喜欢滑雪的人更为看重的可能是雪的质量和地形多样性。另外，很多旅游者都会通过旅行社选择旅游目的地，这个时候旅游者的选择就和单纯的旅游目的地选择有所不同。

有研究结果显示，人们在选择完全旅游团体的产品时，重要的考虑因素是安全性和出发时间的保障性这两个因素。除此之外，还包含有旅行社的服务质量（如酒店和交通工具的级别），以及旅游行程的便利性、旅行社的声誉、参观的景点、飞机的日程、价格等。

（三）决策规则

如同前面我们讨论过的，人们在决策的时候会得到很多的信息。而在此信息的基础上，人们会通过一定的规则比较备选项，然后在几个选择中最终确定旅游目的地。这种在旅游者决策中，运用一定的规则对旅游地进行评估的法则就被称为**决策规则（decision rule）**。很遗憾的是，对这种决策规则研究最少的领域恐怕就是旅游相关的领域了。但消费者行为领域的规则在很大程度上会帮助我们理解旅游者的决策规则。当旅游者根据决策标准来判断备选品牌时，他们必须采用某些方法从备选品牌中选择出一种，而如何去比较和选择，就是依靠决策规则。上述每一个决策规则都会产生不同的选择，因此，营销人员必须在了解目标游客使用了哪种决策规则的基础上，决定产品的定位，并有针对性地制定营销策略。

那么，接下来我们对基于属性选择的决策展开进一步的探讨。当人们在基于属性进行决策时，最终会产生怎样的决策结果，取决于旅游者所采用的决策规则。消费者行为的决策规则大体可分三类：**补偿规则（compensatory rule）**、**非补偿规则（non-compensatory rule）**、**启发式规则（heuristics rule）**。

补偿规则和非补偿规则的区别在于决策规则是否是基于一个评价标准，而其他的标准则是补偿。能够补偿的就是补偿规则，而不可以补偿的就是非补偿规则。一般来说，补偿规则会把所有的备选项都进行比较，非补偿规则使用部分规则进行评价。启发式规则和上述这两种有些不同，属于一种知觉的决策规则；它和前面两种规则相比，错误的概率会更大一些。下面我们详细介绍一下这三类决策规则。

1. 补偿规则

如果产品和服务的某一属性的高质量表现并不能补偿其他属性的不佳表现，那么消费者有时会根据总体属性来判断情况。这样做的原因是希望能够均衡一下表现极好的属性与那些相对不那么吸引人的属性。这种情况下的旅游者就会倾向于选择一种补偿式决策规则，具体表现为旅游者将在有关评价标准的判断上，选择总体表现最佳的品牌。

我们想象一下，现在我们要和家人一同去餐厅共进晚餐。如果我们在选择时的标准有食物的味道、环境、服务这三个方面，而且我们想要选择的餐厅是食物的味道出众、环境好、服务好的地方。那么，我们对餐厅的最终评价应该等于每餐厅每个方面的“重要程度”和“表现”的计算结果。

那么在补偿规则下，A 餐厅的总分为 87 分（5×10+3×7+2×8），B 餐厅是 80 分（5×8+3×8+2×8），C 餐厅是 79 分（5×7+3×10+2×7）。最终根据得分，选择 A 餐厅。可以看出，补偿规则对每个方面都进行了评价，并通过重要程度的加权计算出了最终评价。

2. 非补偿规则

由于人的思考能力是有限的，当有太多选择项需要比较的时候，消费者会感到力有不逮。这个时候如果还使用补偿式的规则进行决策的话，就几乎是一个不可能的任务。或者，在消费者做决策的时间很有限的情况下，使用补偿式的规则同样是不现实的。

在这种情境下，我们就必须转换成一种简便容易的方式。比如，我们国庆节想要去旅游，只要选择一个人不太拥挤的地方就可以。有了这样一个标准，我们就可以使用淘汰的方法，去除一些不合适的景点；或者是时间十分紧急，只要去一个能预订到酒店的地方就可以。这种方式比补偿式更加容易，但缺点是做出错误决策的概率会进一步增大。

非补偿决策规则一般包含有连接式（conjunctive decision rule）、析取式（disjunctive decision rule）、排除式（elimination-by-aspects decision rule）和编纂式（lexicographic decision rule）。一般来说，旅游者在进行决策时一般使用一种或多种规则，通常是先使用一种相对简单的规则来减少备选品的数目，然后再根据较复杂的规则在剩余的选择中进行决策。

具体来看，在连接式决策规则下，旅游者会对产品每一个属性（如价格、服务等）的评价标准设置自己可接受的最低表现水平，然后选择第一个或者所有能达到这个最低标准的旅游目的地。任何低于这个最低标准的旅游目的地都会被排除在外，不再做进一步的考虑。因为旅游者在面对众多旅行相关信息时，处理信息的能力其实是有限的，所以经常会使用连接式决策规则，将信息处理的任务先缩小到一个自己可控的范围内。在析取式决策规则下，旅游者会有针对性地对重要的产品属性建立一个最低可接受的表现水平，一般是不容易达到的较高水平的标准，只要有一个属性的评价超过了最低标准，这个品牌就会被接受。也就是说，旅游者会考虑所有在其认为重要的属性上表现好的品牌。

在排除式决策规则下，旅游者则是将评价标准按照重要程度进行排序，并对每一标准设立可接受的临界点。从最重要的属性开始，对所有的品牌进行逐一考察，低于最低临界点标准的品牌则不再被考虑了，如果一轮排除之后又不止一个品牌达到了临界标准，则将根据第二重要属性的标准进行再一轮的筛选，以此类推，直到最后仅剩一个选择为止。选择这种决策规则的旅游者，其实是想选择一个在重要属性上具有高质量的品牌，而这一属性的高标准是其他品牌所达不到的。

在编纂式决策规则下，旅游者也是将评价标准按重要程度先进行排序，但接下来与排除式决策规则不同的是，编纂式规则在每一步都筛选最优选择，所以，旅游者下一步将选择在最重要属性中表现最好的品牌。如果在最重要的属性上有两个或两个以上的品牌表现相同，则对次重要的属性进行评价，直到只剩下一个品牌。也就是说，采用编纂式决策规则的旅游者，是在最重要的属性上选择表现最好的，如果没有最好，则参照次要属性再次选择。

3. 启发式规则

无论是补偿还是非补偿的方法，都是在确切的规则中对备选项进行评估，都是以计算为前提的。但是并不是所有的人都对产品的属性十分的了解。而实际的情况是，我们无法期待人们总是有理性地进行判断。很多时候，我们的标准可能只是“贵的就一定是好的”“便宜的就是不好的”，或者是根据知觉、经验、猜测等对产品进行决策。这种方式都被称为启发式规则。人们常常会根据过去住过的好的酒店，而在下次去别的地方时选择同一品牌的酒店。其实，就算是同一品牌的酒店，在不同的地方也有可能表现出不一样的品质。尽管如此，人们还是做出这样的决策。这种启发规则叫作**代表性启发（representativeness heuristic）**。

如果要做出更加理性一些的判断，换一个地方应该重新评判住宿的酒店（即使是同一品牌），但人们还是使用这种方法进行决策。这其中最重要的原因可能是这种方法可以做出简单而快速的决策。另外，在多大程度上消费者能够容易产生记忆在决策中起了重要的作用。人们很容易记得飞机发生的空难事故，而忘记在汽车事故中丧生的人远比在飞机事故中多。而人们也容易做出一种飞机要比汽车更加危险的判断。人们也会记得夏威夷的蓝天白云，梦想去这样的地方旅游。但事实上，夏威夷由于全世界旅游者引发的过度开发，很多地方并没有国内的很多海边景点更漂亮。这种启发的规则被称为**可用启发（availability heuristic）**。

还有一种启发规则叫作**基准点和调节（anchoring and adjustment）**。人们对待自己不熟悉的备选方案，常会设立一个标准，然后通过一定的调节对方案进行评估。这些启发式的规则都被人们所使用，但都有着做出错误决策的风险。尽管如此，人们还是习惯于使用这些决策规则，主要原因是减少了很多信息搜索所付出的精力和时间。

（四）旅游者的决策规则

学者开始关注旅游者的决策规则。旅游者的决策规则和消费者的决策过程也没有大的不同，唯一的区别可能只是是否已经出发去旅行以及决策的具体事项（如旅游目的地和就餐地点的选择等）。结合一般消费的决策规则，旅游者的决策过载可以分为四种：属性为基础的策略、备选方案为基础的策略、限制的策略、机会主义的策略。

就像在前面介绍过的那样，**属性为基础的策略（attribute-based strategies）**属于一种“事前编辑”，是对最重要的属性一一比较之后进行决策的方法。**备选方案为基础的策略（alternative-based strategies）**则是在所有备选的方案中，聚焦于其中的某个特点进行评价，最后通过评价结果做出决策的判断。

另外，旅游者决定旅游目的地和住宿等事项时，会受到很多的因素制约。这其中，经济的、时间的和健康的因素都算是比较常见的制约因素。旅游者因为某一种因素，可能只能考虑其中某个旅游目的地；又或者是旅游者因为自身的旅游动机，只能选择某个旅游目的地。这些决策规则都算是**限制的策略（constraints-based strategies）**。

最后一种是**机会主义的策略（opportunistic decision strategies）**。这种策略是根据做出决策当时的情况（如气候条件，朋友的建议和价格促销等）而特别做出的决策方法。比如，决定要去毕业旅行。有很多人提出了很多的备选方案，作为公平，我们就可以把所有的选项写在纸上，然后使用抓阄的方法进行决策。

需要注意的是，我们要知道上面的这些旅游决策的规则和方法多少都是相互关联的，并不完全独立。有时候会随着决策阶段而采用不同的方式。比如，游客们有可能在刚开始的时选择几种方式进行决策，之后则会在少数选择中通过比较来做决定。

学术用语

[1] 欲望（wants）

[2] 动机（motive）

[3] 对象（objectives）

[4] 信息源（information source）

[5] 可靠性（credibility）

[6] 信息搜索策略（information search strategies）

[7] 内部搜寻方式（internal information search）

[8] 外部搜寻方式（external information search）

[9] 持续搜索（ongoing information search）

[10] 购买前信息搜索（prepurchase information search）

[11] 决定式信息搜索（decisive information search）

[12] 补充式信息搜索（contributory information search）

[13] 被动信息获取（passively acquired information）

[14] 习惯性信息搜索型（routine information search）

[15] 广泛信息搜索型（extensive information search）

[16] 有限的理性（bounded rationality）

[17] 基于感性选择（affective choice）

[18] 基于属性的选择(attribute-based choice)

[19] 基于态度的选择(attitude-based choice)

[20] 投射法(projective techniques)

[21] 知觉图(perceptual mapping)

[22] 决策规则(decision rule)

[23] 补偿规则(compensatory decision rule)

[24] 非补偿规则(non-compensatory rule)

[25] 启发式规则(heuristics rule)

[26] 代表性启发(representativeness heuristics)

[27] 可用启发(availability heuristic)

[28] 基准点和调节(anchoring and adjustment)

[29] 属性为基础的策略(attribute-based strategies)

[30] 备选方案为基础的策略(alternative-based strategies)

[31] 限制的策略(constraints-based strategies)

[32] 机会主义的策略(opportunistic decision strategies)

主要文献

[1] PIZAM A, MANSFELD Y, (Editors).*Consumer behavior related to tourism* [M]. New York: Haworth Hospitality Press, 1999.

[2] FODNESS M, MURRAY B. Tourist information search [J]. *Annals of Tourism Research*, 1997, 24(3): 503–523.

[3] MILL R C, MORRISON A M. *The Tourism System* [M]. Englewood Cliffs, N.J.: Prentice-Hall, 1998.

[4] MOTHERSBAUGH D L, HAWKINS D L. *Consumer behavior: Building marketing strategy* [M]. Boston: McGraw-Hill, 2015.

[5] SOLOMON M R. *Consumer behavior: Buying, Having, and Being (6th ed)* [M]. Upper Saddle River, N.J.: Prentice Hall, 2004.

[6] VOGT C A, FESENMAIER D R. Expanding the functional information search [J]. *Annals of Tourism Research*, 1998, 25(3): 551–578.

[7] 白凯.旅游者行为学[M].北京:科学出版社,2013.

[8] 保继刚, 楚义芳. 旅游地理学(修订版) [M]. 北京：高等教育出版社，1999.

思考（认知能力训练）

1. 旅游中的信息源有哪些类型？

2. 旅游者是如何通过内部和外部的信息处理过程做出决策的？

思政（应用能力训练）

中国一直在人工智能、大数据、5G 等信息技术方面不断努力，而这些技术的革新也显著改善了我们利用旅游信息的水平。在这些技术在旅游方面得到应用的同时，思考一下：

（1）旅游者的信息源在将来会发生什么样的变化？

（2）旅游者做出决策的时机是否会发生变化？

（3）作为营销人员，应该如何利用新的信息技术帮助旅游者进行决策？

第3章

决策过程：旅行中

开　篇

旅游者所消费的产品是旅游目的地的体验。比如，节事活动可以理解为当地“压缩文化”所形成的文化商品，成为吸引旅游者到来的重要原因。消费者的购买行为可以看成我们不断地满足我们已产生了的欲望的过程。消费者通过购买行为购买了商品所带来的益处，最终解决了自己的诉求。

旅游者的行为也可以看作是类似的过程。旅游者也会由于各种各样的原因（如追求新奇感、逃避日常生活等）而购买旅游产品或者访问某个旅游目的地。旅游地中的活动通过一定的功能满足了游客的需求。

当然，这种行为有可能只是解决快乐的需求，也有可能是为了满足自己教育方面的需求，或者是满足自己好奇心及冒险方面的需求。

如果旅游者在一个目的地所得到的体验和日常生活中的体验别无二致的话，就不会投入时间和精力再次访问这个旅游目的地。因此，旅游目的地所提供的体验应该是一般生活中无法得到的体验，这种体验和“真实性”的概念紧密相关。

在本章中我们首先会讨论旅游者的购买行为，之后则会介绍旅游者的活动类型和旅游者的流动。最后，我们会讨论在旅游者的体验，尤其会着重介绍体验经济和旅游体验的关系以及对旅游体验的理解。同时，为了理解真实旅游体验的概念，还会从舞台化真实概念出发对旅游体验进行理解。

本章的学习目标和章节概要如下所示。

学习目标

- 理解旅游中的流动性。
- 掌握旅游体验的概念和类型。
- 理解营销学和社会学视角下的旅游体验。
- 理解真实性和舞台真实性。

章节概要

一、旅游者的购买行为
二、旅游者的活动
1. 旅游者活动类型
2. 旅游者的流动
三、旅游者的体验
1. 体验经济和旅游体验
2. 旅游体验的理解
3. 真实性和舞台化真实

一、旅游者的购买行为

和我们在前面解释过的一样，旅游者的购买行为作为购买旅游产品的活动，也属于一般消费的购买行为，是通过旅游满足日常生活中产生的无法满足的欲望的过程。

从作用上来讲，研究旅游消费者行为对旅游开发、提升与促进产品、取得良好的营销效果等起到重要的作用。消费行为的研究者普遍认为，旅游产品分为功能维度、象征维度、快乐维度三个维度。

第一，**功能维度（functional dimension）**表现为很多旅游者都是为了休闲和宁静的氛围而选择去休闲地（resort）。这其中的原因自然是这些地方所提供的核心服务就是这种休闲和宁静。在一些旅游目的地，甚至没有电视、电话和网络等设施，为的就是能够最大限度地提供安静和“什么也不做”的休闲环境。

第二，**象征维度（symbolic dimension）**表现为人们进行海外旅行除了可以学习到新的文化、得到休息之外，还可以获得一种身份和地位的象征意义。尤其在出国旅游普遍化之前，人们乘坐飞机去旅游象征着财富和名誉；即使在今天，去国外旅游仍然能提供一种社会阶层的象征意义。

第三，**快乐维度（hedonic dimension）**表现为旅游产品能够给人们带来快乐情绪。比如，游客去滨海旅游，会通过各种活动体验快乐，而这种快乐体验也就成了旅游产品的最大价值。

消费者有时在购买商品时不会按照计划进行购买，而是会存在冲动购买的情况。虽然大部分时候消费者会在计划好的购买中感知到欲望，之后进行购买等一连串的过程。但突然看到商场打折，也会产生购买行为。这种冲动购买行为和购买意图没有太大的关系，在很大程度上只是受到了购买情境的影响。

但旅游产品往往比较贵，顾客的介入程度也比较高，所以冲动购买的情形并不经常发生。对于旅游购买行为的研究，学者们更多集中在了理性和有计划的行为研究上。

旅游者的购买行为和消费者的另一个不同之处在于购买的时间点不同。比如，我们准备去进行新婚旅行，那么购买新婚旅行的视角和旅行开始的时间可能相距几个月之多。

另外，旅游消费行为和一般消费者的即时消费行为不同，旅游行为会有一定的延后，而购买行为和消费活动时间间隔越大，消费结果产生不确定因素的可能性就越大。而且，游客在购买之后如果受到新的信息影响（尤其是负面信息），就会产生与期望不一致的实际体验。

二、旅游者的活动

（一）旅游者活动类型

旅游活动（tourism activities）就是指人们出于移民和就业之外的其他目的，离开自己的常住地而外出旅行和在外逗留活动。具体来说，旅游活动是人们出于休闲、商务以及其他目的，短期（历时不超过一年）离开自己的惯常环境，前往他乡的旅行活动以及在该地的停留访问活动。

从实际情况来看，旅游者在旅游目的地进行了什么样的活动，我们可以通过含有“时间和预算（time–budget）”的行程表进行确认。

大部分的旅游活动发生在旅游者在旅游目的地的时间内。比如，我们如果观察一个3天2夜的旅游行程表的话，就可以知道游客有着多种活动，如文化体验活动、市内观光活动、遗产遗迹探访活动、传统食物品尝活动等。另外还可能包含有欣赏自然景观、欣赏夜景、潜水等体验自然的活动。

因此，从分类来讲，旅游活动还包括其他多种类型，如文化知识型旅游、科技交流旅游、文艺交流旅游、考古旅游、院校旅游、山地休闲旅游、电影节旅游、民族风貌考察旅游、生物考察旅游、专业学习旅游、寻根旅游、博物馆旅游、宗教旅游、音乐节旅游、军事旅游、农业旅游、工业旅游等。

当然，上述这些旅游活动随着时间和地点的不同而产生差别。这种分类所讨论的旅游活动基本局限在旅游目的地上发生的现场活动。

另外，旅游活动不应只局限于目的地的活动，还应包含在到达旅游目的地之前以及离开旅游目的地的活动。因此和一般消费活动相比，旅游活动往往会包含更加复杂的过程和范围。总体来讲，旅游产品可以分为基本要素、次级要素和附加要素三种类型。

具体而言，**基本要素（primary elements）**主要指的是构成旅游活动的地点和休闲场景。比如剧场、博物馆等文化设施和体育设施，赌场和酒吧等娱乐设施都可以看作是活动的地点；而休闲场景则包含像地标建筑、有趣的楼宇和建筑物、公园、港口和绿地等物理特征和当地习惯、传统服饰、文化遗产等社会文化特点。这两个大的方面合起来成为城市旅游的主要吸引物。而酒店、餐厅、购物中心、百货商场等便利设施被认为是**次级要素（secondary elements）**；给旅游者提供保护的停车场和游客中心等则成了旅游的**附加要素（additional elements）**。

基本要素作为旅游资源会对游客产生独特的目的地形象，把前面提到的活动地点和休闲场所合起来考虑，可分为人工环境、自然环境和文化环境。

旅游目的地中的旅游者活动可以根据不同的要素加以区分，这些要素也就组成了旅游者的主要活动，而支撑这些要素的次级要素和相关活动，往往具有提供服务的性质，这是和初级要素有所区别的地方。

作为提供信息服务的附加活动则又可以看作给初级和次级要素提供帮助的活动。当然，按照之前的划分，旅游目的地上的主要活动还可分为人工环境中的活动（如购物、博物馆、民宿展览等）、自然环境中的活动（如参观国家公园、野营、滑雪、滨海活动等）和文化活动三种类型。

虽然也有观点认为购物场所、餐厅等提供游客便利的次级要素也可以作为旅游吸引物，但这种情况往往呈现出规模性的特点。比如，巴黎的香榭丽舍大道等，这种类型的便利设施成了城市的象征，代表了当地的文化。

旅游活动、旅游者行为与物理环境之间的互动关系是旅游研究的重要领域之一。按照研究视角可以划分为两大类。一类是对旅游者内在行为的研究，如行为影响要素研究、行为决策过程研究等；另一类是对旅游者外显行为研究，即旅游行为决策的结果的研究，如移动行为研究、消费行为研究等。

宏观空间尺度的研究倾向于将旅游活动看作是离散行为，微观空间尺度的研究则将旅游活动视为连续行为，而旅游者内在行为的研究较多关注心理要素对行为决策过程的影响，外显行为的研究则较多关注客观环境对旅游者行为的影响。

（二）旅游者的流动

和旅游者活动相关的另外一个概念就是旅游者在旅游目的地内（或者几个目的地间）是如何**流动（mobility）**的。

有关旅游者流动相关的理论虽然不是很多，但现有理论还是揭示了游客的流动如何受到旅游吸引物的影响。大部分的旅游目的地都不会只有一个旅游吸引物，而是由很多地点和设施联结出的网状结构。这样，游客的流动就显得很重要了，原因在于理解旅游者为了体验吸引物而产生的流动性对旅游目的地的管理以及旅游者满意度工作的开展非常关键。

以旅游者的流动范围为标准，可以分为几种线性类型（见图 3.1）。按照活动范围来看，旅游者的流动类型可以分为四种。

第一种是只在自己的居住地，基本没有流动的类型。第二种是距居住地范围较近、以便利性为标准的流动的类型，这两种流动类型虽然多少有些流动，但范围都比较小。相比之下，第三种流动类型是在安全得以保证的前提下，有一定距离的流动。而第四种类型基本上是通过行走方式以及利用公共交通可以到达的流动类型，这种类型也被称为集中探险型。

类型1：无流动（游客没有离开住所）
Type 1 No movement（The tourist does not leave the accommodation property）

◆

类型2：方便为主的流动
Type 2 Convenience-based movement

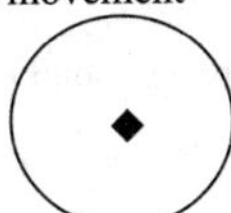

类型3：中心探索
Type 3 Concentric exploration

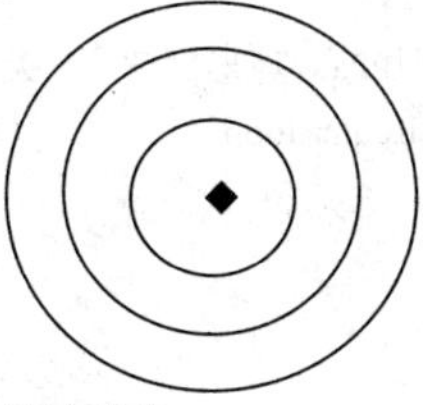

类型4：无限制的目的地流动
Type 4 Unrestricted destinationwide movement

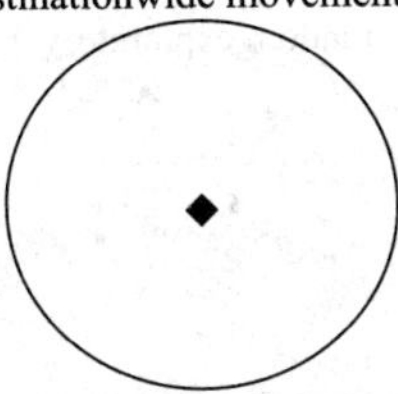

◆ = 居住地（accommodation）

图 3.1　旅游目的地行为的边界模型

资料来源：LEW A，MCKERCHER B. Modeling tourist movements：A destination analysis［J］. *Annals of Tourism Research*，2006，33（2）：403–423.

以上这些类型包含了从几乎没有任何限制的流动类型到几乎停留在自己居住地的流动类型，反映了一般的旅游者流动。当然，这其中的一些偶尔情况不被作为一般情况讨论，如就算几乎不出门的人也有可能产生很远距离的度假行为。

另外，按照线性的中心（见图 3.2）也可以大体分为三种类型。第一种是点对点（point–to–point）型。旅游者会从居住地直接出发到旅游目的地，然后再直线回到自己的家。这种情况既可以是直接从一个点到另一个点（类型 P1a），也可以是在两个点之间一直反复（比如一直都是从自己家去海边）（类型中的 P1b），还可以是从一个点出发，途经几个地方（类型中的 P1c）。比如很多欧洲人喜欢背包旅行，往往乘坐飞机先到达巴黎，然后途经几个城市，最后从罗马机场回国。第二种类型是循环封闭型（类型 P2a），以居住地为中心，经过几个旅游目的地，最后回到居住地的类型。

类型 P1：点对点型

Type P1 Point-to-point patterns

类型 P1a：单一点对点（single point –to–point）

类型 P1b：重复点对点（repetitive point –to–point）

类型 P1c：迂回点对点（touring point –to–point）

类型 P2：循环封闭型

Type P2:　Circular patterns

类型P2a：环形循环（circular loop）

类型P2b：根茎与花瓣（stem and petal）

类型 P3：复杂型

Type P3 Complex patterns

类型 P3a：随机探索（random exploratory）

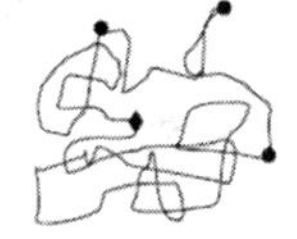

类型 P3b：辐射中心（radiating hub）

图 3.2　旅游目的地行为的线性模型

资料来源：LEW A，MCKERCHER B. Modeling tourist movements：A destination analysis［J］. Annals of Tourism Research，2006，33（2）：403–423.

比如，去海南旅行的话，首先预订海口的酒店，然后以酒店为中心，通过环岛交通（火车，自驾等）又去了其他几个地方，然后又回到自己住所就属于这种类型。最后一种类型是不算特定类型，属于复杂的流动类型；可以看作是前面两种类型的混合，也可以看作是毫无关系的类型。总体上看，从自己的居住地出发并以相同的路返回的类型是旅游者中最常见的流动类型。

在全球化对社会产生深刻影响的当下，流动性获得了内涵和外延的立体化和多面性，各种类型的流动正在表征并重塑地方、社会结构和价值观念。在流动性语境下，很多社会科学的基本概念都应当被重新思考，如何认识流动、分析流动对理解各类社会科学文化现象、理解空间及其附加意义具有重要意义。

而对于旅游研究而言，流动性的增强使得旅游活动达到了前所未有的广度和深度，在这种背景下，旅游的流动也日渐成为研究重点。在新流动性范式下，旅游流动不仅包括传统旅游地理学研究中旅游者个体的空间流动（旅游流），更包括随之而来的各种资源、关系、权利等构成的流动性系统，以及所引发的社会和文化关系、资本和经济关系的流动。

旅游不仅被理解为旅游引力和推力作用下的短期迁移行为，也应该被视为意义产生的过程。旅游流动促使旅游主体追求旅游流动过程中产生个人意义。

人们通过旅行获得对世界的认识，通过与更广阔的地方建立联系而获得对自我的完整认知，获得自我接纳与自我认同，获得人与人之间真诚和睦的互动关系等。同时，人们可以通过旅游来缓解现代生活的异化、程式化和无意义感，重新寻找主体存在的意义。

三、旅游者的体验

旅游者在目的地通过参与多种活动会得到多种好处。也就是说，旅游者通过旅游的活动和体验，会满足旅游行为之前所产生的欲望。那么，通过旅游活动，旅游者究竟获得了什么体验？很多旅游的研究者通过旅游者的行为，研究了旅游者所经历的体验。现在我们从体验经济的角度出发，看看学者们认为的旅游体验是什么。

（一）体验经济和旅游体验

派因（Pine II）和吉尔默（Gilmore）首先提出体验维度以消费者参与形式（主动与被动）及环境因素（吸收与沉浸）的划分标准。被动参与意味着不直接影响消费者产生体验；主动参与意味着能够影响消费者产生体验。吸收代表消费者通过让人了解吸引他人注意；沉浸代表消费者变成体验环境的一部分。这两个维度的划分具体分为娱乐、教育、逃避和审美四种体验类型（即体验经济，如图 3.3 和表 3.1 所示）。

娱乐体验（entertainment experience）：娱乐和消遣是人们获得身心愉悦的方法，也是主要的旅游体验之一，通常发生在旅游者观看各类演出或者参与各种娱乐活动时。旅游者通过自己的感官，被动地吸收这些体验，进而放松自己在日常工作和生活中产生的神经紧张，用微笑和开怀大笑抚慰心灵的不快，达到自我愉悦和放松身心的目的。娱乐体验是体验最古老的形式之一，也是大家最为熟悉、最常见、被发展最多的体验类型。

教育体验（education experience）：旅游也是学习和接受教育的一种方式。教育体验是旅游者主动参与的过程，旅游者主动成为学习者，才能实现教育的目的。“读万卷书，行万里路”，外出旅游尤其是在人文类景点，如博物馆、历史遗迹、古建筑等旅游，其深厚的历史底蕴、人文内涵、建筑风格等都会令旅游者耳目一新，获得相关知识。旅游中的教育是一种将教育性与娱乐性相结合的教育方式，兼具教育与娱乐双重功能，以寓教于乐方式帮助旅游者获得旅游中的教育体验。

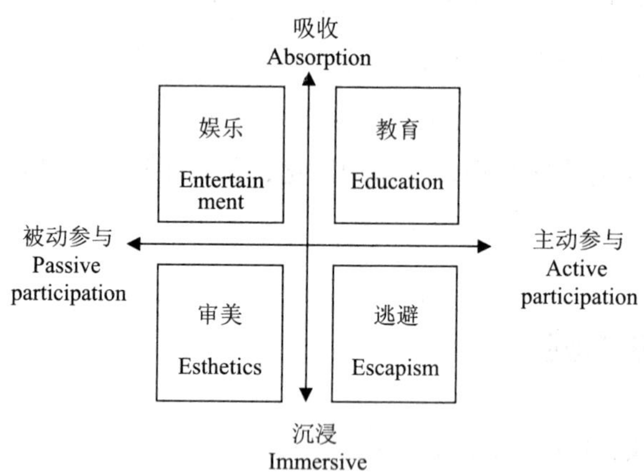

图 3.3 旅游体验类型示意

资料来源：PINE B J，GILMORE J H. Welcome to the experience economy［J］. Harvard Business Review，1999，76（4）：97–105.

表 3.1 "体验经济"的四类体验量表

娱乐 Entertainment
· 这个地方有趣。 The place was fun.
· 这个地方让人快乐。 The place was entertaining.
· 我享受这个地方的体验。 I really enjoyed this place experience.
教育 Education
· 我通过体验学到很多。 I learned a lot through my experience.
· 这个地方的体验激发了我学习新东西的好奇心。 The place experience stimulated my curiosity to learn new things.
· 停留在这个地方是个真正的学习体验。 Staying at the place was a real learning experience.
逃避 Escapism
· 停留在这个地方让我觉得在另外一个世界。 Staying at the place made me feel I was in a different world.

续表

· 停留在这个地方让我感觉生活在一个不同的时间和地方。 Staying at the place made me feel I was living in a different time or place. · 我通过这个地方的体验，完全从现实中逃离出来。 I completely escaped from reality during the place experience. **审美 Esthetics** · 在这个地方感到愉悦。 It was pleasant just being at the place. · 这个地方的环境给我的感官提供了快乐。 The setting of the place provided pleasure to my senses. · 这个地方的环境确实对细节的设计到位。 The setting of the place really showed attention to detail in terms of design.

资料来源：MODY M，SUESS C，LEHTO X. Going back to its roots：Can hospitableness provide hotels competitive advantage over the sharing economy?［J］. International Journal of Hospitality Management，2019，76（January）：286–298.

逃避体验（escapism experience）：现代生活的快节奏、环境拥挤与喧嚣、人际交往复杂等，使得人们缺乏对于内心真正需求的审视，也对于自身的生活状态产生了疏离感。通过旅游活动暂时将日常生活中的自我角色抛开，在旅游环境中感受一份放松体验，拥有一段完全不同于自身本来生活的经历，寻找生活中另一个摆脱束缚和压力后的真实自我。逃避体验是一种沉浸过程，旅游者完全沉浸在体验产生的那个旅游环境中，并且是个人的主动参与。

审美体验（esthetics experience）：旅游者对美的体验贯穿于旅游者的整个活动中。旅游者通过感觉和知觉捕捉景物的声、色、形，获得感官的愉悦。审美体验中个体完全沉浸于所处的环境里，但对环境不会产生任何主动的影响。例如站在大峡谷边缘或者参观美术馆等，旅游者接受审美体验的关键都在于“存在于”那个环境中。

有了四种体验的分类，体验的形成过程又是如何的？关于这一点，派因和吉尔莫也给出了答案。如图 3.4 所示，体验开始于游客在特定环境或情境下体验（活动）一个景点（资源）的事件（如高质量的攀岩设备）。这个事件引起了一种反应，这种反应会激发成为记忆，而旅游的人就会在这种记忆上反思并创造新的意义。

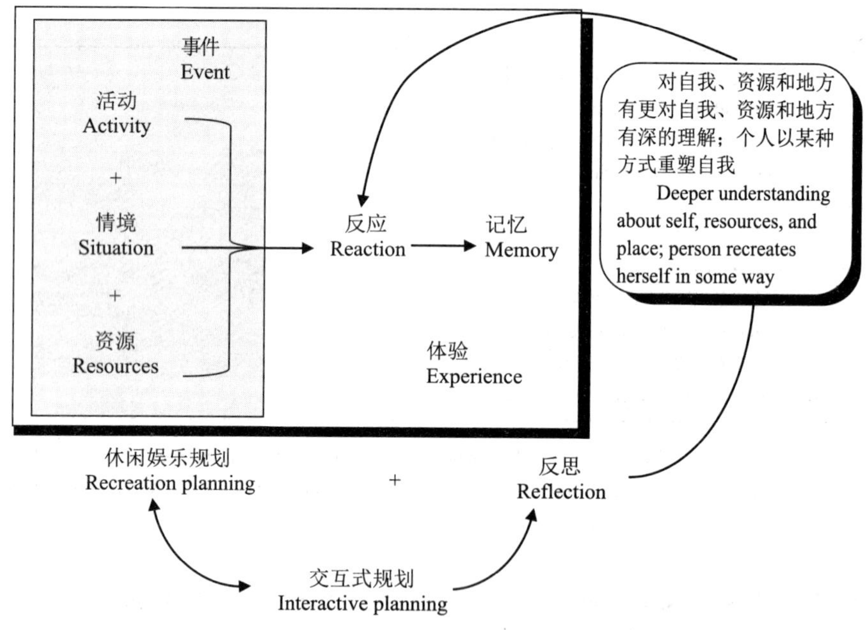

图 3.4 体验的解析

资料来源：PINE B J，GILMORE J H. Welcome to the experience economy［J］. Harvard Business Review，1999，76（4）：97-105.

最终，个人通过这个意义创造的过程，增加了对世界的理解以及对自我的理解。伴随着旅游者信心的增加和自我形象的转变，旅游者也重塑了自我。如图 3.4 中所示，交互式规划和休闲娱乐规划对活动或体验有很大影响。

（二）旅游体验的理解

在体验经济的背景下，旅游的学者们继续研究了旅游情境下体验的具体定义和本质。简单来看，旅游体验是指旅游消费者前往一个特定的旅游目的地花费时间来游览、参观、娱乐、学习、感受的过程以及所形成的身心一体的个人体会。

旅游体验在学术上也产生了多种表述方法，如旅行中的体验、旅行体验、休闲体验、旅游体验、游客 / 旅客体验、访客体验以及度假体验等。这些不同的表达方法体现了从不同角度出发的旅游研究者对于旅游体验进行的多样探索，但也同时显示了旅游体验的复杂性和跨学科研究特征。

旅游体验的这种复杂性也带来了不同的学科对旅游体验的不同理解和探索。如果从心理学、经济学和管理学等视角进行学科交叉下的旅游体验探索时，旅游者被认为是消费者的一种。这里的旅游体验被认为是旅游者在旅游目的地所追求的各种“好处”，和旅游者的动机紧密相关。人们会从“旅游的本质”出发，研究和理解旅游体验的基本理论框架。这样，相比经营管理中对旅游基础设施的重视，如何提供给旅游者体验、心理的益处（psychological benefits）成了重点。

而从社会学的研究成果来看，旅游体验的理解最为复杂。这其中，具有代表性的学者包括马康奈（MacCannell）、科恩（Cohen）、厄里（Urry）。具体来看，马康奈最早将旅游体验理解为旅游者为了要寻求真实体验而去克服困难的体验。相比之下，科恩认为不同的旅游者类型会寻求不同的旅游体验，将旅游体验理解为个体和中心类别的一种关系，体验的意义受到旅游者自身世界观的影响，并且体验能反映个体的动机形式。

和科恩比起来，厄里则认为旅游体验是一种**凝视（gaze）**，旅游者受到好奇心和兴趣等因素的驱使去凝视旅游环境，进而催发出旅游者欣赏旅游环境的各种方式。基于对旅游体验的理解和研究，厄里还归纳了旅游体验的九个基本特征：

- 旅游体验是休闲参与活动；
- 旅游者时间关系的改变主要来自人们不同地点的移动和停留；
- 短期或暂时远离日常生活；
- 在旅游体验中，地方凝视不是有偿的，与日常生活有鲜明对比；
- 旅游者活动如现代人口流动、新社会形态的产生和发展等，都需要凝视；
- 以凝视的态度和观点决定目的地的选择；
- 旅游者凝视描述与家不同的景观；
- 凝视构成符号，旅游者收集符号；
- 观光旅游的发展都在引导旅游者重构新的凝视目标。

可以看出，旅游体验虽存在各种观点各行其道的现象，但总体上旅游体验的本质是一种个人的、主观的、具有高度异质性的内心感受。总结来说，从经济学、营销学等视角看，旅游体验都可以被认为是需要利用多种的辅助设施、旅游活动和服务的一种“心理产出”。而从社会学的研究来看，旅游体验被认为是一种“脱离了一般日常生活的特殊体验”。旅游者从日常生活中“摆脱”出来，获得了一种“自由”和一种“独特的、新奇的、变化的体验”。

（三）真实性和舞台化真实

自现代旅游出现以来，旅游研究者便开始探讨**真实性（authenticity）**与旅游之间的联系。真实性经常出现在描述旅游体验、旅游吸引物、旅游事件或者旅游动机的学术文献中，也经常出现在旅游宣传册、广告和其他旅游业的相关出版物（如广告中常出现的“带你开启一场真实的北京/成都之旅！”）里。

可以说，不论是在旅游学界还是业界，真实性的概念都占有一席之地。然而，作为旅游中广泛应用的词汇，真实性的具体解释和定义却一直有争议，不同情境和用法中它都代表着很多不同的含义，并且这个含义往往带有使用者的主观理解色彩。

一般来说，一个物品有当地人按照传统或者习俗制作出来，它就是真实的，所以真实性可以用来描述构成一个国家文化的任何一种因素，描述产品、艺术品、服饰、节庆、仪式、建筑等。另外，真实性是对于不同类型的旅行、特定的行程或者整个旅游度假的描述。

科恩在对真实性和旅游商业化的探讨中对真实性的研究进行了深化，他认为判定一个事物是否具有真实性，非商业化是最为关键的因素。真实性原本用来描绘某些真实、纯粹的事物，是“一种在西方社会的影响入侵之前生产出来的文化产品特性”，后来转变为了一种社会建构的概念，即用于描绘现代社会境况。

在研究旅游体验的真实性问题中，马康奈的**舞台真实性（staged authenticity）**是非常重要的概念。马康奈认为，现代社会是不真实的，旅游是对真实性的寻找，是“旅游者受到追求真实性体验的动机激发，并且认为自己正在获得真实性体验的路上”。事实上，虽然旅游者认为自己正在见证真实性，但其实他体验到的只是当地人或者旅游业想让他看到和体验到的东西。

而马康奈的舞台化真实性概念源于戈夫曼（Goffman）的剧场理论。戈夫曼将社会场景划分为前台区域和后台区域。前台区域是社会互动发生的地方，东道主在前台接待客人，服务人员为顾客提供服务；后台区域是东道主的各成员退场休息和准备的地方。表演者可以出入前台和后台两个区域，观众只能在前台。按照这种简单二分法的理论来说，前台呈现的是表演，后台才是真实，而观众基本接触不到真实，其获得的体验也不是真实的。

据此，马康奈将戈夫曼的理念引入旅游研究中，并将“前台—后台”二分法扩展为一个从前台到后台的连续统一体，进一步提出舞台化的真实性概念，并归纳出这一连续谱系上的六个阶段。

（1）游客试图进入的地方，这也是戈夫曼的前台区域。

（2）依旧是前台区域，但稍微展示一下后台区域，如餐厅中陈列的酒架。

（3）依旧是前台区域，有着与后台区域一致的布局。

（4）旅游者可以随便进入后台区域观看的阶段，如允许游客进入作坊看当地产品的生产过程。

（5）此阶段旅游者偶尔可以进入后台区域，如飞机的驾驶舱。

（6）是旅游者的最终目标，也就是戈夫曼意义上的后台区域，但是旅游者很难进入这个阶段。

这些阶段揭示了旅游者对真实性旅游体验追求的过程，但旅游者几乎不可能到达最后阶段获得体验，即真正进入到东道主所属的后台区域，参与到东道主社区的生活和文化。第二阶段到第五阶段，旅游者拥有了越来越多获得真实性体验的机会，然而都是舞台化的真实性。旅游者仅能大致一瞥后台区域，获知的大多是各种人为建造的事件和旅游吸引物，并且他们认为是真实的东西。

虽然马康奈的模型存在一定的局限性，但该模型虽然为旅游吸引物和事件的真实性提供了评估框架。该模型的主要问题在于忽视了旅游者个人对于舞台化的真实性的甄别和判断能力，没有考虑到旅游者能够感知环境并产生反应的特性。此模型评估下的旅游者永远得不到满足，始终走在寻找真实性的路上。

社会学家王宁是旅游体验真实性研究的代表人物，他将真实性概念的发展阶段划分为客观主义的真实性、建构主义的真实性与后现代主义的真实性，并在此基础上提出了**存在主义真实性（existential authenticity）**（见表 3.2）。

表 3.2　真实性旅游体验的类型

真实性类型	研究取向	主要特征	代表人物
客观真实性 Objective authenticity	客观主义 Objectivism	指原作品“originals”的真实。旅游中真实的体验等同于对原作品真实性的认知体验（epistemological experience）。	珀尔斯汀（Boorstin） 马康奈（MacCanell）
建构真实性 Constructive authenticity	建构主义 Constructivism	指旅游产品生产者和旅游者根据自己的想象、期望、偏好、信仰和权利赋予旅游产品的某种真实。这种真实是被投射（projected）在旅游产品上的。 同样的旅游产品被赋予了多种不同的真实性，这就是象征意义上的真实性（symbolic authenticity）。	布伦纳（Bruner） 科恩（Cohen） 霍布斯巴恩和兰洁尔（Hobsbawn & Ranger）
后现代真实性 Postmodern authenticity	后现代主义 Postmodernism	旅游者不再关心“原物/原作品”的真实性，并认同“不真实性”，认为人们追求的是一种超真实（hyperreality）的“逼真”世界（verisimilitude）。	伊科（Eco） 布西亚（Baudrillard）

续表

真实性类型	研究取向	主要特征	代表人物
存在真实性 Existential authenticity	存在主义 Existentialism	指一种被旅游活动激活的潜在的“成为”的存在状态（existential state of being）。存在的真实与旅游的客体是否真实毫无关系，而是旅游者借助于旅游活动或者旅游客体寻找真实的自我。	王宁

可以看出，真实性的概念发展了从重视旅游客体到强调旅游主体真实体验的过程。在后现代主义研究者们试图抛弃“真实性”概念时，王宁认为存在的真实与被旅游的客体是否真实并无关系。在寻找真实的旅游经历时，旅游者在某些旅游活动的激发下，处于一种“成为”的存在状态，他们不关心被旅游的客体的真实性，只是借助于旅游活动或者旅游客体寻找真实的自我。

王宁提出了个体内在真实和个体间真实两个真实性维度。进一步分析的话，个体内部的真实性还可以包括两个层次，即身体感觉和自我身份认同。王宁认为，人的身体是感觉和感官快乐的内在根源。日常生活中身体往往是被控制、被约束、被操纵的，在旅游中身体获得自主，得到了真正的放松。正是这种短暂但超凡的身体体验使得人们从现代日常生活中的身体约束中解脱出来，成了**个体内在真实性（intra-personal authenticity）**。

从另一方面来说，旅游经历是一个寻找自我和自我身份认同的过程。大多数人的日常工作和生活是压抑单调的，人们很难去追求“自我实现”，而在旅游或探险时人们可以实现这一目标。例如，在登山或航海等自然旅游中，人们挑战了自我，并且在这种挑战自我的**畅快（flow）**体验中寻找到了新的自我。

此外，旅游者也在寻找**个体间的真实性（inter-personal authenticity）**，它包括家庭陪伴下的旅行和旅游者的**共睦态（communitas）**。王宁认为，家庭旅游是体验个体与个体之间真实性的一个典型案例，对大多数旅游者来说，假期是旅游者团体（如家庭）达到或强化其团结和归属感的一个机会：在休闲旅游过程中，人们不仅从观光、事件或表演中获得愉悦，同时也强烈地体验到了一种人与人之间真实、自然的情感联系和家庭中的真正亲密关系。

旅游者的共同体的概念来自特纳，指朝圣者在其旅程中，寻找一个被赋予最神圣价值和最高情感的中心，他们在寻找的过程中同时进入到这样的一个共同体。这个共同体的特点是一个与日常强制性工作区分的**阈限（liminality）**。在这个共同体中成员原有的社会、经济、政治身份和角色消失了，取而代之的是平等的、自然的、友好的、真实的关系。

存在的真实性解释了即使旅游者面对的客体是假的，但是旅游者还是在追求一种真实性，即一种替换的、由旅游活动激发的存在的真实性。一些研究也表明，通过游览不真实的旅游客体，游客依旧获得了极好的身体体验，重建了新的自我，也帮助旅游者建立了与其同游人之间的真实自然的关系（旅游者共同体），一些忠实的回头顾客的存在也充分验证了存在的真实性对于旅游者的意义（见表 3.3）。

表 3.3　旅游真实体验（存在真实）量表

· 我喜欢接触地方的生活方式。 I like to be connected with local ways of life. · 我想要体验独特的生活方式和传统体验。 I want to experience the unique life style and customs experience. · 我喜欢到访期间平静、和谐的气氛。 I like the calm the peaceful atmosphere during the visit. · 我喜欢旅行中那种让自己有意义的感觉。 I like the feeling of being myself meaningful during traveling.

资料来源：MENG B，CHOI. The role of authenticity in forming slow tourists' intentions：Developing an extended model of goal-directed behavior［J］. *Tourism Management*，2016，67（December）：397–410.

学术用语

［1］功能维度（functional dimension）

［2］象征维度（symbolic dimension）

［3］快乐维度（hedonic dimension）

［4］旅游活动（tourism activities）

［5］基本要素（primary elements）

［6］次级要素（secondary elements）

［7］附加要素（additional elements）

［8］流动（mobility）

［9］娱乐体验（entertainment experience）

［10］教育体验（education experience）

［11］逃避体验（escapism experience）

[12] 审美体验（esthetics experience）

[13] 凝视（gaze）

[14] 真实性（authenticity）

[15] 舞台真实性（staged authenticity）

[16] 存在主义真实性（existential authenticity）

[17] 个体内在真实性（intra-personal authenticity）

[18] 畅快（flow）

[19] 个体间的真实性（inter-personal authenticity）

[20] 共睦态（communitas）

[21] 阈限（liminality）

主要文献

[1] PINE B J，GILMORE J H. Welcome to the experience economy [J]. *Harvard Business Review*，1999，76(4)：97-105.

[2] MANNELL R C，ISO-AHOLA S E. Psychological nature of leisure and tourism experience [J]. *Annals of Tourism Research*，1987，14(3)：314-331.

[3] OH H，FIORE A M，JEOUNG M. Measuring Experience Economy Concepts: Tourism Applications [J]. *Journal of Travel Research*，2016，46(2)：119-132.

[4] 孙九霞，陈钢华. 旅游消费者行为学 [M]. 大连：东北财经大学出版社，2015.

[5] COHEN E. Rethinking the sociology of tourism [J]. *Annals of Tourism Research*，1979，6(1)：18-35.

[6] URRY J. Social networks，travel and talk [J]. *British Journal of Sociology*，2010，54(2)：155-175.

[7] WANG N.Rethinking Authenticity in Tourism Experience [J]. *Annals of Tourism Research*，1999，26(2)，349-370.

思考（认知能力训练）

1. 旅游者的流动有几种方式？

2. 旅游的真实性如何理解？可以分为几个维度？

思政（应用能力训练）

随着“一带一路”的不断深化，我国的对外交流也在不断加深。根据旅游真实性的概念，讨论一下我们怎样做可以让国外旅游者感受到一个“真实的中国”？

第4章

决策过程：旅行后

开　篇

来过中国旅游的外国人对中国是如何评价的？是很好的积极体验？还是令人不那么愉快的消极体验？我们知道旅游者在旅游目的地根据自己所感受到的服务和旅游设施等所形成的总体评价被称为满意度。那么，满意度是如何形成的呢？事实上，并不是所有的游客都会心满意足地回到自己的家，他们为什么感到不满意？又如何“消化”这种不满意？

由于事后的不满意体验对游客的重游行为产生影响，还有些游客会把这种消极的情绪传播给别人，形成负面的口碑，所以这些问题都是旅游的管理者和运营者需要考虑和解决的。稍有不慎，负面口碑都会对企业和服务产生声誉上的影响。

本章前面会先介绍旅游者满意度的 Oliver 的期待不一致理论，顾客评价的决定因素以及归因理论。之后，我们还会着重解释旅游者的购买后评价行为。本章的学习目标和章节概要如下所示。

学习目标

- 理解 Oliver 的期待不一致理论。
- 理解归因理论。
- 知晓旅游者的旅行后过程。

章节概要

一、旅游者的购买后体验
1. Oliver 的期待不一致理论
2. 顾客评价的决定因素
3. 归因理论
二、购买后不一致
三、旅游者的购买后评价行为

一、旅游者的购买后体验

我们还是以小明为例，看一下旅游者的购买后体验。小明正在从普吉岛回来的飞机上，但他决定以后再也不去普吉岛了。本来想的是安安静静地在印度洋的海边度过一个美好的假期，但这种美好的想象却被拥挤的人群破坏了。但小明旁边的小红却觉得普吉岛的旅游体验非常不错：干净的海水、明媚的天气、蓝天白云都留下来了美好的回忆，下一次她还会带着自己的家人一起来这里度假。

那么同一个旅游目的地，为什么两个人会有不同的评价？是什么让这两个人产生了不同的评价？学者们为了解释这种购买之后所形成的服务评价，最经常用到的理论是 Oliver 的期待不一致理论，除此之外的相关理论还有归因理论、公平理论等。

（一）Oliver 的期待不一致理论

旅游者决策过程中最后的阶段就是对去过的旅游目的地进行评价，或者对自己购买的旅游商品进行评价。和我们前面讨论过的一样，即使是同一个人购买同一种旅游产品，也会产生不同的评价。原因就在于旅游者都有着自己不同的标准。购买之后是否感到满意，人们并不是毫无标准地进行比较，而这种比较的对象就是他们自己的期待。

小明和小红对同一个旅游目的地有不同评价的原因就是因为他们有着不同的期待。这种期待的类型和程度上的不同，促使产生了不同的评价结果。

如此，人们在购买的最后阶段，自己所期待的程度和实际感受到的程度的差别决定了是否满意，这个理论就是 Oliver 的期待不一致理论（见图 4.1）。根据 Oliver 的研究，消费者在购买商品和服务之前，会形成相关的期待。这种期待是消费商品的过程中所获得的一种体验。获得比自己所期待更好体验的个体（期待<实绩）会得到“积极的不一致”，人们就会感到满意。相反，和自己的期待相比，一个人如果得到不太好的体验（期待>实绩）就会产生负面评价。由于期待和实绩的比较事实上是介入了个人主观的因素，因此无论是多么好的产品，如果消费者有着过分的高期待，就永远不会满意。对于同一个旅游目的地的评价也是如此，不同的人可能产生完全不同的两种评价结果。

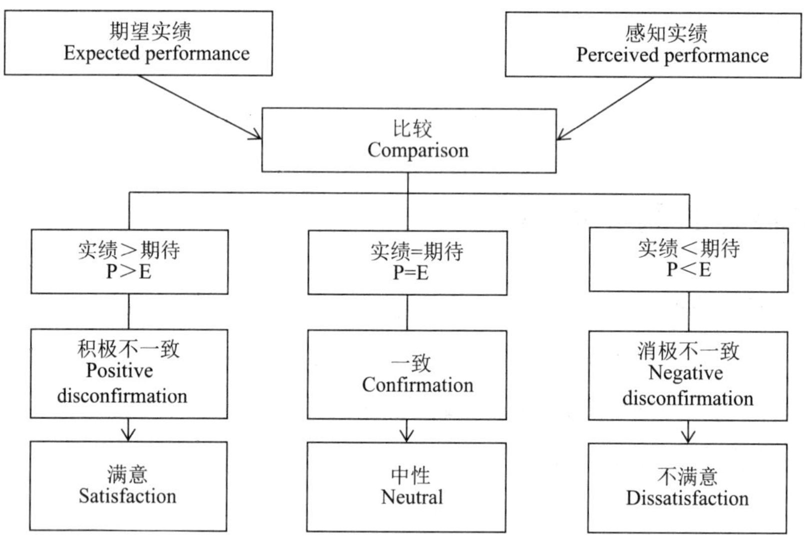

图 4.1 Oliver 的期待不一致模型

资料来源：OLIVER R L. Satisfaction：A behavioral perspective on the consumer［M］. New York：McGraw Hill，1997.

（二）顾客评价的决定因素

前面我们所谈及的 Oliver 的期待不一致模型如果再深入思考一下就会发现，一个人的满意与否是来自**期待（expectation）**和**实绩（performance）**所产生的**不一致（disconfirmation）**。

1. 期待

期待可以理解为以某些信息、现在情况，或者是过去的经历为基础所形成对未来结果的预想。

为了理解期待，我们举个例子进行说明。如果现在我们点一份外卖，按照之前的经验配送时间需要 30 分钟。那么，我们就已经产生了对外卖送达时间 30 分钟的期待。

当然，这种期待并不是一成不变的，第一次去某地旅游的人和去了很多地方旅游的人相比，期待会低一些。也就是说，和认知过程中的旅游者相比（初访旅游者），现在的消费者（去过很多次的旅游者）期待会更高。

现在，我们重新说回我们点的外卖，如果外面时间比平常长了一点，大概 35 分钟才送达，我们会有什么感觉？会觉得很长吗？大部分的人不会为了 5 分钟的延迟而感到生气，毕竟 25 分钟与 35 分钟，也不会带来很大的差别。这被称为期待的**无差别范围（zone of indifference）**。

顾客在此范围之内，不会感到有什么不同，但是一旦超越这个范围，可能就会打电话催促。比如，如果配送的时间达到了 1 小时以上，就会达到不能忍受的程度。上面这种情况，我们仔细思考可以知道，人们为了比较期待和实际，采用的标准是不同的。另外，我们还会考虑不同情境下的影响因素。比如，在下雨天的时候，我们的期待时间就会变长一些。而事实上，我们期待的表现要比实际的表现更加理想化一些。

如图 4.2 所示，人们的期待水平从“不能忍受的（intolerable）”到“理想的（ideal）”，可以分为八个阶段。

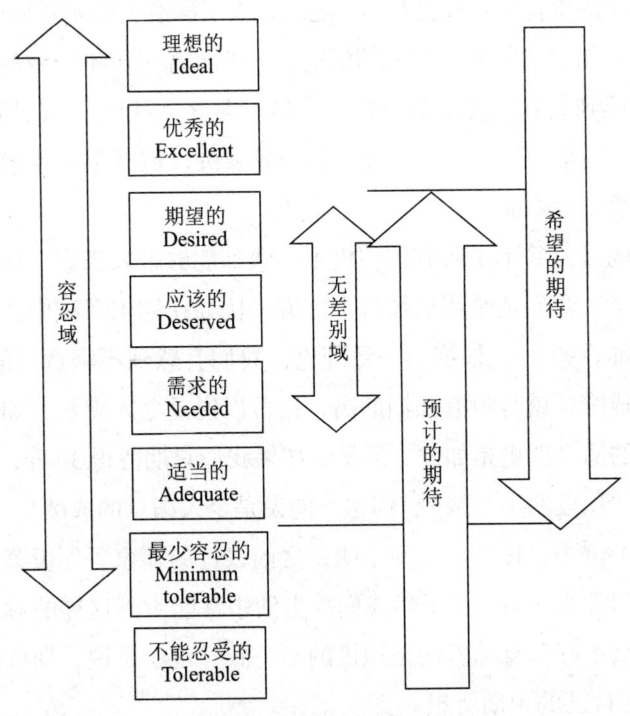

图 4.2 期待的水平

那么，人们的期待是如何形成的？根据Oliver的说法，期待是由之前的经验（之前访问过某地的体验）、去过类似地方的体验、企业的市场营销活动（优惠券等）以及个体特点（个人的偏好、旅游目的等）形成的。另外，产品的特点也能决定期待，比如我们就对比较贵的产品有更高的期待。希尔顿、凯悦等酒店就会因为其品牌带给我们更高的期待。

2. 不一致

Oliver的期待不一致模型中第二个决定因素就是不一致了。当然，期待和实际表现也会出现一致的时候，这种时候人们得到的往往是一个"不太差"的结果，即使如此，也很难有让人满意的评价。

我们可以用我们的学习成绩打个比方。比如，我们假设有三种情况：一是我们期待得到B成绩，结果得到了B；二是我们期待B，得到了C；三是期待B，得到A。第一种情况就是一致的情况，如果我们认为B是还不错的成就，就会有满意的评价。但是同样是一致的情况，如果我们期待的是D，最后的结果也是D，我们就很难说这样的结果让人满意。

也就是说，期待和满意一致也并不一定就代表了满意，而要看期待和实绩的程度。

我们再比较一下"二"和"三"的情况，这两种都属于不一致的情况。但是，期待B得到A，会感到满意；反而得到C会感到不满意。因此，二的情况属于"积极的不一致"，三的情况是"消极的不一致"。一般来讲，积极不一致带来的是满意，消极不一致带来的是不满意。

但也要注意的是，并不是所有的积极不一致都能够带来满意，而所有的消极一致一定会带来不满意。我们还是用成绩打个比方。比如在期末考试中，我们期待能够得100分，结果得到了97分，根据不一致理论，我们会感到不满意。但是97分的分数仍然是非常好的成绩，就算没有预期的高，也可以说是令人满意。如果这个成绩又是自己的最高成绩的话，就更是如此。但是，如果我们只期待得30分，结果得了38分。这种情况虽然是"积极的不一致"，但也不能说是令人满意的成绩。

我们再举一个例子：比如小红问小明，之前去过的那家餐厅饭菜如何？小明可能会回答"没有想得那么不好"。虽然我们在生活中常能听到这样的对话，但仔细想一下，这种"没那么不好"意味着的是积极的不一致。也就是说，期待的是"不好的饭菜"，结果高于了自己的预期所想。

这时候，小红又问小明，"那么这个餐厅是还不错吗？"可能小明的回答是"也不是不错，只是没有大家想得那么不好”。这句话意味着小明对餐厅并不满意。所以，我们不能说“积极的差异”一定带来的就是满意。

和这两种不一致的情况相比，我们更应该考虑的是期待对满意产生比较大影响的情况。我们的管理者和学者们都认为，期待如果过高的话，引发负面不一致的可能性会增大。这其实也意味着旅游目的地的管理者不能过分降低期待。

事实上，旅游者如果对旅游目的地的期待过低的话，他们可能就不会选择来这个旅游目的地旅游，也不会选择相关的旅游产品和活动。因此对于管理者来说，如何把期待维持在适当的水平对于旅游目的地的宣传和开发是有利的。这样看来，由于不能过分降低期待，因此要让旅游者感到满意就并不是一件非常容易的事。

3. 实绩

满意和不满意模型中起到影响的最后一个要素就是实绩了。实绩就是实际感受到的服务表现，这应该是提供服务的人最容易控制和调节的一项因素了。旅游目的地中感到的实绩来自旅游者的体验质量，或者也来自旅游相关的支持服务等。期待不一致模型中，实绩和期待一起决定了顾客的满意与否，但是实践感受和满意也会对不满意产生直接影响。实际表现高（也就是服务表现越高），满意度就会上升；反之，如果实际表现越低（服务质量低），旅游者越会感到不满意。总结来看，实际表现会直接影响满意度，也会通过不一致对消费者产生间接的影响。图 4.3 显示了 Oliver 的满意度模型。在模型中，期望和实绩结果既通过不一致对满意度产生影响，也会直接对满意度产生影响。

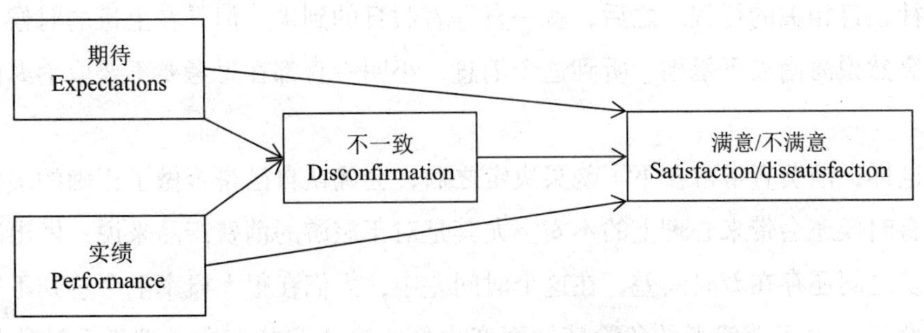

图 4.3　Oliver 的期待不一致模型

资料来源：OLIVER R L. Satisfaction：A behavioral perspective on the consumer［M］. New York：McGraw Hill，1997.

（三）归因理论

期待和实绩在很多时候即使产生了“负面不一致”，旅游者也并没有感到不满意。比如小明放假时想去海南旅游，但是正好碰到了台风。这时旅游的体验当然没有达到预期。这种情况下，小明可能不太会对这次旅游做出负面的评价。如果人们认为产生不一致的原因来自自己选择的日期（或者意外情况），他们对旅游产品本身的评价可能仍然是满意的。相反，如果小明本来想去的是北京，但是旅行社一直推荐海南的旅游产品，那么小明可能就对这个旅行社产生不满意的情绪了。

像这样，消费者对不一致的不同原因会产生不同的反应。这在社会心理学中被称为**归因理论（attribution theory）**。根据归因理论，人在发生问题的时候，会寻找自身的原因（内部归因）或者是其他人和环境的原因（外部归因）。人在一般的情况下，倾向于把好的实绩归于自己，而把不好的实绩归于他人或环境。因此，旅游者在去旅游的时候，如果得到了比期待更好的结果，会认为是由于自己“明智的选择”，对于没有期待好的结果，会认为是旅行社、导游等其他外在因素。这种倾向尤其是在周边的人也是这么想的时候，会更加明显。

二、购买后不一致

小明为了庆祝结婚纪念日，准备休假的时候去海南旅游。小明首先通过网上接触到了几家旅行社。最后认为 A 旅行社的价格最为优惠，质量也好像最好，因此决定在 A 旅行社预订相关的行程。之后，就一直等着假日的到来。但是在上班的时候，公司的同事突然说海南岛下暴雨。听到这个消息，小明一直都在思考要不要取消海南的旅游行程。

像这样，消费者常常在下了购买决定之后，会确认自己是否做了正确的决定。这种怀疑有时候还会带来心理上的不安。尤其是对于旅游的消费产品来说，做出决定和真正出发之间还存在着时间差，在这个时间差中，人们在很大概率上会感到不安。这种购买之后，由于消费者的危险感知而产生的心理不安状态在心理学上被称为不一致，而在社会心理学中被称为认知不一致（cognitive dissonance）。

除了旅行之外，人们在购买房屋、汽车等物品时，都有可能经历这种不一致。买房子在签约之后、完全交付房款之前，往往都会有那么几次在思考自己的决定是否正确。汽车是应该买德国车、日本车、美国车还是国产车，也会让很多人思考。

而人们在购买之后产生的这种焦虑和不安，是希望在心理上维持这种一致的结果。也就是人的大脑里存在着两种认知，这两种认知可能一致也可能不一致。当不一致的时候，人们就会感到不安。比如我觉得海南的海水非常干净，但是如果接触到了相反的信息（海水不干净），我们的脑子里会存在两种不一致的信息。很显然，这两种信息引发了不一致，造成了不一致的状态，这就是认知不一致。这种情况下，人们脑海中会浮现出自己做出这种选择所带来的优点和缺点，这会让大多数人感到焦虑。

一般情况下，这种不一致会存在于难以取消预订（或者费用很高）、高介入产品，或者自己的备选项太多的时候。这些时候我们都难免经历不一致的体验。

消费者经历到不一致会如何克服？大体上，消费者自我克服心理不一致的各种方法可以归纳为五种。为方便理解，让我们重新回到刚才小明去海南旅游的情境中。小明在做出海南旅游的选择后，为了证明这是一个正确的选择，也许会做出各种努力。第一，小明可能会强化去海南岛的优点，弱化缺点，也就是说，他会对自己的选择做出有利于自己的选择性解读。第二，小明会主动努力寻找一些有利于自己选择的信息，或者是寻找一些能证明“别人的看法是错误”的信息。第三，小明会过滤掉和自己选择不一致的信息，忽视掉旁边人的意见。第四，小明会让别人接受自己的选择是正确的行为，让自己的选择变得更有信心。第五，小明会自己认为去哪里旅游并不重要。这样就让去海南旅游的选择变为不重要的事情，也就降低了旅游的期待，让选择变得更加合理化。

对于营销人员来说，如何应对消费者在购买之后的不一致是一个重要的议题。旅游相关的企业需要制定一些政策减轻消费者的不一致。比如，购买之后提供产品信息（证明是优秀产品）、写感谢信、赠送旅游目的地的台历、制作顾客个人的旅行相册等，这些都可以成为减少不一致的营销方法。

三、旅游者的购买后评价行为

到现在为止我们已经学习了旅游者在旅行社做出决定之后如何评价的过程。那么，旅游者在评价了旅游目的地或旅游服务之后，又对这些评价产生哪些行为表现呢？我们还是以小明为例，旅游回来的小明可能会有满意或者不满意两种结果，而这两种心理状态自然带来的是两种不同的反应。

首先，对旅游目的地或者旅游产品满意的时候，会产生态度上的积极变化。小明可能会认为“这个旅行社比我想的要好很多”“海南岛比我想象的干净很多”“当地人比想象的要热情”。相反，如果是不满意，产生的想法可能是“旅行社只是卖廉价而质量不高的产品”“和预期相比，服务质量比较差”“服务人员的态度不是很好”之类。

另外，旅游者的满意还能够强化这种积极的态度。比如会说“果然是个好地方”“和听说的一样，果然服务很好”。相反，如果不满意的话，则会是“确实是不值得来的地方”“真的不怎么样”等负面评价（见图 4.4）。

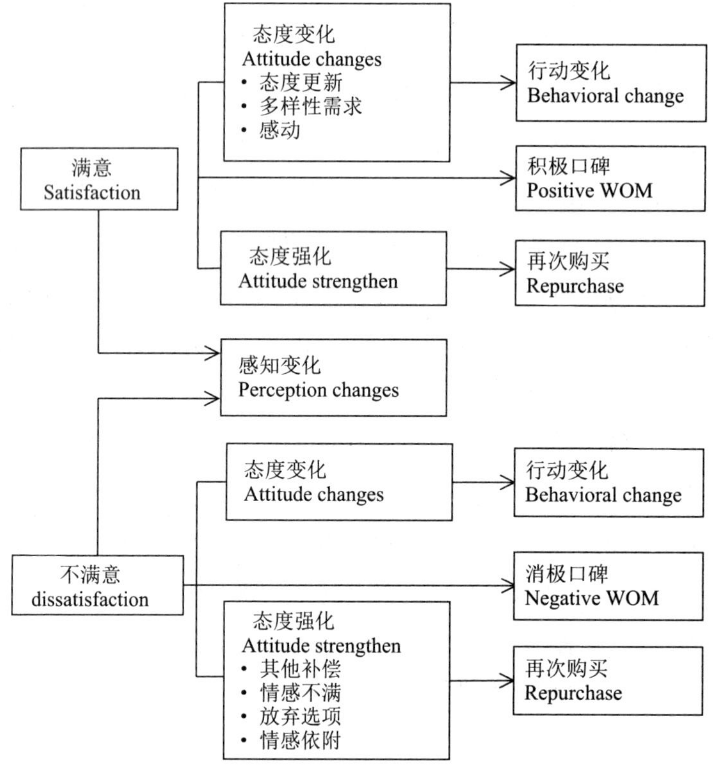

图 4.4　旅游者满意和不满意的结果

资料来源：DECROP A. The antecedents and consequences of vacationers' dis/satisfaction：Tales from the field［J］. Consumer Psychology of Tourism，Hospitality，and Leisure，2001，2：341.

这种心理的变化还能引发行为上的变化。比如，会产生再次访问和向别人推荐的意向。总体来看，这些行为都属于积极的行为反应。相反则会出现负面的行为评价，比如说不满意、下次不会考虑再来这个地方、向别人倾诉不满等行为。因此，人们一般来说如果得到高于自己预期的服务，就会表达对提供服务的人或组织表达满意情绪，也会把这种满意传递给其他人。

满意度的研究中有个有趣的现象，那就是有些不满意的旅游者的情况，比如“这次下雨了，下次等天气好的时候再来一次”；而满意的旅游者中也有可能会说“这次旅行已经很愉快了，下次应该换个地方去玩”。由于旅游产品的特殊性，满意的状态也并不一定就能带来重游行为。

另外一个有趣的现象就是旅游中经常会出现是否拥挤的现象。比如，我国小长假的时候，热门景区会出现人山人海的拥挤景象。但当我们问这些游客是否对自己的旅游体验感到满意时候，很多人的回答却是肯定的（当然也有一些人有否定意见）。明明人多拥挤会带来不适的感觉，那为什么还会有很多游客感到满意呢？

曼宁（Manning）在研究旅游目的地中的人际拥挤行为的时候，给我们介绍了**应对行为（coping behavior）**的概念。也就是说，这些满意的游客可能是在通过各种行为在适应了拥挤之后，满意度得到了维持。而不满意产生的原因则可能是无法实施对应行为去除不满意的状态。

理论研究中，这些应对的行为可以具体分为时间改变、自我合理化和产品转换。

具体来看，换一个旅游地点或者换另外的时间再去旅游都可以属于行为上的应对行为，而改变得到的好处属于认知上的应对行为。比如我们要去长城，但是人太多了，那我们就可以改变一下时间。选择早一点，或者选择其他人不是太多的路。学生在寒暑假的时候，也可以选择人不太多的工作日去旅游。这些都属于应对行为。

但如果没有其他的预备方案，如旅游的时间已经无法改变，而且我们也为旅行投入了很多时间和精力进行前期的准备。这个时候我们往往采用改变认知的方法。我们可能会采用“旅游都是这样”“虽然人多，但是景色很漂亮”等这样自我合理化的方法改变自己的认知。

最后，人的忠诚度被认为是消费者满意的结果，而消费者的不适感是由于不满意感知而引起的情感。这种不适感也可以分为行为和非行为两种类型。行为的不适不仅仅会向服务提供者表达情绪，还会向周边的其他人和朋友传递负面的口碑。相比之下，非行为的认知说的是态度上的转变，也包含什么也不做和忘记不好的体验等。

学术用语

[1] 期待（expectation）

[2] 实绩（performance）

[3] 不一致（disconfirmation）

[4] 无差别范围（zone of indifference）

[5] 归因理论（attribution theory）

[6] 应对行为（coping behavior）

主要文献

[1] DECROP A. The antecedents and consequences of vacationers’ dis/satisfaction: Tales from the field [J]. *Consumer Psychology of Tourism,Hospitality,& Leisure*，2001，2: 341.

[2] OLIVER R L. *Satisfaction: A behavioral perspective on the consumer* [M]. New York：McGraw Hill，1997.

思考（认知能力训练）

1. 期待、实绩、不一致之间的关系如何理解?
2. 游客的购买后评价行为包含哪些表现?

思政（应用能力训练）

随着近年来粉丝经济、网红经济的不断出现，旅游景区的网红景点、网红小吃、网红饭店也屡见不鲜。然而，和这些网红景区的火热形成对比的是，很多游客觉得这些名不副实。利用本章所学的满意度的相关理论，试着解释为什么游客会对会网红景点有不满意的现象。

第三部分

内部影响

第5章 知觉与旅游行为的理论

开 篇

前面我们论述过，人们产生去旅游的欲望的话，首先会依靠记忆中的内部信息；当内部信息不足的时候，则会积极寻求外部信息。消费者的这种信息处理过程，首先会受到外界多种营销宣传方面的刺激，然后人们把通过刺激而产生的这些信息储存为记忆的过程则是从展露开始，最终通过感知过程转化为记忆。但由于消费者接触的信息会很多，所以在处理如此大量信息的过程会需要注意和唤起。此过程中，人们只选择自己需要或感兴趣的信息与刺激，被感知所组织化。最终，被组织化的信息会被赋有一定的意义，被人们所解读和理解。

学习目标

- 了解消费者感觉和知觉的区别。
- 理解知觉的过程。
- 讨论刺激物的展露及其影响因素。
- 讨论消费者的注意及其影响因素。
- 分析消费者知觉的选择、组织化和知觉。

章节概要

一、感觉和知觉过程
二、展露、注意和唤起
1. 展露
2. 注意
3. 唤起
三、知觉的选择、组织化和理解
1. 感知的选择
2. 知觉的组织化
3. 理解

一、感觉和知觉过程

人通过“五感”获得多种刺激。尤其通过视觉、听觉、嗅觉、味觉、触觉的感知，人们可以产生相应的看、听、闻、尝、摸的行为。这些刺激被我们的身体接收，通过系列内部复杂作用，传导到我们的中枢神经，引起我们的这种反应就被称为**感觉**（**sensation**）。而这些感觉通过脑的功能选择、组织、理解信息，最终感知到刺激的过程就是**知觉**（**perception**）。因此，感觉是身体上的接收，而知觉则包含了人脑的理解过程，是对感觉而来的信息加工的过程。

我们在了解了感觉和知觉过程之后，下面就详细了解一下人的五种“感受器”。

（1）视觉。人类使用最多的感觉器官就是视觉了。尤其是在旅游的时候，由于我们无法提前去旅游目的地体验，无法直接触摸，因此对旅游目的地的判断都来自视觉。比如，我们常通过旅游地的相关图片想象在其个地方进行体验。也正因为如此，在广告、店面设计和包装上，营销者十分依赖视觉因素表达的意义，尤其会通过产品的色彩、规格和样式等视觉渠道加以传递。

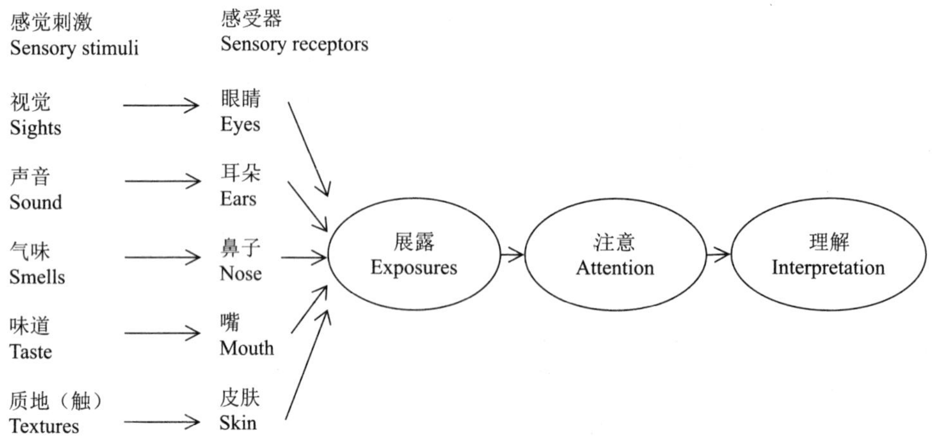

图 5.1　感知过程

资料来源：SOLOMON M R. Consumer behavior：Buying，Having，and Being（6th ed）[M]. Upper Saddle River，N.J.：Prentice Hall，2004.

（2）嗅觉。气味能够激发出强烈的感情，也能产生平静的感觉，可以唤醒记忆也可以缓解压力。研究显示，人类对于气味的一些反应是由早期联想产生的，这种联想会产生或好或坏的感觉，这是商家研究气味、记忆与心境之间联系的原因。

（3）听觉。声音也会影响人们的感受和行为。有的营销者常利用语音象征主义给品牌起名字。字词的发音能够影响我们对其所形容的属性（如尺寸）的想象。举例来说，消费者更容易识别硬辅音开头的品牌名称，例如，家乐氏（Kellogg's）、百事（Pepsi）。

（4）味觉。味觉在我们体验各种物品的过程中同样功不可没。我们对味道的喜好受到文化因素的影响。一款美食的成色以及我们赋予它的价值（如元宵节吃元宵意味着团团圆圆）会影响我们对实际味道的体验。

（5）触觉。触觉被认为在旅游中所占的比重较少。只有一些旅游产品，如纪念品、食物的香气等体验会用到触觉。但也有不少人认为，触觉在销售的互动过程是一个不可忽略的因素。比如，有研究调查显示，参与者只要触摸一件物品（如一只便宜的咖啡杯）30 秒或更短的时间，就能够对产品产生更高的依赖感，而与服务员有接触的用餐者会给更多的小费。

从感觉和知觉的区别来看，感觉是人脑直接作用于感觉器官的客观事物个别属性的反应。个体通过眼、鼻、耳、舌等感觉器官对事物的外形、色彩、气味、粗糙度等个别属性做出反应。人在感觉的基础上形成知觉。所谓知觉就是人脑对刺激物各属性和各部分的整体反应，它是对感觉信息加工和解释的过程。因此，感觉和知觉既有联系又有区别。

图 5.2 很好地说明了知觉的过程，由图可见，消费者决策过程中的信息处理说明了一个由四个阶段构成的常见信息处理模型，这四个阶段分别为展露、注意（关注和唤起）、理解、记忆，其中前三个阶段构成了知觉过程。

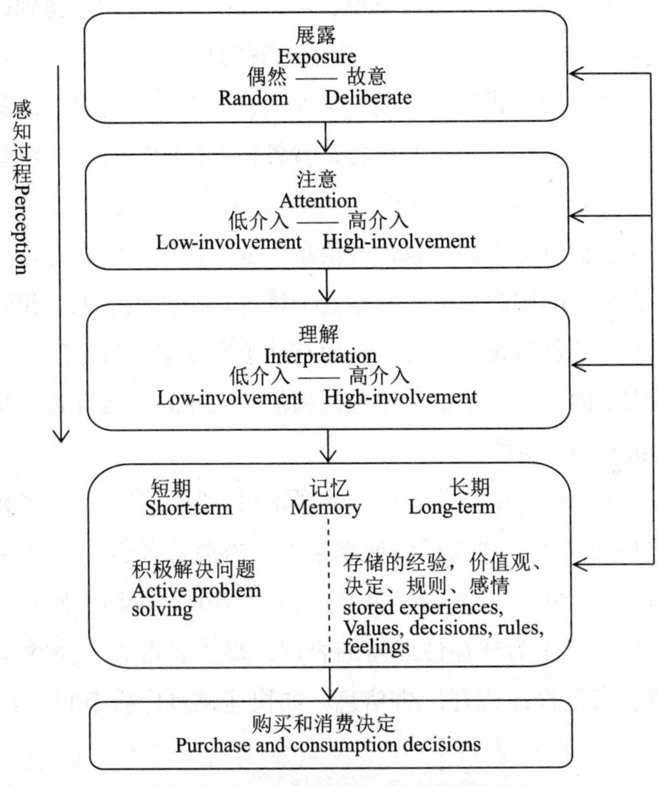

图 5.2 消费者决策过程中的信息处理

资料来源：MOTHERSBAUGH D L，HAWKINS D L. Consumer behavior：Building marketing strategy［M］. Los Angeles：McGraw–Hill，2015.

二、展露、注意和唤起

当刺激物出现在一个人的相关环境里，并且在其感觉接收神经范围内时，我们称之为**展露（exposure）**。而**注意（attention）**与**唤醒（arouse）**发生在刺激物（广告牌）“被看到”（接收神经将感觉信息传递到大脑进行处理的过程）的时候；理解是对接收到的感觉赋予意思或意义。最后，记忆是对刺激物的意思在短期内为了立即决策而予以运用或将其长期保留。

正如前面所述，前三个过程是知觉的过程，而再加上最后的记忆过程就成了消费者决策过程中的整个信息处理过程。

（一）展露

人们对旅游目的地的信息会通过电视、电影和电视剧等偶尔得到；但有时候我们也会专门寻找这些信息，但我们并不能接受所有的信息，而是有限地接受展露的信息。比如，在日常生活中，我们或多或少会偶然、随机地面对大量的刺激信息。在驱车行走时，我们会听收音机里播送的广告，看各种各样的广告牌，留意橱窗陈列广告等，而这些可能都不是我们刻意寻找的。

当然，有时候我们也会主动接触这些信息，也就是说，展露也是个体自主选择的结果。展露在个人面前的刺激物可以看作是个体自主选择的结果。我们自主选择观看哪些刺激物而回避其他刺激物，寻找自认为有助于实现某种目标的信息。个体的目标及为达到目标所需要的信息，是由个体现在和他所向往的生活方式以及诸如饥饿、好奇之类的短期动机共同决定的。

因此，从展露的类型来说，分为选择性展露和自愿展露。在大多数情况下，展露是消费者自主选择的结果。从选择性展露来看，当消费者迈进一家商场时，其购物行为有高度的选择性。由于展露失败会导致沟通失效并减少销售机会，营销人员十分关注展露的选择性。而作为选择性展露的表现，媒体展露的主动性和自我选择性的影响表现在消费者有选择地避开广告信息，如快速跳过广告节目、转换频道、广告时静音等。

由于消费者有广告躲避行为，营销人员更喜欢用**植入式广告（product placement）**。最为常用的方式是营销人员把自己的品牌广告批投放在娱乐媒体上，如电影和电视节目中，以提高展露机会，获取更多的投资回报、促销机会或其他利益。而消费者并不会刻意回避这种产品植入式广告，因为它告诉消费者在何时、如何使用该产品，从而起到强化产品形象的作用。

产品植入式广告代理商通过阅读剧本及参考布景设计师的意见来确认广告的最佳植入时机，其目的就是使品牌以真实、微妙、不引人注目的形式展露给消费者。另外，市场营销人员在更独特的媒体上做广告，以增加展露的机会。例如，在卡车、出租车的车身，以及飞机、活动、视频游戏中做广告。

从自愿展露来看，虽然消费者经常避开商业广告和其他营销刺激，但当他们想要购物、娱乐和寻求信息的时候，也会主动寻找某些广告。正如我们前面提到的，消费者会主动寻找他们想要购物的廊道。还有，许多观众期待着观看有关美国“超级碗”的广告。暴露在网络信息和广告之下可能是自愿的，也可能是非自愿的。正如上面所提到的，消费者对弹出式广告和横幅广告的展露大多是非自愿的，因为消费者只是在寻找其他信息或娱乐的时候碰到了它们。但那些主动点击横幅广告和弹出式广告的消费者则属于自愿展露。另外，消费者也可能会通过访问公司主页及其站点主动寻找广告信息。

但无论是无意得知，还是专门寻找，展露的结果都是被限制的。这些被展露的信息被我们的感知器官感觉到，通过大脑传达给我们。视觉、听觉、嗅觉、味觉，触觉的五种感觉会在“感觉登记器（sensory register）”中被人所感知到。这种登记器会把所有的信息都存储起来（被称为感知内存），尽管存储的时间很短。

从听力的角度来说，听力会随着年龄的增长而衰退。刚出生孩子的能分辨到3万~16万赫兹的声音；青春期的人会下降到2万赫兹左右；60岁的时候会下降到听到1.2万赫兹。因此，对于大部分的人（比如，40多岁的人）来说，可以规定1.7万赫兹的声音算作感官可接受的**绝对门槛（absolute threshold）**。因此，这个门槛值是可以识别的展露的最小值。当然，当声音过高的时候也不会被我们接收到。

另外还有一个**区分门槛（differential threshold）**就是如何区别两个刺激区别的能力。比如，有的产品会在提高价格的同时换掉商标，有的消费者可能不会注意到这样的差别。这就是区分门槛的概念。简单地说，如果通过旅行社去云南旅游，价格从之前的3000元涨价到了3200元；去英国旅游从1万元涨价到了1.02万元，那么消费者往往对云南旅游的涨价变化更为敏感。因此，促销降价的时候，要超出区分门槛，而在涨价的时候，要保持在区分门槛以内。

（二）注意

和展露相关的下个问题就是注意了。事实上，我们并不能对所有展露的事物都倾注注意。只有当刺激物激活我们的感觉神经，由此引发的感受被传送到大脑做处理时，注意才能产生。因此，注意要求消费者将有限的智力资源分配到不断出现的各种刺激物的处理中来。这其中最大的原因是我们的大脑处理信息的能力是有限的。比如，我们要去买鞋，在街上看到有很多人。那么我们很可能会更加注意这些人穿了什么样的鞋。

另外，人们还会产生无意的注意。个人及情境因素会影响注意（不是刺激物本身），使消费者对刺激物产生关注，同时刺激物也会在无意中受到某种程度的关注。这里有一个鸡尾酒效应。

在嘈杂的环境中（如鸡尾酒晚会），人们居然可以相当高程度上地集中于对话所谈论的内容，而其他嘈杂的声音都成了“背景音”。鸡尾酒效应反映了人有很强的选择刺激的能力，能从混合声波中分辨出自己所需要的信息。因此，对于营销来说，如何制作引人注目的广告显得尤为重要。广告一定要做到响亮而简单，吸引眼球并使人信服。

半脑切片和阈下刺激的相关研究试图为无意识的注意提供解释。**半脑切面（hemispheric lateralization）**的概念说明了人的两个半脑各自从事活动。

人的左半脑需要频繁休息，主要负责处理文字信息、象征意义、序列分析，具有意思和报告正在发生的事件的能力。左半脑可以较长时间的工作，控制理性思维的活动。右半脑主要处理图像、几何和非文字类信息，主要与形象和印象打交道。左半脑需要频繁的休息，而右半脑却可以在较长的时间里轻易地浏览大量的信息。因此，消费者没有注意到某些信息，是由于不同半脑工作进行了选择的结果。

另外，意识以下的感觉被称为**阈下刺激（subliminal stimuli）**。当一条播放过快或者容量很小，或者被其他内容所覆盖，使人无法看清或者听清的信息出现时，有些人认为很多阈下刺激可以突破消费者的知觉防线，但也有很多人认为这种信息对知觉产生的效果非常微弱。

（三）唤起

人们接触到信息的刺激，会产生注意，这个时候大脑为了处理新产生的信息，从而会被唤起。

我们做一些决定时心理上产生的情绪紧张感就是唤起。而决定重要性的大小会决定唤起程度的大小。同时，也要注意大小对唤起水平的影响（见图 5.3）。

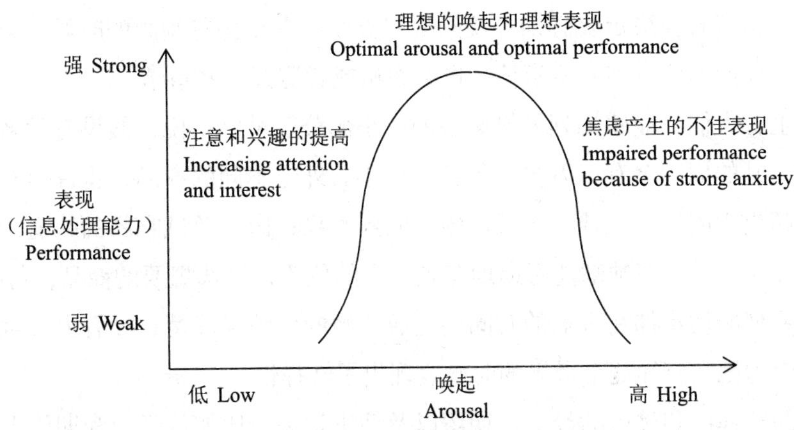

图 5.3 Yerkes-Dodson 唤起原则

资料来源：TEIGEN K H. Yerkes-Dodson：A law for all seasons［J］. Theory & Psychology，1994，4（4）：525-547.

从图中可知，从左到右表示了唤起程度的大小（左边最小，右边最大）；而随着唤起的不断增大，注意力达到最大；之后，随着唤起的增大，则人的注意力会逐渐分散，信息处理的能力也会逐渐下降。也就是说，当唤起适当的时候，注意力是最大的，信息处理的能力最强。因此，唤起水平和信息处理能力的关系呈现倒"U"形的关系。

三、知觉的选择、组织化和理解

经过了注意和唤起的阶段，人们就会越过感知的阶段，进入处理有用的信息的阶段。感知是人们为了创造有意义的图像，选择和组织信息的连贯过程。这其中有两个方面的过程，一是选择的过程，二是组织化的过程。

（一）感知的选择

感知的选择是人们只听到自己想听的内容、只看到自己想看的东西，也就是只感知到必要的东西。在前一部分我们了解了个体通过刺激物展露获得注意的过程及影响因素，现在我们将讨论知觉的主要原则，即原始的感觉输入本身无法产生或者解释我们对世界的整体感知，都是通过潜意识对原始的感觉进行增加或者删除，以形成对世界的理解。

人类每时每刻都在经历各种信息的狂轰滥炸，个体对于接收刺激性信号非常挑剔，对于泛滥的信息，他们会下意识地根据普遍心理学的原则来组织，或者根据自己的需要、期望和经验来解读这些刺激（也就是赋予它们意义）。

因此，消费者在决定要感知环境的哪些方面或者是哪些刺激的时候，会下意识增强选择性。他们会注意到一些事情，也会忽略或者避开一些事情。

事实上，人们只能感知到外界刺激的一小部分。举例来说，假设有一名主妇去到一家超市，她的周围会有三万多种颜色、大小、外形不同的商品，也许会有300多名顾客也在超市中闲逛、挑选、聊天。她会闻到水果、肉类及试吃品的味道，也会听到广播的通知及音乐。但她却能习惯地走到常去的位置，挑选想要的商品，付账离开。

这一系列的动作都在很短的时间内完成，她的头脑很清楚，没有失去对世界的把握，就是因为她在感知这个世界的时候表现出了选择性。

感知的选择性和过去的经历、期望以及动机相关。比如从经历和期望来看，人们常常只看到他们期望看到的东西，而他们期望看到的东西又源自熟悉的事物，过去的经历及现有的期望。

从市场营销学的角度来说，人们倾向于根据自己的期望来感知某个产品及其特点。如果一个旅游者在进行旅游活动之前，他的朋友就告诉他该旅游目的地环境卫生好、服务水平高，那么他在该目的地进行旅游时，可能就会认为该目的地确是如此；而一部电影如果在宣传时候就打出惊悚的旗号，看过此宣传的青少年在观影时很可能会觉得这部电影的确很恐怖。另外，与符合消费者的期望的刺激相比，那些与消费者期望严重冲突的刺激往往能引起更多的注意。

而消费者此刻的动机也会影响选择。人们对于他们需要或者是想要的东西感知性更强，需求越强烈，人们越容易忽视环境中与需求不相关的刺激。一位想要去迪士尼的游客很可能会比近期没有去迪士尼乐园计划的人对相关的宣传及攻略信息有更高的关注度。一般来说，人们对于那些与自己的需求或者兴趣相关的刺激的注意力会更强，对于那些与需求或者兴趣无关的刺激则恰恰相反。

个体的知觉过程可以使个体更倾向于环境中比较重要的刺激。营销人员认识到，只对顾客的感知需求来定位自己的产品这一策略是非常有效的。例如通过市场调研，营销人员能够了解到在各类消费者眼中，产品的哪些特性是理想的，或者他们的哪些需求是与产品相关的。然后就可以根据消费者的需求来细分市场，并且有针对性地改变产品的广告，让每个细分市场的消费者都认为该产品能满足他们的特殊需要、期望和兴趣。

（二）知觉的组织化

人们并不是孤立分离地看待他们从外界获得的大量的刺激。相反，人们会把这些刺激分门别类，并把各分类视为统一的整体。所以，即使最简单刺激的特征也会被看作其所属整体的一项功能。知觉的组织在很大程度上帮助个体简化生活。知觉组织的相关原则通常被称为**格式塔心理学（Gestalt psychology）**（Gestalt是德文，意思为“形状或形式”）。

知觉组织的三个最基本的原则包括图形背景理论、分组和完整。首先是图形背景理论。在感知的选择性中我们提到过与周围环境形成对比的刺激更容易引起消费者的注意。一个声音必须更强或更弱，一种颜色必须更明亮或更暗淡。最简单的视觉图像由图形和背景组成。与背景相比，图形看起来轮廓分明、实实在在，而且一般被放置在最前面，所以更加引人注意。背景通常模糊不清、无明确界限。二者的界限通常是为了凸显图形，而不是背景，这样能使图形更加清晰鲜明。

我们以听音乐为例，人们有时边洗澡边听音乐，有时只是专注地听音乐。对于前者，音乐只是其他活动的背景；对于后者，音乐就成了“图形”，也可以说是主角。人们对图形的感知更加清晰，因为它占据支配地位。相比之下，背景处于次要地位，也就不那么重要了。

因此，广告商必须要精心设计产品广告，以确保想让消费者注意到的刺激是作为图形而不是背景呈现。背景音乐不能淹没广告语；广告背景不能分散消费者的注意力。印刷广告商通常会用模糊的背景衬托产品的轮廓，以确保想让消费者注意到的产品特点能够被清楚地感知到。

其次是分组。个体倾向于把刺激分组，进而形成统一的形象或印象。感知到的刺激是成组或成块的，不是彼此独立的信息，这让大脑记忆或回忆这些信息变得更容易。市场营销人员利用分组原理，在广告中暗示其产品能满足消费者的某些期望。例如，一则茶的广告可能是这样的：布置精美的房间内有一对青年男女正在火炉前小口喝着茶。根据刺激的分组原理营造出来这一氛围，让消费者感到喝茶代表一种浪漫、舒适的生活，是冬季里的温暖。

最后是完整性。个体拥有对完整性的诉求，表现之一便是他们会将自己的知觉组织起来，以形成一幅完整的画面。如果他们接触的刺激是不完整的，也会倾向于将它们组织成完整的信息。也就是说，他们会有意识地或下意识地填补空缺部分。所以说，一个有缺口的圆一定会通过感知形成一个完整的圆，而不是一段弧。

与完整的信息或任务相比，不完整的会更容易被人记住，记忆也更深刻。对这种现象的一种解释是，一个人一旦听到了某个消息的开头或开始执行一项任务，他就会想听完这个消息或者完成这项任务。如果他无法继续完成，就会出现紧张情绪，从而加深对未完成任务的记忆。举例来说，听了某个消息的开头，会驱使人听完余下的部分——如同等待听到另一只鞋子落地的声音。

消费者对完整性的诉求给予了市场营销人员一些有意思的启发。比如，我们可以在宣传中使用不完整信息，并邀请消费者把信息补充完整，这能让消费者更深入了解该宣传信息。

把在电视上反复播放的广告投放到电台时候，会发现这种广告的效果更加理想。这其中的原因可能是熟悉该商品电视广告的消费者知道，电台中广告的声音只是原广告中的一部分，是不完整的。他们会在脑海中回想电视广告的内容，以满足他们对完整性的诉求。

（三）理解

理解（interpretation）是人们的个体感受赋予某种意识，由刺激物、个体、环境特点共同决定。很有意思的是，人的理解并非一个绝对的过程，而是一个相对的过程。这也被称为知觉的相对性。比如，如果直接说去国内的海滨城市旅游，大家可能会觉得贵。但如果先说去美国夏威夷旅游的费用，再说去日本北海道的费用，最后说要实现这种类似的旅游体验，中国青岛的旅游费用只需要去这些地方的一半。当旅游者把青岛旅游的价格和之前相比较时，会感觉价格很低。

理解的类型还可分为**认知理解（cognitive interpretation）**和**情感理解（affective interpretation）**。认知理解说的是消费者对刺激物现存意义的理解，而情感理解是由某个刺激物所引起的情感反应。情感反应还可以包含证明积极的情感（快乐、兴奋、温暖等）、中立的反应（不感兴趣）和负面的反应（气愤、恐惧、沮丧）。

学术用语

[1] 感觉（sensation）

[2] 知觉（perception）

[3] 展露（exposure）

[4] 注意（attention）

[5] 唤起（arousal）

[6] 植入式广告（product placement）

[7] 绝对门槛（absolute threshold）

[8] 区分门槛(differential threshold)

[9] 半脑切面(hemispheric lateralization)

[10] 阈下刺激(subliminal stimuli)

[11] 格式塔心理学(Gestalt psychology)

[12] 理解(interpretation)

[13] 认知理解(cognitive interpretation)

[14] 情感理解(affective interpretation)

主要文献

[1] MOTHERSBAUGH D L, HAWKINS D L. *Consumer behavior: Building marketing strategy* [M]. Boston: McGraw-Hill, 2015.

[2] SOLOMON M R. *Consumer behavior: Buying, Having, and Being (6th ed)* [M]. Upper Saddle River: Prentice Hall, 2004.

[3] TEIGEN K H. Yerkes-Dodson: A law for all seasons [J]. *Theory & Psychology*, 1994, 4(4): 525-547.

思考(认知能力训练)

1. 知觉可以分为几个阶段?分别是什么?

2. 记忆有几种类型?分别是什么?

思政(应用能力训练)

世界范围内新冠疫情的出现催生了“免接触服务”。免接触服务意味着在向顾客提供服务时,需要保持没有面对面接触的机会,以减少病毒的传染。

在2022年北京冬季奥运会上,我们的组织者利用很多个迷你的冬奥“泡泡”组成了一个高效运转的闭环系统。每个“泡泡”都包含了一些体育场馆、指定酒店以及闭环专用的车道,不和大众接触。

(1) 利用我们学过的旅游者知觉的相关知识,思考旅游目的地是否可以利用“泡泡”的概念,打造免接触景区。

(2) 如果可以的话,分析一下这种景区的旅游体验是否会有不同。

(3) 如果不可以的话,理由是什么?

第6章 知觉与旅游行为的应用

开　篇

旅游目的地的环境因素（如自然、人工环境、混乱程度、距离、风险）会被旅游者感知到，这些不同的感知又会影响者对旅游目的地的偏好和满意度。比如，中国南方的人会喜欢北方下雪的体验，北方人可能被热带海滨城市中的大海、椰子树等景观所吸引。前面我们已经学习过关于感知的概念，尤其是信息是如何被我们选择、组织以及理解的；或者说如何受到外界的刺激，从而被我们的大脑所储存和提取的。

本章将会学习感知的现象对旅游行为或决策过程产生什么样的具体影响。具体来讲，我们将会学习旅游中的环境偏好、拥挤程度、距离感知、旅游活动的风险感知，了解反映人的总体感知的旅游目的地形象等因素是如何形成的，以及如何策略性地利用这些因素。

本章首先从环境感知的角度出发，具体介绍人对环境的偏好，对拥挤的感知，对距离的感知以及对旅游形象的感知。由此引发了我们对风险感知的讨论。其中包含游客的风险感知以及利用风险感知所开发出的冒险旅游的类型。最后，从游客的感知出发，本章还会介绍旅游目的地形象的概念、这种旅游目的地形象是如何形成的以及旅游目的形象的重要性。本章的学习目标和概要如下所示。

学习目标

- 了解旅游消费者是如何感知环境的。
- 解释旅游者对偏好环境、拥挤、距离的感知。
- 分析旅游目的地形象的形成和对旅游行为的影响。

章节概要

一、环境感知

1. 环境的偏好
2. 拥挤感知
3. 距离感知
4. 旅游影响的感知

二、风险感知

1. 游客风险感知
2. 冒险旅游和风险感知

三、旅游目的地形象

1. 旅游目的地形象的概念
2. 旅游目的地形象的形成
3. 旅游目的地形象的重要性

一、环境感知

就**环境感知（environment perception）**的概念来讲，指的是人的个体加工环境信息的过程。人会对环境中的各种刺激产生感觉，并在已有的经验基础上将其组织成高一级的心理模式的过程。也就是说，人会加工当前感觉到的信息，也会根据个体的当前需要和环境特征加工记忆中储存的环境信息。关于环境感知和加工环境信息的研究，学者们称之为**环境的知觉理论（theory of environment perception）**。最具代表性的是布伦斯威克的透镜模型（见图 6.1）以及吉布森的环境生态知觉理论。

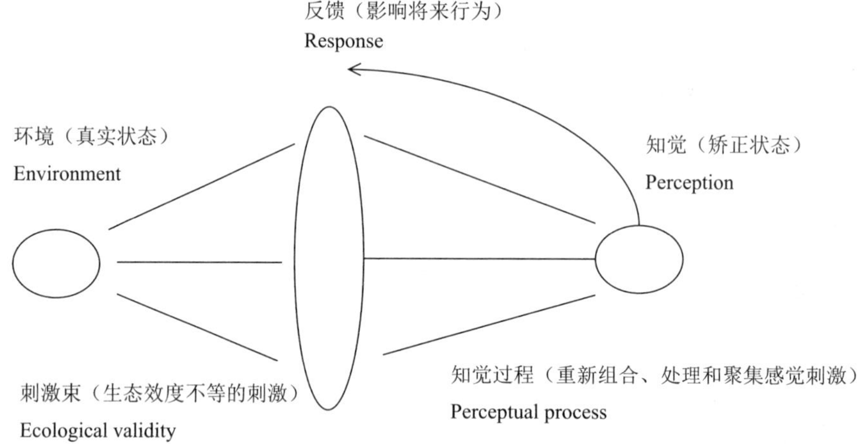

图 6.1 布伦斯威克透镜模型

根据透镜理论，人的个体所感觉到的信息不能准确反映现实世界，只能用来对环境做出可能性判断。这样个体对环境的知觉就像透镜，能把散乱的光线聚合成一点，首先接受环境中各种散乱的刺激，然后将其过滤，最后重新组合成有序、整体的知觉。通过不断地感觉经验，个体逐渐知道哪种感觉信息更能精确地反映真实环境，该刺激在以后的知觉过程中就会占更大比重。这种理论是把环境知觉看作是过去经验与当前感觉的相互作用，强调整体环境知觉的心理模型。

而根据生态知觉理论，环境中的客观因素对物种的适应极为重要，生物体从一个地方迁移到另一个地方，避免受伤和死亡以及寻找生活资源和伙伴都与环境息息相关。这就要求生物体的感知系统能精确反映、记录外部世界。因此，感知是适应环境的结果，能如实反映现实世界，而感知到的信息不应是“看起来怎么样”而应是“看到了什么”。这个过程就是环境在向知觉揭示其自身信息是正确的。个体会通过探究，调整感觉输入的强度以及有选择地注意，使这些信息成为一种有效的刺激，从而实现对环境中物体功能的利用。

不过，旅游行为和消费者行为不同。消费者的行为会受到产品的限制，而旅游者的行为需要和自然资源、文化资源相互作用。因此，旅游者如何感知环境一直都是旅游研究中重要的议题。环境感知首要的就是对环境的偏好，同时环境的拥挤程度还会给满意度和重游行为带来负面的影响。另外，旅游者对距离的感知也会对旅游者的决策过程起到重要的作用。我们下面就看一下这几个环境因素的影响。

（一）环境的偏好

就如同上面讲到的，环境感知就是通过人体的感知器官，接收到环境的刺激信号进行处理和解释的过程。解释这一过程的代表理论为 Berlyne 的**最适唤醒理论（也称适度兴奋理论）（optimal arousal theory）**。

根据理论，如果环境给予的信息刺激过于强烈，人们的偏好程度会降低；而环境所给予的信息刺激过于微小、引起的唤起的水平过低，也会导致偏好程度的降低。从结果上来看，人的唤起水平和偏好程度之间存在"U"形的关系。那么，什么样的环境会引发过高的刺激？研究表明，环境的杂乱性、新奇性、不确定性（也称冒险性）、惊奇性、和谐性、理解性、神秘性等都被认为可以影响旅游者的偏好程度。根据最适唤醒理论，和自然的环境相比，人工的环境如果过分嘈杂，这些不和谐因素会使得我们感知的刺激过大，随之导致偏好降低。

比如，我们在杂乱的城市中如果照一张人头攒动、空中满布电线等的照片的话，会感到很难理解这张照片在说什么。相反，如果自然环境是蓝天、白云、草地等简单、纯朴的图案，我们对照片的理解程度就会提高，这种照片显示了和谐的内涵，也更让人喜欢。总体来说，人更加喜爱自然环境中表现出的简单和和谐。最适唤醒的道理如果放到旅游中思考的话，在开发旅游资源的时候，需要尽可能地减少对自然环境的破坏，把人工环境的因素降到最少，只有这样才能促进人的喜好程度和再访问的意图。如果一个自然环境中设置过多与文化遗产相关的设施或者这些设施和别的因素不能和谐配置，会让人的理解程度降低。这样就会加重人的感知刺激，从而进一步降低人们对旅游体验的评价。

（二）拥挤感知

除了环境偏好度之外，还有一个重要的因素就是拥挤感知了。基本上，拥挤感知和密度紧密相关。尽管我们的生活中，密度是一个物理学概念，表示的是单位面积的人数，但也可以用心理学的方法测量。比如，密度可以表示在旅游地的目的地中来了多少人，而拥挤表示的是由于密度所带来的对不愉快的感受程度。密度高的话，无论是人还是动物都会有负面反馈。有实验发现，很多老鼠如果聚集到一个很小的空间，就会发生相互打架的现象。

知识延伸

拥挤感知的相关理论

随着世界人口不断增长，拥挤问题已成为研究者和管理者所关注的一个重要问题。早期研究未对使用程度和拥挤感知的概念加以区分，空间使用程度过高被认为是产生拥挤的本质因素，但实际上拥挤是由与密度相关的受干扰体验产生的感知。许多实证研究指出两者之间的相关性非常弱，原因在于高密度是产生拥挤感知的必要条件，但不是充分理由。在研究中应该将使用程度与拥挤感知进行区分，因为相比于使用程度，与他人的接触次数才是造成拥挤感知的直接原因。

由于拥挤感知与使用程度的弱相关性，学者们尝试寻找拥挤感知产生机制的解释，其解释理论主要有以下三种。

1. 刺激过载理论（stimulus overload theory）

由 Simmel 和 Wirth 提出。这一理论根植于城市社会学理论，过载是指对于个体的环境输入数量或比率超过其承受范围的情况，拥挤来自不熟悉或不悦的社会接触带来的过度刺激，是在场他人的出现导致个体的无所适从。

2. 社会干预理论（social interference）

来自 Brehm 的心理阻抗理论和 Sommer 关于个人空间的概念，他人的出现限制个体的行为选择范围或干扰个体的目标，降低个体的行为自由度，从而产生拥挤。

3. 生态视角理论（ecological perspective theory）

认为拥挤是一种资源管理问题，较早应用于动物群落的拥挤研究，认为个体数量超出环境容量造成空间资源匮乏是形成拥挤感知的原因。刺激过载理论和社会干预理论都认为拥挤是个体感知到对环境丧失控制的结果，是由于个体对于空间的需求超过供应带来的心理压力。

类似地，人如果也拥挤到一个空间的话，也会产生生理上的变化。由于城市中的密度普遍比乡下高，生活在城市的人可能会感到心理上的压力以及工作效率降低等现象。拥挤感知作为主体对客观环境的一种反馈，是一种由空间、社会、个人、环境等因素交互作用而产生的心理感知。因此，拥挤感也会随着环境和个体特征的不同而产生变化。比如，在很多的节事活动上（奥运会开幕式、足球和篮球的比赛等），往往会有很多人聚集在一起。

在这种情况下，人之间的密度很高，但却不感到拥挤，反而会感到兴奋。另外，在同一条件下，不同的人感到的拥挤程度是不一样的。外向性格的人对拥挤感知不那么敏感，女性比男性更加适应拥挤。根据目的冲突理论（goal conflict theory），在同一条件下的人，由于各自的目的不同，在同一个地方聚集会有不同的拥挤感知。比如，同一片海滩上可以同时钓鱼和冲浪，比起冲浪的人，钓鱼的人就会觉得海滩更加拥挤。虽然冲浪的人和钓鱼的人相互并不妨碍各自的活动，但拥挤程度妨碍了实现自己的目标（钓鱼和冲浪），因此他们对拥挤有着不同的感知。

知识延伸

游客拥挤感知的维度

Heberlein 和 Vaske 提出采用九点量表（1 表示“完全不拥挤”，9 表示“非常拥挤”）测量游客拥挤感知，尽管这一测量拥挤的方法被广泛使用，但有研究者指出这一量表不能准确描述空间使用情况、对游客的影响程度等，测量结果是游客对拥挤程度的认知状况还是游客对拥挤状况的感知也难以确定，收集得到数据的内部一致性难以保证。

Stokols 在研究中指出，拥挤可以由阻遏（thwarting）解释，当个人动机和活动受到干预时，易产生沮丧感，继而产生拥挤感。阻遏可以分为中性阻遏（neutral thwarting）和个人阻遏（personal thwarting）。两种阻遏都会导致个体对物理和社会环境是否充足产生负面的评价，但人们对于这两种类型阻遏的心理和行为反馈存在差异。因此拥挤感知也存在物理拥挤（physical crowding）和个人拥挤（personal crowding）两种类型。

而游客拥挤感知也是一个多维度概念。对于旅游目的地这样的公共区域，游客与他人的接触具有时间短暂、交流较浅、对空间私密性要求较低等特征，游客之间的接触很少出现个人拥挤感知中“社会环境因素带来的与关系不好的对象之间距离的需求”等情况。由于旅游活动交往与日常交往性质的差异，相比个人拥挤，游客在旅游地感知的拥挤更偏向于社交型。

据此将游客在观光类旅游目的地这类公共空间的拥挤感知概括为两个维度：物理拥挤感知（physical crowding perception），指其他游客出现导致的物理环境不足，包括目的地旅游资源和公共设施使用受阻两个方面；社交拥挤感知（social crowding perception），指游客在游览过程中由于其他游客过多导致的心理目标受阻或情绪障碍引起的冲突，是其他游客出现导致游览体验受影响的情况。物理拥挤感知是游客对物理环境的直接反应，而社交拥挤是由于物理环境以及社交氛围共同作用的结果。

（三）距离感知

人对距离的感知可以理解为一种立体知觉或深度知觉，这和人的空间感知相关。比如，两个物体相互重叠的时候（或者有遮挡的时候），完全能看到的物体和遮挡的物体相比，看起来更近一些；看得清楚的物体也会感觉更近一些。这就好像在海边有一个岛，它在晴天的时候会比阴天（不清楚的状态下）时显露得更清楚一些，也让人感觉到晴天的岛会更近一些。

人们对距离的物理学概念可以以“千米”或者“米”进行衡量。但旅游活动中的很多时候，距离的感知往往是以时间为衡量单位的。所以要和一个游客交谈有多远的时候，需要说乘车“几分钟”或者“几小时”来表达距离。旅游者的距离知觉对其旅游行为起着重要作用。由于需要不同，距离知觉对旅游行为的作用也不一样。总体来看，距离知觉对旅游行为的作用有激励作用和阻止作用两个方面。

从阻碍的方面来看，旅游是需要付出代价的消费行为，距离越远，要付出的金钱、时间、身体等代价就越大。这些代价降低了旅游者的意愿。只有旅游者认为旅游行为中可以得到的益处大于所要付出的代价时才会决定去旅游。这些和距离成正比的代价抑制人们的旅游动机，阻止旅游行为的发生。预测旅游行需要的方法中，**重力模型（gravity model）**被广泛应用。重力模型利用了距离的感知来预测旅游者的需求。就像地球的重力那样，距离的平方和旅游 目的地的吸引力成反比；距离越远意味着旅游资源的吸引力下降越多。

所以，在一般情况下，如果受到时间、金钱、身体状况等条件的限制，人们就不会选择远距离的旅游点。从这个意义上说，距离会对人们的旅游产生阻止作用。由此我们也许可以理解为什么出国旅游的人要比在国内旅游的人少，而近距离的游客比远距离的游客多。

从促进和激励的方面来看，人们出去旅游的动机之一就是寻求新奇和刺激。远距离的目的地有一种特殊的吸引力，能使人产生一种神秘感。此外，从心理学的角度看，人们在感知对象时，拉开的距离增加了信息的不确定性，给人以更广阔的想象空间，因而产生一种“距离美”。正是由于这种充满吸引力和神秘感的“距离美”，有的人舍近求远，宁愿到陌生、遥远的地方去旅游。从这个意义上说，距离对人们的旅游又会产生激励作用。

另外还有一个有趣的现象，那就是人们对自己旅行距离的感知与实际距离有很大差距。比如，人们会觉得自己经常走的路（如上学路，上班路等）会比两个同样距离的不怎么去过的地点之间要近。

也就是说，对旅游地点的熟悉程度也会降低距离的感知。如同我们在前面论述过的那样，旅游者在决策的过程中随着旅行出发日程的临近，选择的旅游目的地会逐渐减少。到最后选择的时候会根据自己的偏好做出选择。而在最后做出选择的时候，会受到诸如旅行时间、距离，时间、健康状态等限制因素的影响。

对于旅游营销来说，要清楚地知道旅游者在决策的时候并不是受到距离的影响，而是受到感知距离的影响。另外，要明白实际距离和人们所感知的距离是有差别的。实际距离在人的观感下会发生偏差，尤其是存在着低估距离的情况。

这种过低的距离评估会引发实际旅游的中的过高期待。这种情况下，期待和表现的差异会带来满意程度的降低。当然，也由于这种感知距离和实际的差异，给市场营销带来了可以调节距离感知的可能性。尤其是对于距离远、旅游费用较高的旅游目的地来说，缩短旅游者的感知距离可以提高旅游者选择旅游目的地的可能性。但心理感知距离的调节不应该夸大而忽视事实距离，要明确用公里数（或时间）表示实际距离，以避免带来不必要的不满意。

（四）旅游影响的感知

很多国家在开发旅游的时候，都会考虑到旅游对经济的影响，尤其是对于发展中的国家和地区更是如此。但是，旅游的开发必然会给当地带来或正面或负面的影响，因此有很多学者都在关注旅游地居民对旅游影响的感知。从研究的结果来看，旅游对旅游目的地带来的影响可以分为经济影响、社会文化影响和环境影响。大部分的当地人都认为旅游给当地带来的积极影响主要表现在经济的发展上；而环境污染、垃圾问题、物价上升等都是一些明显的负面影响。当地居民通过这些感知，会产生支持旅游发展还是反对旅游发展的态度。

另外，旅游影响的感知也会根据每个人而产生不同。为了解释这种个体差异，我们常常使用**社会交换理论（social exchange theory）**。根据此理论，人得到的好处（经济所得、生活改善等）比起支付的费用（物价上升、拥挤等）要高的话，当地居民会对旅游产生积极支持的态度。

二、风险感知

人的任何一个决策都伴随着风险。风险不仅存在于一般的购买行为中，也存在于旅游的决策过程中。恐怖主义、全球公共卫生危机（如新冠疫情）都会对旅游带来极大的打击。这部分我们会讨论游客的危险感知以及和危险感知相关的冒险旅游形式。

（一）游客感知风险

旅游风险就是游客在其旅游行为中所感知到的可能发生的负面结果。而风险感知（Risk Perception）的最初概念属于心理学范畴，最早由 Bauer（1960）将其引入消费领域，指个体对存在于外界的各种客观风险的心理感受和认识，并强调个体由直观判断和主观感受获得的经验对认知的影响。而旅游中的风险就是旅游者对旅游过程中可能存在的各种风险的心理感受和认识。

了解游客对旅游风险的感知对于了解和预测旅游者的购买行为有着重要意义。因为潜在旅游者对某地的风险感知水平越高，他们选择前往此地旅游的可能性就越低。而高风险感知会使潜在旅游者变得更加理性，表现出在决定前花大量时间搜寻目的地信息的行为。当然，如果缺乏足够的安全感，人们有可能随时改变旅行计划，甚至放弃游览某地。

从游客的旅游风险感知类型来看，其所能感知到的风险主要如下：一是经济风险，主要指购买的旅游产品或旅游商品物非所值给游客带来的经济损失。二是期望风险，即购买的旅游产品没有达到预期所带来的风险。三是心理风险，即购买的产品与自身社会地位、形象的不符而造成损失的风险。四是身体风险，即旅游活动对旅游者带来的身体方面损害的风险。五是社会风险，因购买决策而受到身边亲友的嘲笑以及疏远的风险。六是时间风险，即消费者在购买决策过程中面临耗费大量时间搜集信息的风险。

此外，对于出境游客，其面临的风险更为多样，如恐怖主义风险（如美国“9·11”事件）、自然灾害风险（如印度尼西亚大海啸）、公共卫生危机（如新冠疫情）以及文化差异风险等。

旅游风险是旅游者在其旅游行为中所感知到的可能发生的负面结果。旅游者对旅游风险的感知与其购买行为紧密关联。而正由于旅游具有独特性，也导致旅游者会感受到的风险要比一般的购买行为高。

产生旅游风险的原因首先是旅游产品属于服务类的产品，具有无形性的特点。因此，旅游产品在购买之前是看不到、摸不到、无法品尝和无法嗅到的，这就导致旅游者在选择产品时面临着更多不确定的因素，尤其是对于产品能否满足自身期望的不确定性，也更容易感知到决策失误带来的风险。

其次，旅游产品具有不可转移性。由于生产与消费的同时性，旅游者必须到达目的地现场才可以体验到旅游产品，这也意味着旅游者必须离开自己熟悉的环境，到一个陌生的地方去。这种情况下，旅游者会感知到更多关于人身安全方面的风险。

再次，旅游产品是一个复杂型的产品。旅游产品涉及旅游者在食、住、行、游、娱、购多个方面的决策，收集信息和购买的过程更加复杂、费时费力，旅游者更容易感知到时间方面的风险。

最后，旅游者的风险感知存在显著的社会人口统计学分异特征。不同社会人口统计学特征的旅游者对同一旅游活动的风险感知是有差异的。

（二）冒险旅游和风险感知

消费者行为中，一般人都会有回避风险的行为。但和一般消费者不同，旅游行为中有很奇特的一点就是有一些人喜欢承担风险，尤其是一些身体上的风险。这其中最有代表性的活动就是冒险旅行，包含蹦极、漂流、跳伞、潜水等。旅游者通过选择有一定风险的活动，通过克服活动中的困难，体验到**心流（flow）**的体验。

对于这些旅游者，他们并不回避风险，而是把追逐风险当作旅游选择的一项重要因素。冒险旅游在近些年也慢慢传入了国内，这反映了人们在追求惊险刺激体验方面的需求。随着人们对冒险旅游活动需求的增多，在现在既有的旅游目的地中，选择增加一些典型的冒险旅游活动，能够更好地满足当下的旅游需求。

另一个需要注意的是冒险旅游可能引发超过自己能力、超出自己预期的问题。对于这种危险所产生的责任大部分会归咎于导游或者提供活动的服务商。因此，在冒险旅游活动中，有必要告知旅游者其中存在的风险，向游客宣传自己应尽的保护责任。

三、旅游目的地形象

提及最佳旅游目的地，游客往往会想到一些国内外具有鲜明形象特征的地区。“花园城市”新加坡、“水城”威尼斯、“音乐之都”维也纳、“世界艺术之都”巴黎、

"购物天堂"香港，以及"好客山东""休闲杭州""浪漫海南"等都是旅游目的地形象的例子。

可以说，形象是旅游目的地的生命，是形成竞争力强有力的工具。而个性鲜明的形象可以形成较长时间的垄断地位；反之，形象模糊的目的地容易使游客经历平淡，带来较低的重游率。正由于此，旅游形象的塑造一直都是目的地规划中的核心问题。

旅游目的地的形象可以看作是感知的"最终产物"。也就是说，旅游目的地形象是对多种市场营销刺激和非市场营销刺激的吸收，通过感知的过程，选择、组织和理解之后，产生的结果。当然，在此过程之前的经历和个体特点也会一同产生影响。但总体来说，在旅游目的地的选择过程中，目的地形象起到了决定性的作用。下面，我们会依次了解旅游目的地的形象是如何形成的，旅游目的地形象的成分是什么，以及知觉图形象应用的方法。

（一）旅游目的地形象的概念

旅游目的的形式被定义为"人们对地点或事物所持有的信念、想法、感情、期待、印象的结果"。一些学者也有类似的定义，如 Lawson 和 BauD–Bovy（1977）将旅游目的地形象定义为"个人或者团体对一个特殊事物或地点的所有认识、印象、成见和心理感受的表达"。

Crompton（1979）认为"形象是一个人对一个目的地的信任、意见及印象的总和"。从这些定义来看，形象都包含了某个对象的情感要素和感知要素，是这两个要素的综合评价。学者们认为旅游目的地形象包含**感知成分（perceptive or cognitive evalution）**和**情感成分（affective or emotional evalution）**。

除此之外，旅游目的的信息可分为商业来源和非商业来源。那么，来源于商业信息的刺激所形成的形象被称为**引导形象（induced image）**，而非商业的信息来源得到的形象被称为**有机形象（organic image）**。

有机的形象和固定观念以及偏见相联系，变化的倾向不大。由于从自己熟知的人那里形成的形象（或是来源于自己的旅游经历）有较高的信赖程度，就更加不容易产生变化。引导形象是通过印刷和电视媒体等形成的形象，是旅游目的地营销的主要手段。

Echtner 与 Ritchie（1989）创立了一个目的地形象的概念性框架。这个框架包括了 3 个连续链条。

第一是**属性—整体性链（Attribute–Holistic）**。目的地的单个属性（如气候、设施、居民的友好态度等）及整体形象。

第二是**功能—心理性链（Functional – Psychological）**。按功能到心理的顺序排列，依次是：旅游景点 / 活动、海滩、交易会、节庆活动、夜生活、消遣、基础设施、建筑、住宿、餐饮设施、成本价格水平、气候、拥挤、干净、城市化、商业化程度、政治稳定性、可进入性、个人安全、通信方便性、习俗 / 文化、热情 / 友好、放松、气氛（熟悉或陌生）、冒险机会、服务质量、声誉。

第三是**共同—唯一性链（Common–Unique）**。共同性一端包括可以被很多旅游目的地比较的特征（如价格、气候、住宿类型）。唯一性一端包括形成旅游目的地形象的标志性建筑或特殊事件。三个链条形成了旅游目的地形象的三维向量，构成了目的地形象的空间模型（见图 6.2）。

（二）旅游目的地形象的形成

1. 认知和情感形象模型

前面我们说过，旅游目的地可以大体分为两个部分。一是旅游地的感知特性，包含对自然景观、气候、历史的知识和信念，这被称为认知性形象。但是，对旅游目的地的感知还包含有情感性评价（如漂亮的地方、愉快的地方、幸福的地方、有魅力的地方）。

大体上，我们会基于认知评价的基础，而后产生情感评价。两者之间存在积极的相关关系。但是到底是情感评价先于认知评价，还是认知先于情感的评价还有争议和讨论的空间。尽管情感和认知的关系还不明确，但有一点可以确定，那就是关于旅游目的地的总体评价是由这两种形象结合起来形成的。

另外，目的形象是依靠多种商业和非商业的信息源，再加上自己的经历等信息源所形成；同时也受到个人的动机、偏好、性格、社会经济特点（如教育、年龄、出生地、子女有无、婚姻状态、社会阶层）的影响（见图 6.3）。

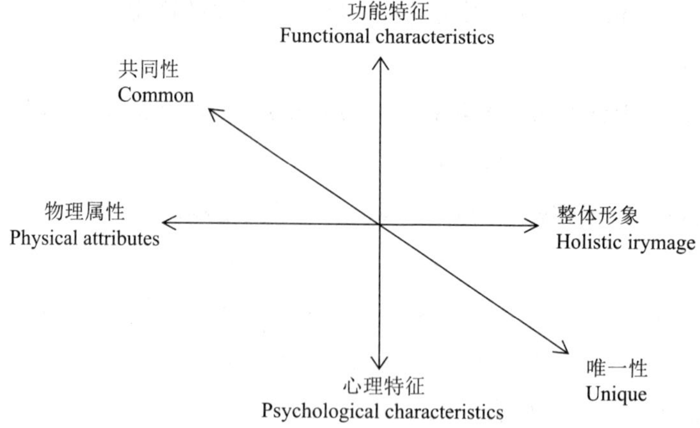

图 6.2 目的地形象空间模型

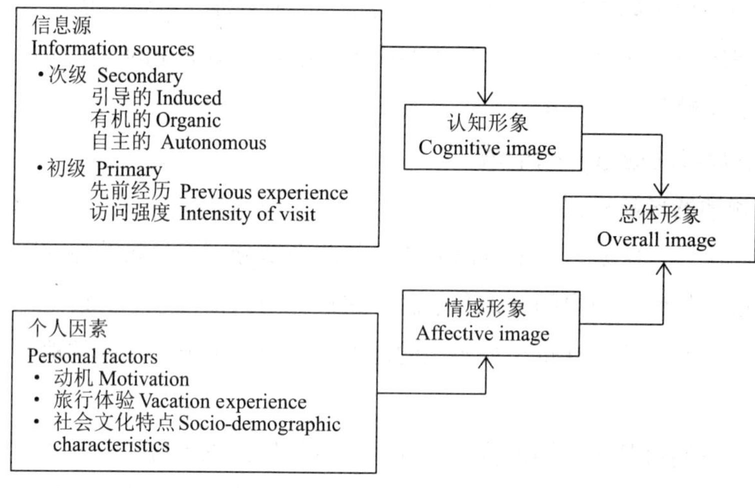

图 6.3 旅游目的地形象形成模型

资料来源：BEERLI A，MARTIN J D. Factors influencing destination image［J］. Annals of tourism research，2004，31（3）：660.

2.“原生—引致—复合”三阶段论

Gunn（1972）在提出了原生形象和引致形象的基础上，形成了“七阶段”理论。将旅游目的地形象的形成分为：

（1）日常生活中对某地形象的积累。

（2）通过搜集相关信息对目的地形象的更正。

（3）在时间、金钱和其他限制的前提下，基于形象效应、预期经历的旅行决定。

（4）形象条件（如路标、风景、向导等）下的出游。

（5）在旅游目的地住宿等其他影响旅游目的地形象的活动中的参与和经历。

（6）回来对旅游目的地出游情况的反馈（包括与人们讨论出游经历）。

（7）重新形成旅游目的地的形象（最终的形象可与原生形象相同也可以不同）。

还有理论创立了“建立—更改”的形象形成模型，认为形象由原生（或本土）形象、引致（或提升）形象以及修改引致形象组成，同时也是人形成旅游目的地形象的过程。

阶段理论暗示了潜在旅游者、非旅游者和重游者对旅游目的地的形象的感知是不同的。之后，Fakeye 和 Crompton（1991）将 Gunn 的理论扩展成了更为完善的旅游目的地形象的形成过程。

如图 6.4 所示，在旅游决策之前，旅游者对一系列旅游目的地存在一种“印象”，这种印象可能源自先前的经历、教育等途径；一旦产生旅游欲望，旅游者就会主动收集相关信息，通过报纸、旅游刊物、电视、网络等媒介收集大量的信息，由此形成了旅游目的地的引致形象；通过对每个旅游目的地的引致形象进行比较分析，再结合旅游者脑海中的原生形象，便形成了旅游者对可选旅游目的地的评价和比较；综合各方面，形成了旅游者的一个最优的选择方案，完成了决策过程；通过对目的地的参观、游览和体验，会形成对引致形象的变更，最终形成了复合形象。

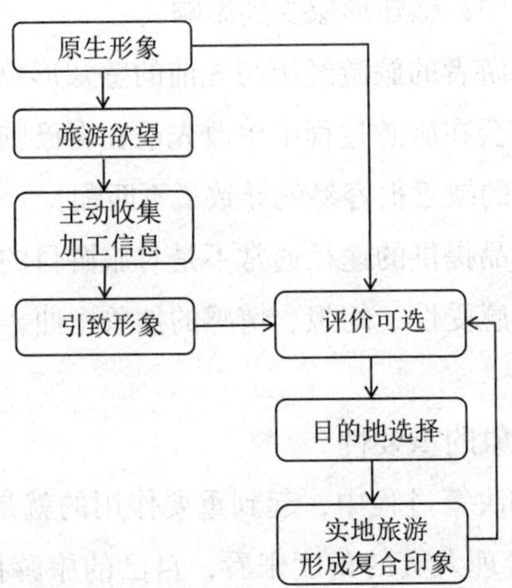

图 6.4 旅游目的地感知形象形成过程（Fakeye & Crompton，1991）

这种基于“原生—引致—复合”分类的形象形成过程的理论是通过对人—地感知在旅游的不同阶段的不同特征进行分类的。三种形象都是对人—地感知的描述，随着感知主体和客体之间距离的不断缩短，影响感知的因素不断增多。感知形象逐渐升级，中间结合了旅游者对旅游目的地的选择，感知活动趋于复杂。

另外，目的地形象的相关理论还有**影像—感受论（projected-perceived theory）**。Govers 和 Go 从另一个角度提出了旅游目的地形象的形成过程，他们根据旅游目的地形象感知主体和客体之间的关系将旅游目的也形象分为了影像形象和感知形象。

（1）影像形象是指对旅游目的地特征的真实表述，是通过各种信息传达和营销媒介、通过旅游产品供给的方式，将旅游目的地的真实特征展现给旅游者的形象。影像形象是一种目的地自身形象的真实表现。

（2）感知形象则是旅游者基于自身社会特征、心理特征和性格特点在外界各种因素的影响下，对旅游目的地影像形象的感知。感知形象基于影像形象，但也受外界因素影响。

影像—感受论描述了旅游目的地特征、影像形象、产品形成、旅游经历和感知形象的关系。任何目的地形象都是建立在真实的目的地特征基础之上的。旅游发展战略形成一个旅游产品，通过对基于特征基础上的供给的商品化，使该目的地的影像形象形成，这是通过一个计划的营销和信息传达完成的。旅游目的地的影像形象是旅游者感知形象的基础。在旅游经历的过程中，也就是在外来旅游者消费当地的旅游产品并与目的地社区的交往过程中，感知形象受到影响。

换句话来说，如果旅游者的旅游经历与先前的感知形象不一致，即便是先前的形象更符合实际，旅游者也会在旅游过程中更改先前在自己脑海中形成的感知形象。对当地旅游在理解和经验上的缺乏很容易就导致了不匹配。

这就意味着，旅游产品提供的途径通常不是对旅游目的地特征的真实展现，或者说仅仅是一个对目的地的感受性、幻想、情感的抽象歪曲，这显然不是一个丰富旅游体验的全部。

（三）旅游目的地形象的重要性

在旅游目的的选择和决策过程中，起到重要作用的就是旅游地的形象了。因此，从旅游目的地的开发和管理人员的角度来看，自己的旅游目的地如何能够在游客中占有一席之地非常重要。也就是说，理解目的地如何形成的机制非常重要。旅游者在选择旅游目的地的时候，往往是通过总体的评价，也就是旅游目的地的形象来做出决定的。

第二个重要的意义就是我们对旅游目的地的形象也代表了我们的期待。在去过某个旅游地后，旅游形象和人们所感受到的满意度有很大的关系。一般来说，旅游者的评价可以分为四种情况。

如果个人旅游目的地的形象是负面的，但实际形象是正面的，这就产生了**积极的不一致**（**positive incongruity**），这种情况旅游者的满意度最大。而如果旅游者持有的目的地形象是积极的，实际的形象也是积极的，这种情况被称为**积极的一致**（**positive congruity**），旅游者的满意度也是积极的。假如该旅游地形象是负面的，而实际形象也是负面的，就是**消极的一致**（**negative congruity**），最终会带来不满意的结果。旅游者最不满意的情况是**消极的不一致**（**negative incongruity**），也就是说旅游地的形象是积极的，但实际的感知形象是负面的。因此，对于旅游目的地管理者来说，要根据人的不同感知和满意度的关系，制订适当的营销方案。

旅游者对目的地的知觉实际上是旅游者对他准备前往或已经到达的目的地的现象的整体反应。前者的知觉结果影响人们对目的地的选择，后者的知觉结果影响人们的消费行为和后续行为。

通常人们对准备前往的旅游目的地的知觉不以亲眼所见的实物为依据，而以各种媒介所提供的信息为依据。在此基础上人们所形成的知觉常与目的地的实际情况不符。人们为了获得更准确的知觉，常通过更为可靠的渠道去获得更多的信息，使自己对目的地的知觉更为清晰。例如，人们更愿意听取亲戚朋友的介绍而不愿轻易相信商家的宣传。

对已经到达的目的地的知觉将影响人们的消费行为和后续行为，消费满意他就会继续在该目的地消费，甚至增加消费；不满意则可能减少在该目的地消费，甚至中止消费。

所以对旅游目的地实际知觉的好坏关系到旅游经营者的经济效益甚至长期的发展，人们对旅游目的地知觉不好，将影响现在的消费行为，也可能减少将来的重游机会。在旅游过程中，旅游者对旅游区的知觉印象取决于下面几个方面。

首先，旅游景观必须具备独特性和惯常性，这样才能把旅游景观的吸引力和旅游者的需要结合起来。其次，旅游设施必须安全、方便、舒适，在标准化的同时，注意特异性。最后，旅游服务必须礼貌、周到、诚实、公平。

除目的地本身因素外，还与媒介宣传及个人决策标准有关。由于人们对未到的旅游目的地的知觉基本上是以各种媒介所提供的信息为依据的，所以媒介宣传内容的翔实与否、真假与否，直接影响到人们对目的地的知觉。宣传内容详细真实，人们对目的地的知觉就会更清晰，为人们选择理想的旅游目的地提供了条件。而宣传内容既简单粗略，又不真实，即使选择了该地作为旅游目的地，也会使旅游者大失所望，与预期相去甚远。

当然，人们需求、兴趣爱好的不同也会影响到对旅游目的地的知觉。人们决定要去旅游时，会选择能够最大限度满足自己需求和兴趣的旅游地，而在收集各种信息资料进行分析评价和判断时，会对符合自己兴趣的旅游目的地的资料多加注意。例如，人们为了达到提高身体素质的旅游需要，就会注意收集运动型、锻炼性较强的旅游目的地；人们为了增长知识、开阔眼界，就会对名胜古迹等文化内涵深厚的旅游目的地格外注意。

还有就是关于市场营销和策略。一般来说，制定市场营销策略的时候，会使用“市场细分—目标市场—定位”（STP）的方法。“S”说的是市场细分（segmentation）；“T”说的是目标市场（targeting）；“P”说的是定位（positioning）。

学术用语

[1] 环境感知(environment perception)

[2] 环境的知觉理论(theory of environment perception)

[3] 最适唤醒理论（也称适度兴奋理论）(optimal arousal theory)

[4] 重力模型（gravity model）

[5] 社会交换理论（social exchange theory）

[6] 心流(flow)

[7] 感知成分（perceptive or cognitive evalution）

[8] 情感成分（affective or emotional evalution）

[9] 引导形象（induced image）

[10] 有机形象（organic image）

[11] 属性—整体性链（Attribute–Holistic）

[12] 功能—心理性链（Functional – Psychological）

[13] 共同—唯一性链（Common–Unique）

[14] 影像—感受论（projected–perceived theory）

[15] 积极的不一致（positive incongruity）

[16] 积极的一致（positive congruity）

［17］消极的一致（negative congruity）

［18］消极的不一致（negative incongruity）

主要文献

［1］BEERLI A，MARTIN J D. Factors influencing destination image［J］. *Annals of tourism research*，2004，31（3）：660.

［2］FAKEYE P C，CROMPTON J L. Image differences between prospective，first-time，and repeat visitors to the lower rio grande valley［J］. *Journal of Travel Research*，1991，30（2）：10-16.

思考（认知能力训练）

1. 旅游中的风险感知有哪些?

2. 旅游形象主要可以分为几个方面?

思政（应用能力训练）

当下，抖音等短视频平台越来越受到人们的喜爱，很多旅游目的地宣传也加入到了“抖音营销”的之中。

(1) 结合目的形象的形成过程，谈谈如何利用抖音直播的形式，宣传某个旅游目的地。

(2) 用抖音平台是否会造成形象的不一致?为什么?

第7章 学习、记忆与旅游行为

开 篇

人从出生到死亡一直都在学习和生活相关的知识，比如我们说话的方法、生存的方式、写字的方式等，都是我们学习的结果。当然我们的商品购买行为与旅游行为也是如此，从生产和销售方（以及旅游服务提供者）的角度来看，人们能够买走自己的产品、经常使用这些产品是至关重要的事情。而要达到目的，就必须理解旅游者的学习行为。

从学习的角度来看，旅行的人多少需要知晓一些处理特别事情的方法。比如，学习如何在驾驶中快速摆脱堵车的方法、学习如何寻找美食的方法、学习如何寻找物美价廉酒店的方法等，而要掌握和学习这些知识，我们会学习前人的经历（或者听到别人的经历）。

而在旅游者能够达到自己的旅游目的（如精神放松、学习文化等）的同时，还需要学习如何和当地居民和谐相处、尊重他们的文化。这种学习的结果不仅在经济的层面上提高了旅游者的数量，也在社会层面上减少了旅游带来的负面效果。

同时，旅游者通过旅途中各种经历的学习，也受到了教育。可以说，旅游者的学习动机是形成旅游行为的基本动机。尤其是文化旅游和生态旅游，通过观赏自然景观的体验，我们理解了自然、倾听了有关文化遗产的解说，并且理解和尊重文化。可以说，旅游让人们有了学习的行为。

另外，记忆作为学习的结果对旅游者重新访问旅游目的地起到了重要的作用。就像前面讲过的感知过程，旅游者通过感知的选择，留下了记忆。记忆作为人内部信息搜寻的重要来源，对决策过程有着重要的影响。然而，当我们无法提取记忆的时候就会产生忘却。

旅游的营销者一直致力于如何提高旅游者的记忆，为的是防止消费者忘却旅游目的地的美好体验。可以说，对学习过程和记忆（以及忘却）过程的理解对旅游者的行为是必须而重要的，这种对行为的深入理解会为目的地管理组织提供了有益的信息。

本章从学习的理论出发，介绍了条件反射的相关理论和认知学习的相关理论。随后着重介绍了记忆的概念和记忆过程，也介绍了选择性记忆以及回想和忘却。本章还进一步介绍了旅游行为和学习，其中包括旅游活动中的学习以及旅游活动中的难忘体验。

学习目标

- 理解不同的学习理论。
- 理解旅游行为中的学习现象。
- 理解记忆的概念和构成。
- 理解记忆的过程。
- 理解旅游活动中的学习体验和难忘体验。

章节概要

一、学习理论

1. 行为的学习理论
2. 认知的学习理论

二、记忆和忘却

1. 记忆的概念
2. 记忆的过程
3. 选择性记忆
4. 回想和忘却

三、旅游行为和学习

1. 旅游活动中的学习

2. 旅游活动中的难忘体验

一、学习理论

提到学习，我们首先想到的是坐在学校的教室里看书、听课。其实学习是人的重要特征，学习行为非常普遍，贯穿于人的一生，是日常生活的过程。通过学习，人们会不断地改变行为、适应环境。在心理学领域，学者们对学习这一课题做了大量的研究，认为学习对人的行为有着重要的影响。

正因如此，在消费行为的研究中学习也是研究的重要内容。消费者通过大众媒体、社会媒体以及朋友、家庭等渠道获取产品信息，进行主动及被动的学习过程，形成了人们对所消费产品的态度、价值观、品位、偏好等，进而影响人们的消费方式和消费内容。比如，人们在选择一家餐厅的时候会打开某些点评类手机应用先看一些评论，或搜索附近美食排行榜，作为选择依据。

学者们对学习的定义略有不同，但也基本类似。比如，有的人认为学习是一种经验积累的结果；也有学者认为学习的行为是信息处理带来的，是信息在内容或结构上的变化结果。

从动态角度来说，学习就是通过教授或体验获得各种知识和经验，并将之运用于日后有关的行为潜能或行为中，这些行为能够使个体对特定的环境条件发生适应性变化的所有过程。学习的概念有广义和狭义之分。

广义的学习指个体经过练习或反复经验而产生的行为、能力、倾向上的比较持久的变化及其过程。这是动物和人类生活中的普遍现象。动物和人类通过学习才能保持与环境的平衡，维持自身的生存与发展。

狭义的学习是指个体在教师的指导下，有目的、有计划、有组织地进行知识或技能的获取。从这个层面上来说，学习的本质是将过去的经验与现有的知识相结合，用来理解、预测和控制未来。

从上述学习的概念阐述上可以归纳出三个要点：一是学习是因经验而产生的；二是学习伴有行为或行为潜能的改变；三是学习所引起的行为和行为潜能的变化是相对

持久的。

总体来说，人的个体在自己所在的环境中，通过经历各种事情所产生的变化就可以称之为学习。在消费者的行为中，学习是指通过接触新的材料，把自己原来的信息和现在的材料相适应的过程。

从消费行为的角度来看，学习研究对旅游者的消费行为有着重要的作用。

首先，旅游者可以通过学习获得关于旅游及其消费知识的信息。这一过程包括从何种渠道获取信息、获取哪些方面的信息、如何购买旅游产品、他人是如何评价相关旅游产品等，这些信息都是旅游者做出旅游购买决策的前提，使旅游者的购买决策趋于优化。

其次，学习还可以使旅游者与旅游之间建立相关的联想机制。联想可以使看似不相关的事物彼此联系。例如，夏季避暑就会想到北戴河、冬季度假就会想到三亚、冰雪旅游就会想到哈尔滨。经由多次重复学习而产生的联想，可以产生行为习惯，与旅游者选择什么样的目的地有着密切的联系。

最后，学习会影响旅游者对旅游消费的态度和对购买的评价。旅游者是否会选择某个旅游产品，一部分影响因素来源于他人的态度，旅游者经过学习他人对某旅游产品的态度，形成自己的态度，从而影响购买决策。还有一个影响旅游消费态度和购买评价的途径是自身的旅游经验。旅游者在游玩过程中，一方面丰富了旅行技能，另一方面充实了自身的知识背景和知识架构，进而不断改变着对旅游产品的评价标准，这也就是经验丰富的旅游者与初级旅游者对同样旅游产品做出不同评价的原因。

在学习的过程中，面对不同产品、不同环境背景，人们的学习方式不同。学习者不一定都是直接获得经验，也可以通过观察其他人的行为或对他人产生影响的事件获得经验。一般来说，学习的方法可以大体分为两类。

第一类是基于刺激和反应的机制，这一类是**条件行为（conditioning）**，也叫**行为学习（behavioral learning）**。行为学习主要包含**经典条件反射（classic conditioning）**和**操作条件反射（operant conditioning）**。

第二类认为学习是信息处理的过程，聚焦存储在记忆中的知识是否发生变化上，是一种认知性学习。这一类的学习类型包含有图标式学习、代替学习和模仿以及分析推理。

稍加分析我们可能就可以发现，学习可以发生在高介入和低介入的状态下。这样，信息的处理（从而学习）可以是高介入状态下有意识、思考的过程。比如，在买汽车之前，消费者花很多时间去了解各种汽车品牌的知识。低介入状态下，消费者没有动机处理信息和学习信息。虽然并不介意某些产品，但还是熟悉这些产品的性能或特征。

图 7.1 显示了低介入和高介入两种情境状态和五种具体学习理论。之所以研究消费者的介入程度，是因为介入程度高低是决定人们如何学习各种信息的主要因素。

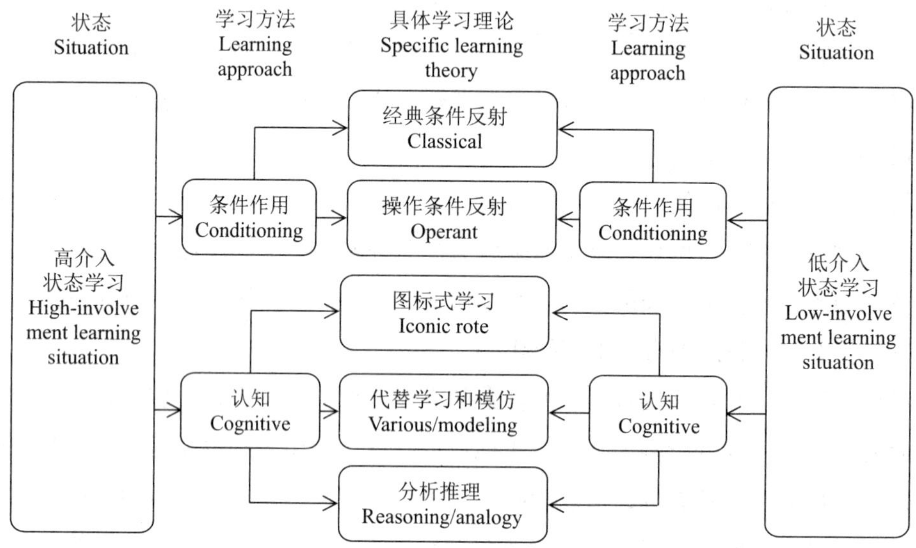

图 7.1　高低介入情境下的学习理论

资料来源：MOTHERSBAUGH D L，HAWKINS D L. Consumer behavior：Building marketing strategy［M］. Los Angeles：McGraw-Hill，2015.

不同介入程度的学习是如何在消费行为过程中发挥作用的呢？学习是在什么条件下进行的？人们为什么在有些条件下会表现出行为改变，而在其他条件下则不会？学习理论的研究从某种程度上回答了这些问题。

（一）行为的学习理论

该理论也叫条件学习理论，是以“刺激—反应”为理论基础。人对于环境和外部的某种刺激会产生一连串的反应。而在刺激和反应持续的情况下，人们就习得了对某种特定刺激的反应。这一理论注重消费者的外在环境，不关注人的内部思维过程。这一观念的认同者认为人的大脑是一个“黑箱”，不可观察。研究只强调可观察部分，即输入的外部刺激和输出的对刺激的反应。而这种行为的学习可以分为：经典条件反射和操作条件反射。

1. 经典条件反射

经典条件反射就是一个被系统激发的过程，人们通过这个过程，在一种刺激和一种反应之间学会某种联想。西班牙诗人洛佩·德·维加在《少女的神父》中描述了一个场景：一位修道士为了不让猫偷吃他的食物，想到一个办法。在黑夜，将所有的猫装进一个口袋。他先咳嗽一声，然后狠狠地打击这些猫。休息一会儿后，先咳嗽一声，然后再打，多次重复。从此，只要有猫接近修道士的食物，他只需咳嗽一声，猫就会躲得远远的。显然，这些猫将修道士的咳嗽声和痛苦的事情联想到了一起。

经典条件反射又称为巴甫洛夫条件、反应条件、Alpha条件，是指将一种能够诱发某种反应的刺激与另一种原本不能单独诱发这种反应的刺激相配对，随着时间的推移，因为与能够诱发反应的第一种刺激相联结，第二种刺激会引起类似的反应。

这一理论最早是由俄国生理学家伊万·巴甫洛夫（Ivan Pavlov）提出来的，基于著名的"狗与铃声"的实验。巴甫洛夫以狗为实验对象，每次投喂事物的时候，狗就会分泌唾液，这是生理的自然反应，不需要学习。单独发出铃声刺激后，狗不会分泌唾液。然后，在每次投喂食物之前响铃，多次重复之后，发现狗在听到铃声时也出现了分泌唾液的现象。最后，巴甫洛夫改变了实验条件，他只发出铃声信号，而不提供食物，发现狗仍然有分泌唾液的生理反应。

通过这一实验，巴甫洛夫发现了经典性条件反射的学习过程。在学习阶段，如果中性刺激（NS，实验中的铃声）—无条件刺激（UCS，实验中的事物）—无条件反应（UCR，实验中分泌唾液现象）这一过程多次重复，且中性刺激与无条件刺激间的间隔时间非常短暂（0.5~1秒），在没有无条件刺激的情况下，中性刺激同样会引发无条件反应。需要注意的是，在这一个训练过程中，中性刺激必须早于无条件刺激，否则不会出现明显的条件反射。

利用这个原理，市场营销的人员经常把自己的产品和积极的情感反应配对。比如，在体育节目中宣传啤酒，由于啤酒和体育节目一同出现，随着时间的流逝，消费者一看到啤酒就会感到兴奋；在商店里播放春节的音乐（春节音乐已经和快乐配对）也能引发人们的快乐兴趣反应，引发消费者的购买倾向。

2. 操作条件反射

经典条件反射认为人的反应行为是由外界刺激引起，而操作条件反射认为人的学习是为了适应环境而主动采取的行动。操作条件反射也称为工具性学习、强化理论。主要涉及结果激励（或惩罚）和强化所期望的行为，也就是说，人们会学习那些能产生正面积极效果的行为，避免那些会产生消极效果的行为。随着强化作用的增多，消费者会认为这种反应与某种结果（正面或负面）相联系，出现这种反应的概率也就会增加。

操作条件反射的实验来自斯金纳（B. F. Skinner）的白鼠实验。在实验中，箱子内先放入一只白鼠。当老鼠压箱子内的杠杆装置的时候，就会有食物掉在盒子中，这样老鼠就能吃到食物。因此，老鼠就学习到了压杠杆获取食物。换言之，获取到食物的结果加强了如何压杠杆的行为。

和巴甫洛夫的实验不同的是，被试动物不是由某种已知的刺激因素引起的，而是操作性行为（压杠杆）反射得来的。也就是说，老鼠不是受到什么刺激，而是从后果（自己的行为）中得到了学习。

在市场营销策略中，并不能等待消费者完成一套复杂的消费行为，或者在消费行为之后进行强化，而是要塑造消费者行为。因此，必须先把复杂的动作分解成局部简单的动作，然后逐步借由强化来达成我们最终需要的复杂动作，这样的过程被称为**行为塑造（shaping）**。

强化可以分为正强化，即通过给予奖励的方式促使消费者采取适当的消费行为。比如：免费试用、新产品特价折扣都是对消费者尝试产品给予的奖励。消费者得到了奖励（折扣等）就会强化他们下次再次尝试新产品的行为。

同时也可以用负强化的方法，即为避免消极结果的产生而采取的购买行为。比如：酒店的广告中强调因没有入住该酒店导致游客没有充足的精神游玩，传递出如想避免这种不良后果，就应选择该酒店的信息。

与负强化不同的是，惩罚是指一种不愉快的事件发生后的反应。当惩罚发生后，消费者可能不再重复这种行为。比如，消费者如果有不愉快的购物体验，就会极大减少再次购买产品的可能性。

（二）认知的学习理论

前面我们学习的条件学习理论是根据刺激—反应的基本原理形成的，但这种学习理论却多少忽略了人的思考和认知的能力。

认知学习（cognitive learning）是人们通过信息的处理，与头脑中已有知识的结合和连接。因此，是一种综合协调和统一主动学习的过程。认知学习大体有三种形式，分别是：图标式学习、代替学习和模仿、分析推理。

1. 图标式学习

没有条件作用的情况下，学习一个或两个和多个概念之间的联系，就叫作**图标式学习（iconic rote learning）**。比如，我们有时候看到很多旅游广告会说“××地方是一个令人流连忘返的地方”。这就把某个旅游目的地和“流连忘返”联系了起来。

这其中没有条件作用中的刺激（无论是经典条件反射的外部刺激，还是操作反应中的激励和强化）。而且，图标式学习涉及较少的认知努力和加工的活动，因此也就没有太多的介入状态，属于一种低介入状态的学习。因此，图标式学习是人不断接触自己环境中对某个简单信息多次重复而导致的信息学习结果。我们可以在不知不觉中形成对产品属性的信念，当今后有需要的时候，就有可能产生购买的行为。

2. 代替学习和模仿

也有学者把**代替学习和模仿（vicarious learning/modeling）**归纳到条件作用中的行为学习，因为代替学习是通过观察他人的行为和后果来调整自己的行为。而从学习者（旅游者）的角度来说，代替学习在高介入和低介入的情况下都可能发生。从旅游的角度来说，我们通过看别人参与旅游活动也能得到类似的体验就是一种代替学习。比如，我们看到博物馆的宣传片，家长认为有必要和孩子一同参与户外体育和休闲活动。很多研究已经表明，从小参与多种活动的人，等到了成人之后也会持续保持参与户外活动的行为。这种现象都说明了这种模仿学习尤其对青少年的重要性。这种代替学习可以分为三个小类。

第一种是通过直接观察而产生的**外在模仿（overt modeling）**。比如，一些国家在香烟盒的外面贴上肺受损的照片，为的是通过外在表现达到戒烟的效果。

第二种是**内在模仿（covert modcling）**。内在模仿的学习不是通过直接的观察学习，而是通过想象某种行为带来的结果进行学习。比如，电视上有夏威夷的广告，我们可以很容易观察到可以得到的体验（阳光、海滩等）；但如果我们是通过电台听到夏威夷的旅游信息，就只能通过自己的想象了解（学习）得到旅游体验。

第三种是**语言模仿（verbal modeling）**。和前两种都不同，人的学习是通过别人的讲述得来的。旅行社会经常说“大家去过都说很好”“大家去那边旅游后都觉得满意”这类劝导的语言。总结来说，模仿重要的是模仿本身的特点和观察者的特点。

3. 分析推理

分析推理（analytical reasoning）被认为是最复杂的认知学习。人们进行创造性的思考，对已有的信息和新的信息进行重构和组合，形成新的概念和联想。人在接收外部信息的时候，如果和自己已有的认知发生不一致，往往会发生分析推理。比如，我们之前听到去香港购物很便宜，但有人告诉我们香港购物可能花费更多。这个时候，我们为了得出一个一致的结论，可能就会搜集更多的信息，进行分析和推理。

分析推理中一种重要的行为是类推。类推是通过熟悉的事物来认识新事物的方法。例如，消费者从来没有用过平板电脑，我们就可以介绍说平板电脑是一种智能手机和普通电脑的结合体，以帮助消费者理解。又或者，如果消费者从来没有去过黄果树瀑布，我们就可以通过介绍已经熟知的瀑布来类推。

二、记忆和忘却

（一）记忆的概念

从含义上讲，**记忆（memory）**是过去经验在人脑中的反映。凡是人们感知过的事物、体验过的情感以及学习过的动作都可以以映像的形式保留在人的头脑中，必要的时候又可以把它们再现出来，这个过程就是记忆。记忆既不同于感觉，又不同于知觉。

感觉和知觉反映的是当前作用于感官的事物，离开当前的客观事物，感觉和知觉均不复存在。而记忆是指向过去的，它出现在感觉和知觉之后，是人脑对过去经历过的事物的反映。

根据信息处理过程的观点，人的记忆包括：**感觉记忆（sensory memory）**、**短时记忆（short-term memory）**、**长时记忆（long-term memory）**。

图 7.2 的记忆系统模式图告诉我们，外部信息首先进入感觉记忆系统，信息在记忆系统保持的时间极为短暂，通常在 1 秒左右。其中，一部分信息受到特别注意进入短时记忆系统，若信息给人的刺激极为强烈、深刻，也可能直接进入长时记忆系统；那些没有受到注意的信息则很快变弱直至消失。

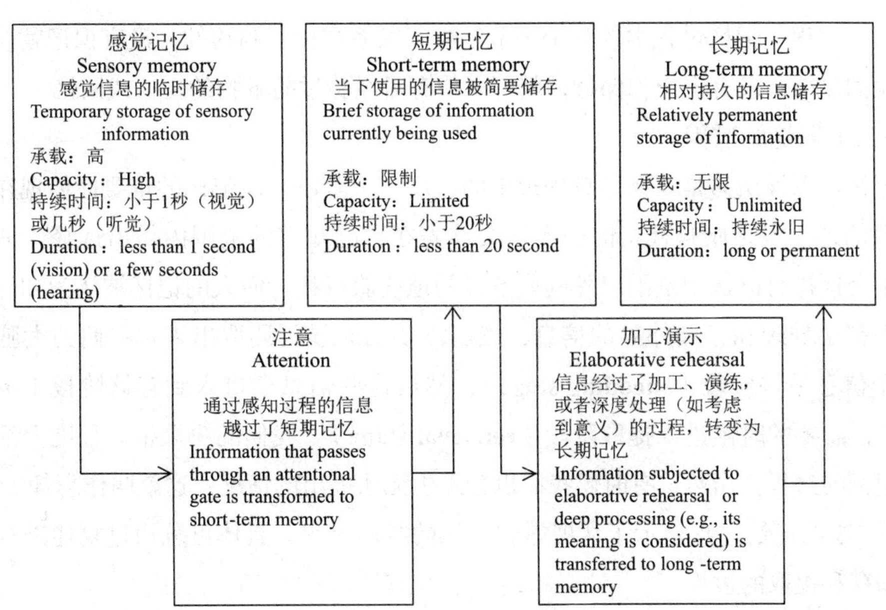

图 7.2 记忆体系模式图

资料来源：SOLOMON M R. Consumer behavior：Buying，Having，and Being（6th ed）[M]. Upper Saddle River：Prentice Hall，2004.

短时记忆中的信息一部分来自感觉记忆，另一部分则取自于长时记忆。当人们需要某些知识、规则时，便从长时记忆中提取信息，这些信息只有召回到短时记忆系统和进行有意识的加工，才能服务于特定的目的。短时记忆的信息保持时间一般不超过1分钟，受到干扰就会消失。短时记忆中的信息一部分经复述进入长时记忆，另一部分则被遗忘。

应当指出的是，感觉记忆、短时记忆和长时记忆是三个相互联系的信息储存与提取系统，它们相互作用、相互影响、密切配合，共同承担对外部信息的加工和传输。

记忆系统是一个复杂的心理过程，它包括三个基本环节：识记、保持、再认或回忆。

简单来说，识记是记忆的开端，它是主体识别和记住事物，从而积累知识和经验的过程。而保持是巩固已获得的知识和经验的过程。再现或回忆是主体从头脑中提取知识和经验的过程。凡经验过的事物再度出现时，能把它认出来称为再认；凡经历过的事物不在面前，能把它重新回想起来，则称回忆或再现。

从信息加工的观点看，记忆就是对输入信息的编码、储存和提取的过程。其中，对信息的编码相当于识记过程，信息的储存相当于保持过程，信息的提取则相当于再认或回忆过程。记忆过程中的三个环节是相互联系和相互制约的，没有识记就谈不上对经验的保持，没有识记和保持，就不可能有对经验过的事物的再认或回忆。

（二）记忆的过程

记忆可以被认为是人在信息处理中的最后一个阶段。而记忆的重要性体现在选择旅游目的地（或是旅行社）时，人们会首先在自己知道的范围内做出选择。消费者一般不会选择自己认知范围以外的旅游目的地或旅行社。而人的记忆被认为和计算机类似，都是处理和存储外界的信息，然后需要的时候再调取出来。我们的大脑会经历一个**信息编码阶段（encoding stage）**，然后这些信息会进入到**存储阶段（storage stage）**，需要的时候进入**提取阶段（retrieval stage）**。我们的决策很大程度上都依赖这种记忆的过程。当然，有时候我们也会发生无法提出的情况，这就叫作忘却。

图 7.3 的记忆过程显示了从展露到记忆的线性流程。具体可分通过复述进行的编码、储存和提取的过程。

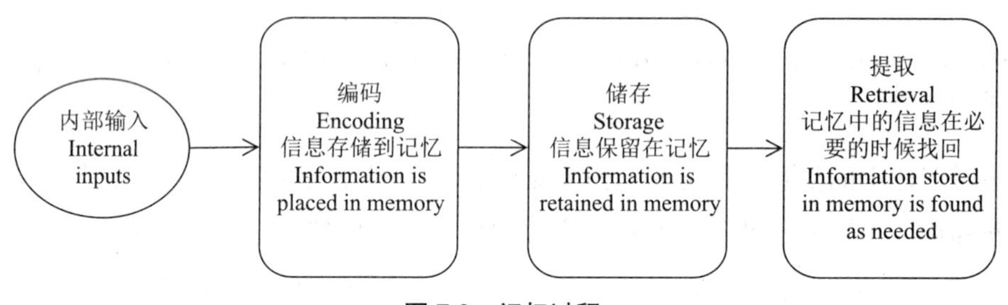

图 7.3　记忆过程

资料来源：SOLOMON M R. Consumer behavior：Buying，Having，and Being（6th ed）[M]. Upper Saddle River：Prentice Hall，2004.

1. 编码

编码的过程可以通过复述实现。复述是个体在内心对进入短时记忆的信息或刺激予以默诵或者做进一步的加工努力。复述具有两大功能：一是保持信息在短时记忆中被激活，二是将短时记忆中的信息转移到长时记忆中去。虽然复述直接影响短时记忆中的信息是否进入长时记忆，对记忆具有重要作用，但同样不容忽视的是信息的编码，因为后者很大程度上决定着转换的时间，以及信息在记忆中的存放位置。在复述过程中，消费者可以简单地对刺激物重复默记，以此将刺激物与长期记忆中已经存在的信息建立联系。当消费者建立起了这种联系和对信息编码日益娴熟，存储速度就会加快。

2. 储存

储存是指将已编码的信息留存在记忆中，以备必要时供检索之用。信息经编码加工之后，在头脑中储存，这种储存虽然是有秩序的、分层次的，但不能理解为像存放在保险柜里的文件一样一成不变。随着时间的推移和经验的影响，储存在头脑中的信息在质和量上均会发生变化。从质的方面看，储存在记忆中的内容会比原来识记的内容更简略、更概括，一些不太重要的细节趋于消失，而主要内容及显著特征则被保持；同时，原识记内容中的某些特点会更加生动、突出甚至扭曲。

3. 提取

提取是指将信息从长时记忆中抽取出来的过程。对于熟悉的事物，提取几乎是自动的和无意识的，比如，当问及现在市面上有哪些品牌型号的电视机时，消费者可能会脱口而出，说出诸如“长虹”“海信”“索尼”等多种品牌型号。对于有些事物或情境，如去年的元旦你在干什么，恐怕很难立刻回忆出来，往往需要经过复杂的搜寻过程，甚至借助于各种外部线索和辅助工具，才能完成回忆任务。

总体来说，这些步骤是同时进行并相互作用的。例如，一个人的记忆影响着他被展露或注意到的信息和这个人对这些信息的理解。同时，记忆本身也被正在接收的信息塑造着。知觉及记忆两者都带有选择性。在众多存在的信息中，展露给个体的只是很有限的一部分。刺激物被赋予的意思不仅由刺激物本身决定，而且因个体不同而不同。而且当个体需要做出购买决定时，绝大部分这些已经被大脑处理和解释过的信息，并不处于激活状态。

编码、储存、提取等环节也是相互作用和影响的。有时记忆中的信息提取不出来，可能与编码有关。比如，在街上遇见一位非常熟悉的朋友，居然一下子叫不出对方的名字。之所以会出现这种现象，按认知心理学的解释是，由于个体在学习中对刺激物编码时，是同时将刺激物编成形码、声码和意码，并将三种代码置于长期记忆中的不同部位。如果三个代码联结上出现困难，只能解出形码与意码，就会出现前面提到的叫不出朋友姓名的尴尬局面。

知识延伸

提高记忆的方法

记忆在消费者的日常生活中具有十分重要的作用。凭借记忆，消费者在购买决策过程中，能够把过去关于某些产品的知识和体验与现在的购买问题联系起来，从而迅速地做出判断和选择。反之，缺乏记忆或离开记忆的参与，消费者就无法积累和形成经验，就不能形成概念和在此基础上进行判断和推理，从而也无法适应复杂多变的环境，甚至连最简单的消费行为也难以实现。

关于提高记忆，通常有三种方法，分别是信息块、循环和加工。

信息块（Chunking）。传统上，研究人员认为，个体的短时记忆可以处理的信息块是 7 个，最近的研究认为这一数字可能是 3 或者 4。例如电话号码通常被整合为 ×××-×××-××× 三个信息块。又因为消费者同时只能记住 3~4 个信息块，所以一种较好的提高记忆的做法是将较小的几则信息合并成一个信息块。例如，International Business Machinery 简化为 IBM，有助于消费者的记忆。

循环（Recirculation）。当个体多次重复遇到一则信息，该信息进入长时记忆并且被记住的可能性将大大增强。每个人对所住周围的街道、商店和建筑都非常熟悉，通常，这不是复述的结果，仅仅是由于个体每天都遇到它们所致。在低介入的状态下，营销信息的重复对增强消费者的记忆是非常重要的。

加工（Elaboration）。信息在更深层次上进行加工有助于记忆。在记忆单词或者概念时，如果事先与所熟悉的事物或者过去的某种经历联系起来，记忆的效果会比简单的复述或多次阅读更有效。信息接触时，消费者的动机状态会影响信息加工深度，从而影响记忆。有更强信息处理动机的消费者，其学习也更深入。由于动机水平的差异而导致学习上的差异，由此形成了不同类型的学习，即“目标性（或引导性）学习”与“偶然性学习”。前者将信息学习作为主要目标，后者是在不存在明确目标的情况下学习有关信息。储存在大脑里的相关信息或知识也会影响对信息的加工程度。

记忆中的信息提取不出来，有时也可能与信息在记忆中的放置位置有关，或者是由于在信息搜寻过程中迷失了位置，即在错误部位搜寻。正因为如此，人们在很多情况下需要借助于纸笔或文字材料作为记忆的辅助工具。长时记忆中的信息提取，可看作是一个解码的过程。

（三）选择性记忆

消费者不会记住所有的信息。人们会根据自己的期望、动机、先入为主的观念等存储信息，因此也忘却不相关的信息。这也就是很多消费者对相当数量的广告刺激呈现出“无动于衷”反应的原因。也就是说，知觉中只有一部分会留在记忆中，并对后续的行为产生影响。比如说，几年前去过的一个旅游地，当时遭遇过小偷；几年之后又去了这个地方，即使这个地方产生了很多变化，由于之前的记忆存在，也不愿意在这里停留太长的时间。

先前的研究已经表明，有四个知觉的相关概念对记忆选择产生了影响，分别是：选择性接触、选择性注意、知觉防御、知觉阻断。

1. 选择性接触

消费者会积极寻找那些让他们感觉到快乐或引起共鸣的刺激，主动避让那些让他们感觉到痛苦或者危险的刺激。前面我们谈到的在旅游中遭遇小偷的事情就会让消费者产生选择性接触，避免此类事情的再次发生。

2. 选择性注意

事实上，消费者对广告刺激的注意力大小也呈现很强的选择性。对于他们被需要的或者是感兴趣的广告刺激时他们会更容易有所感，对于那些不相关的广告则不在意。而至于感兴趣的信息类别、信息的传递方式及媒体类别都是因人而异的。对于旅游者而言，在进行旅游决策时，有的旅游者就比较关注价格，有的则关注目的地安全，有的则关注舒适度；有的游客更青睐私人订制行程、有的则信任网络信息、有的则更倾向于向周围朋友了解目的地信息。

3. 知觉防御

消费者会下意识地剔除那些构成心理威胁的刺激，即使他们已经置身其中。有时候，人们还会下意识地曲解那些与自身需要、价值观和信念不一致的信息。对付知觉防御的方法包括改变输入的方式及增加感觉输入的量。例如，调查显示大多数吸烟者，都不再注意到香烟包装上印着的“吸烟有害健康”的警告文字。加拿大等国的法律要求烟草公司在香烟包装上印刷有告诫效果的图表，并改变文字内容。

4. 知觉阻断

通过简单的阻隔刺激进入意识的通道，消费者可以保护自己不受众多刺激的狂轰滥炸。这样做是出于自我保护的本能，因为人们所生活的世界充斥着太多的信息足以把人淹没。

（四）回想和忘却

前面我们介绍的是记过一连串的信息感知并转变为长期记忆的过程，人们会根据内部信息搜寻的需要，提取自己记忆中的信息。这种提取有两种方式，分别是回想和再认。

回想就是长期记忆总存储的信息提取的过程，而再认是确认所展示的信息和之前记忆中的信息是否一致的过程。一般来说，回想比再认更加困难。从广告的角度来看，可以通过再认和回想的方法宣传自己的产品。但这两种方式哪一个更有效果还没有确切的结论。

相反，对识记过的内容不能再认和回忆，或者表现为错误的再认和回忆被称为遗忘。从信息加工的角度看，遗忘就是信息提取不出来，或提取出现错误。比如，我们很难只通过名字，回想起来学生时代的老师和朋友（现在并不联系的人）。事实上，绝大部分的人都不能记住所有的信息，而是会忘却一些信息。但如果我们把外部的信息全部都记住的话，尤其是一些不愉快的记忆，那恐怕也不是一件幸福的事情。在遇到生活中的困难（如自然灾难、各种变故等），人们需要尽快忘掉重新开始新的生活。

人们为什么会忘却？解释人类忘却的理论大体可分为三个类型：衰退理论、妨碍理论、压抑理论。

简单来说，衰退理论就是随着时间的流逝所有的记忆都会自发消失，遗忘是由于记忆痕迹得不到强化而逐渐减弱，以致最后消退而造的。

20 世纪 20 年代，完形心理学派的学者们最初提出记忆痕迹的概念。他们认为，学习时的神经活动，会在大脑中留下各种痕迹，即记忆痕迹。如果学习后一直保持练习，已有的记忆痕迹将得到强化，反之，如果学习后长期不再练习，既有记忆痕迹将随时间的流逝而衰退。

也就是说，衰退理论强调的是时间度遗忘的影响。而最早对遗忘现象进行实验研究的德国心理学家艾宾浩斯（H.Ebbinghaus）也是以时间为变量研究遗忘。

艾宾浩斯以自己为被试对象，以无意义音节作为记忆材料，用时间节省法计算识记效果。用数字制成的曲线被称为艾宾浩斯保持曲线。该曲线表明了遗忘变量与时间变量之间的关系：遗忘进程不是均衡的，识记的最初一段时间遗忘很快，以后逐渐缓慢，过了一段时间后，几乎不再遗忘。可以说，遗忘的发展历程是先快后慢，呈负加速型。

虽然衰退学说强调的是生理机制对记忆痕迹的影响，这一解释虽然合乎一般常识，能说明很多遗忘现象，但未必符合所有事实和进行普遍推广。因为人的有些经历，即使是在几十年以后，仍然历历在目，并不随时间流逝而淡忘。

另外，研究发现，学习之后，相较于非睡眠状态，睡眠状态下的被试者在同样时间里，遗忘水平大大降低。这也说明遗忘并不完全与时间的流逝有关。如果痕迹衰退确实构成遗忘的原因，企业应设法强化其品牌与特定利益或特定联想的联系强度。

克莱斯勒发现，在消费者心目中，公司与卡车联系很强，但与轿车联系比较弱，为此推出了“很好的卡车，更好的轿车”广告。研究发现，消费者更容易忘记事件的细节，而对某些“总体性”内容遗忘速度则要慢一些。例如，你可能听到很多关于某个即将上映电影的信息，诸如关于它的主要情节、导演信息，以及影评家对它的评价等，但之后你只记得“这部片子还不错”的评价，其他方面都记不起来。这也有助于解释“睡眠者效应”。

随着时间的流逝，消费者对可信度不高、原来并不喜欢的广告，态度会向更正面的方向改变。原因是，相较于对广告信息的记忆，消费者对信息来源的记忆，衰退速度更快。

而干涉理论则认为，忘却并不是记忆本身的问题，而是记忆提取失败（记忆系统的问题）而导致的结果。该学说认为，遗忘是由于记忆材料之间的干扰，产生相互抑制，使所需要的材料不能被提取。为这一学说提供有力支持证据的是前摄抑制和倒摄抑制。所谓前摄抑制是指先学习的材料对后学习的材料所产生的干扰作用。所谓倒摄抑制，是指新学习的材料对原来学习材料的提取所产生的干扰和抑制的作用。在这种观点中，记忆并没有消失，而是由于太多输入信息的干扰，从而导致了信息提取的困难。比如说，在主题公园的选择上，由于迪士尼的品牌效应过于强大，会“屏蔽”掉其他的主题公园（如方特、华侨城等）的信息。对于营销来说，为了减少这种干涉，可以从材料和学习两个方面入手。

另外，从记忆的材料角度来看，凡不能引起消费者兴趣、不符合消费者需要、对消费者购买活动没有太多价值的材料或者信息，往往遗忘得快；相反，则遗忘得较慢。另外，识记材料的性质也对忘却产生影响。识记材料数量越大，识记后遗忘得就越多。实验表明，识记 5 个材料的保持率为 100%，识记 10 个材料的保持率为 70%，识记 100 个材料的保持率为 25%。而识记材料的系列位置也会产生影响。一般而言，系列材料开始部分最容易记住，其次是末尾部分，中间偏后的内容则更容易遗忘。之所以如此，是因为前后学习材料相互干扰，中间材料受前后两部分学习材料的干扰，所以更难记住，也更容易遗忘。

而从学习程度的角度来看。一般来说，学习强度越高，遗忘越少。过度学习达 150% 时记忆效果最佳。低于或者超过这个限度，记忆的效果将会下降。另外，学习时的情绪也会产生影响。比如，心情愉快时习得的材料，保持时间更长，而焦虑、沮丧、紧张时学习的内容更易于遗忘。

另外，还有一种压抑说。这一学说认为，遗忘不是由痕迹的衰退造成的，也不是记忆材料之间的干扰所造成的，而是由于人们对某些经验的压抑使然。压抑引起的遗忘，是由某种动机所引起的，故此又称为动机性遗忘。这一理论，出自弗洛伊德的精神分析说。弗洛伊德认为，回忆痛苦经验将使人回到不愉快的过去，为避免痛苦感受在记忆中复现，人们常常对这些感受和经验加以压抑，使之不出现在意识之中，由此引起遗忘。

三、旅游行为和学习

（一）旅游活动中的学习

旅游者通过旅游活动，可以获得很多好处。比如，人们可以通过旅游的社会活动，学习到处理（旅游）问题的方法（如何选择旅游目的地、克服旅游中的困难等），以及知识、技能、其他地区的文化等。也可以得到行为上的改变，如变得更加理解地区文化，产生环保意识以及**亲社会行为（prosocial behavior）**等行为上的改变。为了探究这些学习行为上的改变，有两个理论经常被应用到旅游者：一是目标指向理论；二是手段—目的理论。

1. 目标指向行为

目标指向行为（goal-directed behavior）理论认为人的行动具有目标性，做任何事情都有明确的目的和目标，思考之后采取行动。因此，目标指向行为是指个体由动机驱使，希望达到某一目标而采取的一系列行为。关于旅游消费行为意向的研究主要有理性行为理论、计划行为理论（在态度的章节里还会详细讨论）和目标指向行为理论。

目标指向行为是由计划行为理论演化而来，该理论认为人们的行为意向受到态度、主观规范、感知行为控制、预期情绪（正向预期情绪、负向预期情绪）因素的影响。也就是说，目标和购买行为相关的人类学习对象有动机、态度以及学习方法等。

这里说到学习的动机的时候，并不是指为了满足必要生存需求的动机，而是为了满足后天需求的动机。比如，地位、教育、归属感、权利的需求等。这些动机也可以看作是满足旅游中的这种学习需求。

人们通过旅行，不断接触新奇文化和有趣的体验，帮助自己理解学校中学习过的知识。因此，旅游的这种行为可以看作是一种目标指向行为，人们为了追求旅游中的知识而产生了动机，也就增强了旅游的行为意向。因此，通过旅游的学习动机促进了旅游行为的产生。

2. 手段—目的理论

手段—目的（means-end theory）理论是研究消费者对产品看法的方法，认为消费者对产品知识的概念体系是按照产品的属性、利益、价值承接梯次形成。产品或服务本身的属性是方法，利益与价值是目的，消费者购买产品是因为相信通过产品的使用，可以获取他们想要的价值。购买旅游中的学习是一种主动的学习。

根据手段—目的理论，人们的行为受到某种目的的诱导，目的对行为有着很大的影响力。因此，旅游行为也可以用旅游者的目的进行分析。可以把游客者可能得到的好处作为目的（如精神上的放松、促进家庭关系、得到刺激体验等）和旅游行为作为手段（如看大海、家庭旅行、主题公园旅游等）连接起来，通过学习和体验加以理解。

从研究的结果来看，人们通过社会生活，不仅获得了很多激发旅游的知识和需求，也通过旅游的行为获得了多种学习体验。比如，旅游者可能首先会知道“我是谁”“另外一个我”的新身份。这种现象可以被理解为脱离日常生活的身份，进入到旅游新身份的转变。比如，很多人通过单独或团体形式的旅行，都感到自己得到了多种学习体验。可以说，旅行提供了一个自我学习的机会。旅游者通过和其他人见面的过程、旅游时做出复杂旅游决策的过程、回顾自己旅途的过程，都会学习到“自己是谁”“自己可以做到什么事情”等新身份体验。

旅游者可以学习建立如何和其他人（或者团体）之间的信任感。旅游中带来的不确定性，尤其是国际旅游中的语言文化等问题带来的困难，让旅游者要依靠其他人的帮助，也让旅游者学会如何信任别人。这也说明了为什么在旅游之后，家庭成员的关系会变得更加亲密。

最为明显的旅游行为学习就是旅游者感到更加理解了自己“周遭的世界”。旅游所提供的这种互动机会，让我们学习了某个国家和地区的文化以及相关的人文和地理等知识。在这些活动中所获得的知识在帮助提高人们对其他民族和国家理解的同时，也让游客们学习到了宽容的待人态度。更为有趣的是，人们通过学习别人的文化，也更加理解了自己的文化。人们会对自己居住地、人和文化等有了新的看法。通过旅游体验，体验到自己的家和旅游环境的不同，也学习到了自己文化和家庭的重要性。

另外，很多旅游的形式（如生态旅游、遗产旅游）让人们体验到文化和历史自有的珍贵。通过旅游，人们接触到了多种自然环境和文化环境。这也让旅游者们对旅游地多样的文化和自然环境有了更深入的理解和学习，这种学习机会也让旅游者体会到自然资源和文化资源的重要性。

尤其是在一些生态旅游中，前期由于旅游者过多带来了对当地环境的破坏，现在在游客进入此类景区时，会要求看相关的环境教育的影像资料。这些资料中包含了当地生态环境方面的专业知识，旅游者知晓了为了保护环境，应该有着什么样的行为。其中也包含如何保护自己，避免危险的动物和植物的伤害等知识。因此，自然生态相关旅游活动的教育不仅提供了理解自然和保护自然的学习机会，也提供了最小化旅游者危险、正确学习和观察以及愉快获得知识的机会。世界上很多生态旅游的景区都建立了“教育展示中心”，这些教育从效果上来说，不仅减少了游客对景区生态的破坏，也增加了景区对旅游者的承载力。

在对青少年的生态旅游的研究中，给孩子口头表扬的心理上的回馈就会提高他们对自然保护的行为意向。在国家公园和城市自然公园中的这种对青少年的心理奖励会强化行为，带来亲社会行为（为社会和环境做好事）。

旅游中的学习可能也会有负面效果。旅游者和当地居民的活动相互影响，有时候也会产生相互学习行为，会产生少数**示范效果（demonstration effect）**。尤其是当地人和游客在经济上的差距较大的时候，当地居民们会模仿旅游者的行为。这样，随着旅游者的进入，当地居民可能失去了自己的文化。

（二）旅游活动中的难忘体验

旅游中的难忘体验（memorable tourism experience）被认为是内容丰富、生动、详细，对人的长期记忆能够产生影响的体验，包括新奇感、活力、沉浸、知识和享乐等成分。

难忘体验的形成可以从记忆的角度加以理解。记忆还可以分为**语义记忆（semantic memory）**和**情节记忆（episodic memory）**。语义记忆和知识相关，可以是关于旅游目的地的知识，旅游地形象，目的地属性等；而**自传记忆（autobiographic memory）**是旅游者旅游经历的记忆。

语义记忆被认为是从自传记忆中提取的。比如，人们用语义记忆从经历中存储信息或新的概念，而情节记忆则支撑了语义记忆。旅游的相关事件（比如节事活动）通常是在语义知识的背景下得以解释的，当缺乏这种背景知识的时候，记忆就变得困难。因此，意义记忆和自传记忆都在旅游相关的体验中起着重要的作用。

因此，难忘体验发生在特殊事件的特定情境下，被选择性地构建。考虑到并非所有的旅游体验都会转化为人的记忆，因此了解哪些特定因素和环境会影响记忆就显得尤为重要。

心理学发现，情感等因素在自传记忆中起着不可或缺的作用。很多学者也认同很多记忆都是情绪化的经历。随着时间的推移，人们对事件发生的情境信息（如时间的地点和时间）的记忆会越来越少，而事件的愉悦性和情感性都有助于回忆事件。

一些研究针对人旅游后的体验的研究指出，研究的参与者无法确切记住他们去了哪里，什么时候回家等经历，但却能够记住旅行中的情感感受，诸如社交、愉悦、愤怒、内疚、悲伤和担心等。并且，旅游中的积极情绪虽然多于消极情绪，但这两种情绪都会被研究的参与者回忆起来。事件的情感性会激发个体的信息处理，进而增强回忆，形成了难忘体验。

由于难忘体验的重要性，旅游的营销者为了长久保存游客的记忆，会利用“事件”（各种节事活动等）制造难忘体验以保持客户的感受和评价，借此提高旅游者的满意度和忠诚度。表 7.1 展示了在研究中使用的难忘体验量表。

表 7.1　难忘体验量表

我在 ×× 地停留期间，有美好的记忆。 I have wonderful memories about my stay in ××. 关于 ×× 地方，我能记起很多积极的事情。 I remember many positive things about ×× 我不会忘记我在 ×× 地方的体验。 I will not forget my experience in. 在 ×× 地方的整体体验将会是一个永恒的回忆。 The overall experience of ×× will be an everlasting memory.

资料来源：MENG B，CUI M X. The role of co-creation experience in forming tourists' revisit intention to home-based accommodation：Extending the theory of planned behavior［J］. Tourism Management Perspectives，2020，33：100581.

学术用语

［1］条件行为（conditioning）

［2］行为学习（behavioral learning）

［3］经典条件反射（classical conditioning）

［4］操作条件反射（operant conditioning）

［5］行为塑造（shaping）

［6］认知学习（cognitive learning）

[7] 图标式学习(iconic rote learning)

[8] 代替学习和模仿(vicarious learning/modeling)

[9] 外在模仿(overt modeling)

[10] 内在模仿(covert modeling)

[11] 语言模仿(verbal modeling)

[12] 分析推理(analytical reasoning)

[13] 记忆(memory)

[14] 感觉记忆(sensory memory)

[15] 短时记忆(short-term memory)

[16] 长时记忆(long-term memory)

[17] 信息编码阶段(encoding stage)

[18] 存储阶段(storage stage)

[19] 提取阶段(retrieval stage)

[20] 亲社会行为(prosocial behavior)

[21] 目标指向行为(goal-directed behavior)

[22] 手段—目的理论(means-end theory)

[23] 示范效果(demonstration effect)

[24] 旅游中的难忘体验(memorable tourism experience)

[25] 语义记忆(semantic memory)

[26] 情节记忆(episodic memory)

[27] 自传记忆(autobiographic memory)

主要文献

[1] SOLOMON M R. *Consumer behavior: Buying, Having, and Being (6th ed)* [M]. Upper Saddle River: Prentice Hall, 2004.

[2] MOTHERSBAUGH D L, Hawkins D L. *Consumer behavior: Building marketing strategy* [M]. Boston: McGraw-Hill, 2015.

思考(认知能力训练)

1. 学习有哪几种理论?分别是什么?哪些是行为学习理论?哪些是认知学习理论?

2. 记忆的过程有几个阶段?

3. 旅游者的学习行为有哪两个主要模型?

思政（应用能力训练）

元宇宙（metaverse）作为一种新兴的概念，指的是由现实世界映射或超越现实世界，可以和现实世界交互的虚拟世界。根据这一社会背景，试间答下列问题。

（1）分析元宇宙所带来的视听说变革是否可以给旅游的人带来难忘体验。

（2）如果可以的话，为什么?

（3）如果不可以的话，又是为什么?

第8章 性格与旅游行为

开 篇

性格和人的习惯、特性等类似，在人的一生中是连贯的，是连续价值的综合。性格在我们的生活中也是一个常用词语，如我们常说“我的朋友性格很好”“那个人的性格很强势”。我们也常常在生活中对他人的性格产生兴趣。这其中的原因可能是由于我们觉得性格属于某个人特有的表现，可能是我们会根据性格选择不同的职业和婚姻伴侣，也可能是不同性格的人会有不同的处事方式等。但这其中最重要的原因是性格的特性在人一生中不会有很大的变化，这种稳定性让我们更想要了解性格的作用。

现在已经证实，人们的休闲活动和旅游行为会受到性格的影响。有的人会在周末选择诸如攀岩等探险活动，而另外一些人喜欢在周末的时间里选择在家玩网络游戏。还会有一些人在周末会参与车友会，和喜欢汽车、摩托车的人一同度过。产生这种差别的原因之一可能就有性格因素。旅游和休闲的相关学者都持有性格对旅游活动产生影响的观点。

本章从性格特点的理论出发，主要介绍了性格和含义特征，之后我们会学习和了解主要的性格理论，比如精神分析理论、特质论、人本主义性格理论和性格的遗传性和环境性。在了解和认知了这些性格的基础理论之后，我们还会介绍性格和旅游行为的关系，比如弗洛伊德理论下的旅游行为、帕洛格的旅游行为理论以及其他一些和旅游相关的性格特征。

本章的学习目标和主要内容如下所示。

学习目标

- 掌握性格的内涵、特征和影响因素。
- 了解性格经典理论。
- 理解性格类型等与旅游行为的关系。
- 了解性格在旅游实践中的运用。

章节概要

一、性格的含义与特征

二、性格理论

1.精神分析理论

2.特质论

3.人本主义性格理论

4.性格的遗传性和环境性

三、性格和旅游行为

1.弗洛伊德性格理论和旅游行为

2.帕洛格理论和旅游目的地的成长过程

3.几个和旅游行为相关的性格特征

四、性格和旅游目的地的宣传

一、性格的含义与特征

性格（personality）（也可翻译为个性）就和前面我们提到的一样，是人的一生当中所带有的习惯、态度、性质等持续的价值总和。“性格”一词来源于拉丁文“persona”，也称人格，原指演员演戏时所戴的假面具，后来指演员自身和其所扮演的角色。心理学和行为学把这一概念引申为个体在人生舞台上扮演的角色的外在行为和心理特质。

人表现出某种行为会受到很多因素的影响，其中的一个影响因素就是性格。性格在较长的一段时间内表现出稳定性，起到了帮助人对其周围环境的反应和适应的作用。由于这种稳定性，性格和心理学研究人员倾向于研究个体的差异性和遗传性，也就是试图回答“人为什么是彼此不同的”这样的问题。虽然很多心理学研究都对性格进行了研究，但至今为止对性格的本质、测量等问题都还没有特别让人满意的答案。

就现有的研究总结来说，性格被认为是个体比较稳定的心理倾向和心理特征的总和，包括倾向性和心理特征两个方面。

从倾向性来看，性格指的是人在与客观现实交互作用的过程中，对事物所持有的看法，态度和意识倾向，具体包括需要、动机、兴趣、态度、理想、信念和价值观念等。个性倾向性是人从事各项活动的基本动力，决定着一个人的态度、行为的积极性与选择性，对个性的变化和发展起推动与定向的作用，是整个个性结构的核心。

从心理特征来看，性格指的是区别于他人，在不同环境中经常表现出来的本质的、稳定的心理特点。包括气质、性格和能力，是多种心理特征的独特组合，集中反映了人的心理面貌的差异。

比如，在行为方面，有的人活泼好动、有的人沉默寡言、有的人热情友善、有的人冷漠无情，这些都是气质和性格方面的差异；在能力方面，有的人有绘画才能、有的人有数学才能、有的人有音乐才能，这是能力方面的差异。

二、性格理论

解释性格的理论大体有精神分析法理论、特质理论、认知理论、人本主义/存在主义性格理论、行为主义性格理论五个学派。

每个理论都有其自身的特点，但每个理论都不能完全解释性格的所有差别。首先，精神分析法理论认为人的行为是受内在和无意识支配的。其次，特质理论讲的是人的精神结构，认为性格是特质的结构的复合作用。再次，认知学派则认为性格的发展主要是通过学习而形成的。然后，人本主义学派认为，性格是人类固有的主观经验，尤其是人自我概念的反映；因此，人本主义性格理论是个人的直接体验，是由现象学为中心展开自己的理论。最后，行为理论的视角是以学习的条件化（即经典或者操作条件反射）和强化理论作为基础，认为个人行为的差异性是个人接触不同的学习环境所造成的。因此，行为理论的视角认为性格的发展是学习的结果。

下面我们着重学习应用于营销和旅游行为中最多的三个理论，也就是精神分析理论、特质理论和人本主义性格理论。

（一）精神分析理论

弗洛伊德（Freud）对心理学发展的很多方面都有影响，尤其是提出了无意识的概念，认为人的精神实质分为意识和无意识，并且人的大部分行为是由无意识决定的。

在弗洛伊德的**精神分析理论（psycho-analytic theory）**中，完整的性格结构由**本我、自我和超我（id，ego and super ego）**组成，性格就是在这三种力量的冲突中产生的。弗洛伊德认为，个性的形成取决于个体在不同的个性心理阶段如何应付和处理各种相应的危机。

本我是指原始的自己，包含生存所需要的基本欲望、冲动和生命力。本我是一切心理能量之源，按快乐原则行事，它不理会社会道德与外在的行为规范。

相比之下，自我是在本我的基础之上分化和发展起来的，是幼儿时期通过父母的训练和与外界交往逐渐形成的，是本我与外界环境的中介。自我奉行现实原则，既要满足本我的需要，又要制止违反社会规范、道德准则和法律的行为。

超我也是从自我中分化和发展起来的，它是人在儿童时代对父母道德行为的认同，对社会典范的效仿，是接受文化传统、价值观念、社会理想的影响而逐渐形成的。自我遵循理想原则，通过自我典范（即良心和自我理想）确定道德行为的标准，通过良心惩罚违反道德标准的行为，使人产生内疚感。

弗洛伊德思想认为性格结构的三要素会随着人的成长发生变化。刚出生的孩子是本我，随着年龄增长，其他的性格成分则变强（或变弱）。作为结果，有的人会变为理性的人（即自我变强）；有的人会突破道德，成为满足自己本能需求的孩子性格（即本我变强）；也有的人会成为具有道德感的人（即超我变强）。

精神分析理论在市场营销领域也得到了关注。尤其对人动机的研究产生了影响。比如，和旅游相关的动机大部分就认为和“本我”的成分相关。比如，休息、好奇、逃避和娱乐等动机都和性格中的本我有着较深的联系。因此，针对潜在游客的旅游广告的目的应该是激发本我的需求。

然而，弗洛伊德的性格理论也被批判过分强调了本能和动物性的成分，忽略了人的社会层面。因此，一些社会心理学的方法也逐渐被用来分析人的性格。

（二）特质论

特质论（trait theory）认为，人的个性是由多个特质要素构成的。所谓特质是指人拥有的品质和特征，这些特质作为一般化的、稳定的、持久的行为倾向而作用，是个体以相对一贯的方式对刺激做出的反应。

特质论中最具代表性的就是卡特尔（Cattell）的性格特质理论。该理论认为在构成性格的特质中，有的是人人皆有的、有的是个人才有的，有的是遗传决定的、有的则是受环境影响的。

卡特尔把特质分为表面特质和根源特质。表面特质就是指由每个具体的行为所体现出来的性格特点，根源特质反映一个人整体性格的根本特质方面，表面特质是从根源特质中派生出来的，一个根源特质可以影响多种有形的表面特质。卡特尔总结了人的性格的16个根源特质（见表8.1）。

表8.1　卡特尔反映性格的16种根源特质

根源特质	低分特征	高分特征
开朗性	缄默、孤独	乐观、外向
聪慧性	迟钝、学识浅薄	智慧、富有才识
稳定性	情绪激动	情绪稳定
支配性	谦虚、顺从	好强、固执
兴奋性	严肃、谨慎	轻松、兴奋
有恒性	敷衍	有恒、负责
勇敢性	畏缩、胆怯	冒险、敢为
敏感性	理智、看重实际	敏感、感情用事
怀疑性	信赖、随和	怀疑、刚愎
幻想性	现实、合乎成规	幻想、狂放不羁
机敏性	坦白直率、天真	精明能干、世故
忧虑性	安详沉着、有自信心	忧虑忧郁、烦恼多端
实验性	保守、传统	自由、批评激进
独立性	依赖、随群服众	自主、当机立断
自律性	矛盾冲突，不明大体	知己知彼、自律严谨
紧张性	心气和平	紧张、困扰

资料来源：杜炜. 旅游消费行为学［M］. 天津：南开大学出版社，2009.

卡特尔的16个性格特点可以归纳为5个因子，就是我们熟知的性格五要素模型。

五要素模型中是特质理论研究者对通过因子分析得出的五种普遍的性格特点分别为不安定性、外向性、开放性、随和性、责任性。具体解释如下。

（1）**不安定性（N：Neuroticism）**说的是情绪的适应性和不安定水平。不安定的测定水平越高越会表现出担心和情绪上的不安定和冲突等；而不安定的分数越低，则会表现得温和而自我满足。外向性格的人活动能力高，喜欢寻求自我刺激和兴奋。

（2）**外向性（E：Extraversion）**分数高的人偏爱社交、乐观、喜欢快乐；而分数低的人则显得安静、冷静和独立，没有活力。

（3）**开放性（O：Openness to experience）**的人会主动寻求快乐的体验；开放性分数高的人想象力丰富，经常有创意和特别的新想法，尽可能接受别人的想法；而分数低的人保守、独断、现实。

（4）**随和性（A：Agreeableness）**的人温和善良、正直、信赖和宽容别人，愿意帮助别人；随和性分数低的人则疑心重不愿意和别人合作。

（5）**责任性（C：Conscientiousness）**强的人有目标指向性，有较强的组织性，可信任、勤奋、遵守时间、有野心；责任性弱的人则缺少目标意识、懒惰、有快乐主义的倾向。

（三）人本主义性格理论

精神分析的研究过于依存于人动物性的一面，这种以刺激—反应为中心的行动主义理论排除了人的自由支配性，把人看作是被动的机器，这也受到了不少的批评。而强调人的研究需要包括人的要素的理论就是**人本主义性格理论（humanistic/existential theory）**。人本主义性格理论家重视人的主观经验以及人是如何感知这个世界的。人本主义代表人物和理论有罗杰斯（Rogers）的自我理论和马斯洛（Maslow）的实现理论。其中马斯洛的理论会在“动机”的相关章节中更加详细的论述，这里重点介绍一下罗杰斯的理论。

罗杰斯认为在分析人的性格（以及行为）时，比起特定的动机，更应该分析个人的直接体验。也就是我们应该以现象为中心进行分析。罗杰斯理论中的核心概念是**自我概念（self-concept）**。自我概念就是“我是什么样的人”，意味着对自己的看法。罗杰斯把自我概念分为**理想自我（ideal self）**和**现实自我（real self）**。

理想自我说的是自己想成为一个什么样的人的形象，现实自我是实际上的我的形象。人被认为同时拥有两个自我，并会尽力保持两个自我的一致。因此，现实自我和理想自我的不一致会引发人的不适应。

这种“一致性”会在人们的多种行为中体现出来。人们做出一种行为的时候，会保护（或者叫相适应）自我形象。因此，行为也有了象征的意义。这个原理在消费者行为中也同样适用。比如，有人想要买汽车，以速度和刺激为爱好的人可能不会选择家用汽车，而会更倾向选择跑车；而保守自我形象的人也可能不会购买红色汽车，而会购买黑色汽车。

由于很多的旅游商品中本身就具有象征意义，因此，自我形象的概念在旅游商品的购买中也会起到作用。比如，企业的高级管理者会为了维持自己的“等级形象”选择高档酒店，乘坐飞机和火车的头等舱；而一线员工可能只会选择经济型酒店以及飞机、火车的普通舱。另外，自我概念也被认为会反映人的生活方式。

（四）性格的遗传性和环境性

性格理论中最为关心的一个问题就是人们的性格特点是如何形成的。对于这个问题有两类解释，一类认为性格是遗传得来的，另一类认为性格是受到环境影响形成的。

遗传学说是说性格是从父母那里得来的，是一种人类团体共同持有的，属于集体无意识。而环境学说认为，人们在不同的社会环境中的体验和生活，受到此影响会形成不同的性格。

这两种学说都有一定的证据支持（比如，双胞胎在不同环境成长，后期观测性格的相关实验）。但是到现在为止，性格到底是如何形成的依然没有定论。相比于环境和遗传分离对立的观点，也许这两方面都对性格和行为产生影响的观点更为合理。人同时会持有遗传性和生物性的影响，同时，作为社会动物也会受到自己周围环境的影响。

三、性格和旅游行为

性格和旅游行为的研究至今较少，最为代表性是帕洛格理论在旅游目的地上的应用。性格定义本身的模糊性和复杂性导致了性格和旅游行为之间关系的不明确性。尽管如此，还是有很多学者研究了性格和旅游行为之间的关系，这里我们首先介绍弗洛伊德理论和旅游行为关系的研究，之后会介绍帕洛格理论在旅游的影响研究。

（一）弗洛伊德性格理论和旅游行为

前面学习过的弗洛伊德精神分析法中，弗洛伊德认为人的性格是本我、自我和超我三个因素相互作用的结果。在旅游中，这三个因素也被认为和旅游行为有一定的关系。本我是幼儿的状态，自我是成人的状态，而超我是父母的状态。研究认为这三种状态对人是否去旅游、旅游目的地的选择、消费行为、停留时间等都会有影响。

比如，幼儿的本我状态和情感、情绪相关联，因此倾向于追求快乐体验；旅游行为的重要动机就是基于幼儿的本我状态，因此，大部分旅游目的地和旅行社的相关广告会有意识地激发旅游者幼儿的本我，“逃离现实的生活”“和快乐来一场邂逅”等宣传语都是此类例子。

父母的状态时受到弗洛伊德的超我的影响，强调了行为中的道德性和伦理性。因此，超我状态的旅游者会更加遵守和重视社会的道德规范。针对此类性格的人进行宣传的时候，则更应该强调旅游中的教育作用，以及旅游对家庭和睦和感情的促进作用。

而本我是成人状态，强调了现实的一面，会在旅游行为决策时展示出理性和客观的一面。成人自我所展现出的是在儿童的本我和父母的超我之间的妥协，是忠于现实的责任。因此，对在成人自我状态的人进行宣传营销时，可以强调旅游的健康作用和物美价廉的经济性一面。

也有一些被称为“新弗洛伊德者”的学者们不同意弗洛伊德的个性是由本能决定的观点，而认为个性的形成和发展与社会文化关系密不可分。这些学者们从不同的理论视角对弗洛伊德的理论提出了强有力的挑战。例如，阿德勒（Adler）认为，人具有追求卓越的内在动力，这是人类共同的个性特质，正是由于这种动力和人们在实际生活中追求的不同形成了人不同的生活方式。

对旅游来说，个性特质与旅游消费者行为有助于理解旅游者如何选择及选择何种类型的旅游产品，经营者可根据此设计提供符合旅游者需要的旅游产品。在旅游研究中，研究者们发现不同的旅游类型体现了不同的旅游者个性特质。而在旅游活动中，研究者们也发现某些个性特质与某些旅游消费者行为相关。

（二）帕洛格理论和旅游目的地的成长过程

性格是一个人内心自我的反映，指的是会对其个人行为产生影响的个性心理特点。通常表现为一个人的性格特点或心理类型会决定其个人的偏好，并会影响行为。

在影响旅游购买动机的个人内在因素中，一个人的性格特点起着非常重要的作用。有些学者根据不同的人格特点，并结合心理类型分析和研究旅游消费者的类型划分。一些结果表明，不同的心理类型对选择出游动机以及对出游目的地的影响。在这方面最具代表性的典型当数斯坦利·C. 帕洛格（Stanley C. Plog）所做的旅游消费者心理类型研究。

帕洛格对旅游消费者的性格特点及其与出游目的地选择之间的关系进行了详细的分析与研究；依据不同旅游消费者的性格或心理类型特点，将其划分为若干不同的人群（见图 8.1）。

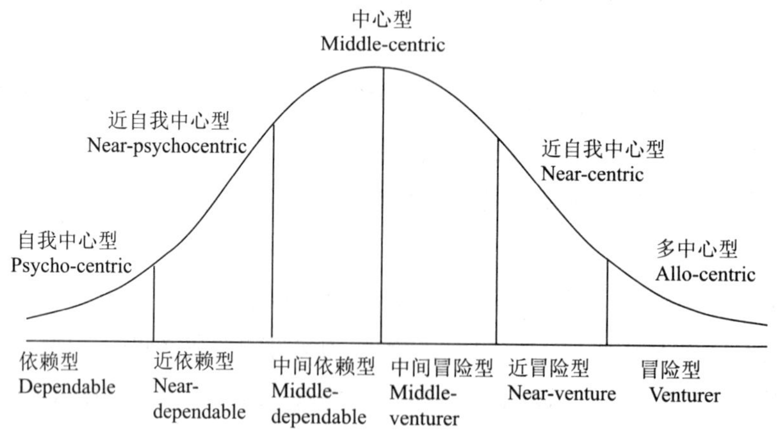

图 8.1 Plog 的性格类型

资料来源：PLOG S. Leisure travel：A marketing handbook［M］. New Jersey：Person Education，Inc. 2004.

1. 依赖型

在帕洛格的早期研究中，将**依赖型（dependable）**称为自我中心型。属于这种心理类型的人所共有的人格特征为思想上封闭而保守、谨小慎微、多忧多虑、缺乏自信、不爱冒险；行为上表现为喜欢循规蹈矩的生活方式、愿意听从公众人物的建议或仿效他们的行为、偏好购买流行品牌的消费品、喜欢熟悉的氛围和活动。

这种心理类型的人在外出旅游时往往倾向于选择那些距离比较近、自己对该地情况比较熟悉的旅游目的地，特别是倾向于选择那些传统的旅游热点地区，对于自己所喜欢的旅游目的地多会经常故地重游。

2. 冒险型

在帕洛格的早期研究中，曾将**冒险型（venturer）**称作多中心型。属于这种心理类型的人所共有的人格特征为思想上天性好奇、喜欢探索、充满自信、喜欢挑战、对待生活有个人主见；行为上多表现为喜新奇、好冒险、活动量大、不愿随大流、喜欢与不同文化背景的人打交道和相处。

这种心理类型的人在外出旅游时，强烈偏好那些环境独特、尚未充分开发、依然保留其原始魅力的旅游目的地，特别是不愿随大流去那些脍炙人口的旅游热点。他们喜欢自助式旅游，而不愿参加由导游陪同的旅行团。

他们在旅游过程中表现活跃。除了睡觉之外，大部分时间都用于考察和探访，而不是整天躺着晒太阳。他们偏好入乡随俗，乐于接受那些条件虽差，但非同一般类型的住宿设施。为了增加自己的阅历，他们经常外出旅游，每年都会去寻找新的旅游目的地而不愿故地重游。

3. 中间型

在帕洛格的早期研究中，曾将**中间型（centric）**称为中心型或中间型。这种心理类型的旅游消费者在性格特征和思想行为特点等方面的表现介于上述两个极端类型之间。

从帕洛格的模型中，我们很容易看到这三种主要心理类型的人在人口中的分布情况为中间大、两头小，即属于中间型心理类型的人在人口中居绝大多数，而属于依赖型和冒险型这两个极端心理类型的人在人口中所占的比例很小。此外，这一模型还反映出，一个人所属的心理类型距冒险型越近，外出旅游的可能性也就越大。

根据帕洛格的理论，对于一个新开发的旅游目的地来说，最初所能吸引到的来访游客，主要是那些属于冒险型心理类型的旅游消费者，因为此时选择去该地旅游，在很大程度上意味着冒险，而这种心理类型的旅游消费者所寻求的恰恰是“冒险—探索”类的旅游活动。

继他们之后，随着时间的推移，其他心理类型的旅游者会逐渐地跟进。当旅游目的地步入成熟期，特别是当该地已形成旅游热点时，所能吸引来的游客则会转为主要是那些心理类型偏向于依赖型的旅游消费者。在这一过程中，随着后者的来访，冒险型心理类型的旅游者会逐渐失去对该地的兴趣，转而去另寻那些尚未充分开发、依然保留其原始魅力的旅游目的地。

（三）几个和旅游行为相关的性格特性

第一个性格特征是**感官追求（sensation seeking）**。旅游行为的研究中最常被研究者提及的理论就是精神分析研究和特质理论。这种性格倾向在冒险旅游（如蹦极、跳伞、滑翔伞等）中尤为突出，成了旅游性格研究中广为使用的变量（见表8.2）。

表 8.2 感官追求量表

我喜欢探索奇怪的地方。 I like to explore strange places. 我喜欢那种让人兴奋和不可预测的朋友。 I prefer friends who are exciting and unpredictable. 我喜欢做一些吓人的事情。 I like to do frightening things. 我喜欢尝试冒险活动。 I like to try adventurous activities. 我喜欢新鲜和让人兴奋的体验。 I like new and exciting experiences. 我喜欢狂野的派对。 I like wild parties.

资 料 来 源：MENG B. HAN H. Extending the theory of planned behaviour：Investigating individuals' decision formation in working-holiday tourism：the role of sensation-seeking and gender［J］，Journal of Travel & Tourism Marketing，2018，35（8）：973-987.

感官追求者喜欢追求新颖、多样和复杂的旅游体验，有着强烈的感知，能够容忍身体、社会、法律和金钱方面的危险。在很多的实证研究，如登山中就发现有更多的感官追求者。另外，在森林旅游、博彩（如澳门、拉斯维加斯）、背包客旅行者、野生动物参观活动中都发现其参与者有着较高的感官追求的性格特征。

第二个性格特征是**浪漫主义和古典主义（romanticism vs. classicism）**。除了追求感官刺激之外，另外一个影响旅游行为的性格因素可能就是浪漫主义和古典主义了。

和帕洛格的模型类似，有着浪漫主义倾向性格的个体大部分比较感性，有着丰富的想象力，追求快乐的危险体验。相反，古典主义性格的人比较果敢和理性，有着较强的统治力，有回避危险的性格倾向。

浪漫主义和古典主义性格倾向的人相互比较时，浪漫主义的旅游者更加倾向于有冒险性质的、气候温暖的休假旅行；显得内向的古典主义旅游者会回避和人接触，会更加不喜欢去人多的地方旅行。

大五类理论（big five theory），也称五要素，是一种多特质方法。前面特质论中已经介绍过，一些特质研究试图用一组相对全面的维度来考察消费者的个性组合。具体来说，**多特质性格理论（multi-trait personality theory）**识别出某几个特质，用其组合较全面地刻画个体个性。

营销者用得最多的性格特质理论就是我们前面提到过的五要素模型（five-factor

model）（见表 8.3），该理论定义了人在早年通过学习或遗传而获得的五种基本特质。这些核心特质互相作用并通过在各种情境下触发的个体行为而展现。

表 8.3 性格的五要素模型

核心特质	表现
外向性（extraversion）	喜欢和一大群人待在一起而不是独处，健谈、大胆
不安定性（neuroticism）	情绪化、喜怒无常、易受刺激
开放性（openness to experience）	富于想象、对艺术有欣赏力、能发现新的解决方案
随和性（agreeableness）	同情的、亲切的、对他人礼貌
责任性（conscientiousness）	细心、精确、高效

五要素模型被证明有助于理解消费者的讨价还价、抱怨及冲动购物行为。也有证据显示，该模型在不同文化下具有普适性。多特质方法的优点在于其能够对行为的决定因素有较为全面的理解和把握。如果一项研究集中于外向的一个维度，并发现喜欢抱怨的顾客是外向的，那么这一发现对于我们培训处理顾客抱怨的员工有何启示？如果我们进一步发现这些爱抱怨的顾客是有责任心的呢？显然，对于顾客的个性，我们只有知道得越多，才能越好地满足他们的需要。

四、性格和旅游目的地的宣传

品牌形象是人们在听到或看到某个品牌名称时所想到和感受到的东西。某些品牌所具有的独特的形象就是**品牌个性（brand personality）**。

知识延伸

性格心理特征的理解

性格的心理特征可以从基本特征、整体性、稳定性和可塑性四个方面加以理解。

性格的基本特征。个性具有独特性，每个人的个性都是由其独特的个性倾向和个性心理特征所构成的。因为个性是在遗传、环境、成熟、学习等多因素影响下发展形成的，而这些因素又有所差异，所以人与人之间在个性上不完全相同。例如，有的人脾气暴躁，有的人性格温和；有的人热情大方，有的人孤僻冷漠。由此可见，每个人的个性都是独特的。

性格的整体性。个性的整体性是指构成个性的个性倾向和个性心理特征，如能力、气质、情感、动机、态度、价值观、行为习惯等，在每个人身上它们并不是孤立存在的，而是密切联系构成一个统一的整体结构。正常人的行动并不是某一特定成分（如能力或情感）运作的结果，而是各个成分密切联系、协调一致所进行的活动。

性格的稳定性。个性的心理特征是在一定的社会历史条件下，通过一个人的长期社会生活经历逐渐形成起来的，且一经形成就比较稳定。一个人在行为中偶然表现出来的心理倾向和心理特征并不能表示他的个性。例如，一个平时处事谨慎稳重的人，在一个特定的情况下表现出冒险、轻率的举动，不能由此就说他具有轻率的个性特征。

性格的可塑性。由于现实生活是十分复杂的，人们的生活环境和人际关系也是纷繁多变的，因此人的个性，也必然会随着现实的多样性和多变性而发生或多或少的变化。例如，一个平时活泼快乐的人，由于突遭家庭不幸或重大变故，精神上承受巨大打击，可能会变得沉默寡言，个性发生改变。

旅游的学者利用市场营销中的品牌个性概念，发展了**目的地个性（destination personality）**概念，用游客与目的地相关联的一组人类特征来具体描述目的地。

一个旅游目的地或者旅游企业通过品牌个性的塑造与运用，的确可以从众多目的地或企业中突显自身的特色，使游客容易辨识和选择。例如，巴黎的“浪漫”、西班牙的“热情”等。不得不承认，品牌个性强有力地影响着旅游消费者的行为。

另外，目的地个性也能使游客能够将目的地与相似的目的地区分开来，这样可以建立积极的情感目的地形象，使决策过程更容易。通常情况下，人们会选择那些适合他们个性的产品，例如，一个羞怯的旅游者可能还会放弃入住豪华酒店的机会，因为“它不像我”。

而人们也会购买那些使他们感到能使自己的某些个性弱点得到弥补的产品，例如，一个要使自己变得更加勇敢的旅游者会参加滑翔、跳伞等冒险类的极限活动。

显然，产品和品牌有助于旅游消费者表达他们的个性。由于品牌个性能够作为瞄准特定市场细分的方法，旅游营销人员需要管理和传播品牌个性。而名人代言则是传播品牌个性重要的手段之一，它是使某个品牌人格化的常用方式，因为代言人的特点和影响能够被转移到该品牌上。

学术用语

[1] 性格(personality)

[2] 精神分析理论(psycho–analytic theory)

[3] 本我、自我和超我(id，ego and super ego)

[4] 特质论(trait theory)

[5] 不安定性(N: Neuroticism)

[6] 外向性(E：Extraversion)

[7] 开放性(O：Openness to experience)

[8] 随和性(A：Agreeableness)

[9] 责任性(C：Conscientiousness)

[10] 人本主义性格理论(humanistic/existential theory)

[11] 自我概念(self–concept)

[12] 理想自我(ideal self)

[13] 现实自我(real self)

[14] 依赖型(dependable)

[15] 冒险型(venturer)

[16] 中间型(centric)

[17] 感官追求(sensation seeking)

[18] 浪漫主义和古典主义(romanticism vs. classicism)

[19] 大五类理论(big five theory)

[20] 多特质性格理论(multi–trait personality theory)

[21] 品牌个性(brand personality)

[22] 目的地个性(destination personality)

主要文献

[1] 甘朝有，齐善鸿．旅游心理学[M]．天津：南开大学出版社，1995.

[2] 杜炜．旅游消费行为学[M]．天津：南开大学出版社，2009.

[3] PLOG S. *Leisure travel: a marketing handbook*[M]. New Jersey: Person Education, Inc. 2004.

[4] POMFRET G. Mountaineering adventure tourists: A conceptual framework for research [J]. *Tourism Management*, 2006, 27(2): 113-123.

[5] HAWKINS D I, BEST R J, CONEY K A. *Consumer behavior: Implications for marketing strategy* [M]. Boston, MA: Richard D. Irwin, Inc.1989.

[6] GALLOWAY G, LOPEZ K. Sensation seeking and attitudes to aspects of national parks: A preliminary empirical investigation [J]. *Tourism Management*, 1999, 20(6): 665-671.

[7] NICKERSON N P, ELLIS G D. Travel types and activation theory: A comparison of two models [J]. *Journal of Travel Research*, 1991, 39(3): 26-31.

思考（认知能力训练）

1. 帕洛格（Plog）的性格理论有几类？

2. 多特质和单特征的主要含义是什么？

思政（应用能力训练）

国家森林公园、文化遗产旅游、红色旅游越来越受到人们的喜爱。根据这一背景，回答以下问题。

（1）人的性格特点会影响不同旅游类型的选择吗？

（2）在森林旅游中，参与攀岩活动、山地自行车活动、观鸟活动、森林野营活动、森林自然学习、参与森林浴的人，都有哪些不同的性格特点？

（3）哪些性格特点的人会选择文化遗产旅游？

第9章

动机与旅游行为

开　篇

人们为什么去旅游？为什么会选择一个特定的旅游目的地？我们带着不同的目的和动机去旅游，如逃避、休息、地位、健康、回归自我，增进情感，社会交流，脱离生活圈等都可以成为我们旅游的原因，而这些又会对旅游目的地的选择以及之后的游客满意度产生影响。

旅游行为的研究者和从业者都希望理解旅游者的行为，并能够以此为基础预测旅游者的行为。因为这种预测可以让我们在某种特定的情境下，提前知晓人们会如何行动。而行为可以预测的重要前提是行为的目的性和一致性。也就是说，人们的行为是有一定的目的，如果一直表现为同一个目的就具备了一致性。这种目的性常被我们称为目标指向性。目的意味着人能通过某种行为最终得到某种事物，发生在行为之前，期待这种行为的结果。比如，一家人在旅游之后感觉到更加信任彼此和关系更加和睦，信任和和睦的关系就是我们想要得到的结果（也就是好处）。

这种好处就是动机，成了理解人们从事旅游行为的原因；这种好处可以是心理的好处，也可以是身体和社会的好处。人们带着能够得到好处的期待，参与旅游活动，这种期待就是前面所说过的需求或动机。

本章将要学习解释旅游者行为最根本的心理因素——需求和动机的相关概念，比如学习旅游动机的重要性，旅游动机和需求的关系和动机如何激发等内容。随后还会学习动机的相关基础理论，如追求—逃避模型、马斯洛需求模型、旅游生涯阶梯模型以及持续性—复杂性理论。

本章的学习目标和主要内容如下所示。

学习目标

- 理解动机、需求、渴望。
- 明晰旅游动机的重要性及其分类。
- 总结动机的相关理论和测量方法。

章节概要

一、需求和动机
二、旅游动机的理解
1. 旅游动机的重要性
2. 旅游动机和需求
3. 需求的激发
三、动机理论
1. 追求—逃避模型
2. 马斯洛需求模型
3. 旅游生涯阶梯模型
4. 持续性—复杂性理论
四、动机的测量

一、需求和动机

前面我们学习过需求、渴望和动机的概念。**需求（needs）**产生在消费者感觉到理想状态（比如，维持正常身体运转的状态）和现实状态（比如，运动之后身体缺水的状态）的差异而产生的缺乏状态（水分不足）。为了解决这种缺乏的状态而采取具体解决方案的欲望状态被称为**渴望（wants）**。

因此，渴望是指为实现特定目标而付出努力的欲望，它是消费者想要的理想状态。人在心理和生理上都会倾向追求一定的**均衡状态**（**hemostasis**），当需求得不到满足的时候，这种平衡就被打破，我们就会体会到一种紧张感。正是这种紧张感让我们感到需求。

旅游也可以用这个道理来解释，当旅游的相关渴望得不到满足的时候，就会产生**不均衡状态**（**state of disequilibrium**），这也就成了旅游动机形成的根本心理原因。

这样，如果需求是人的心理的内在缺乏状态，那么渴望就是满足需求的具体化手段的心理状态。尽管需求会因人而异、有所不同，但大体是一致的；而渴望是多样的、会随着个人的特点和情况产生变化。

比如，人会有相同的口渴需求，但有的人可能只需要饮用矿泉水，而有的人可能饮用饮料才能解决这个问题。也就是说，为了解决缺乏状态的需求，所希望的解决问题的具体方法（也就是服务或产品）就是需求。由于为了解决同一种需求可以采用不同的手段，因此人需求的类型比渴望的类型要少。

理解需求和渴望的关键是要发生**感知**（**awareness**），也叫作需求的**唤起**（**arousal**），有唤起才能有渴望。无论是谁，都会有生理和精神的需求；但这种需求有时会被感知到，有时候则不会。无法意识到需求，就不会引发渴望。但是，即使我们的需求没有得到满足，也意识到需求的时候，也不一定引发动机。

动机（**motivation**）是行动的原因，是刺激和触发行为反应并为这种反应指明具体方向的内在力量，是个体为什么会做某事的原因。需求可能是为了满足渴望产生的，动机也可能是直接受渴望所驱使的，但是渴望所指向的东西可能是违背你的理性分析得出的需求的。理性分析的需求应该是综合各种欲望的集合，并且根据当下的环境所生成的你所认为的最好的结果。

因此，从旅游市场营销的角度来看，旅游目的地的管理者们需要认知到游客动机的重要性，提供能够满足他们需求的服务和产品。现在我们会首先开始学习旅游的相关动机，以及这些动机为什么重要。

二、旅游动机的理解

（一）旅游动机的重要性

旅游研究中最为传统的研究可能就是对动机的研究了，其原因在于旅游动机解释了人们为什么去旅游。也就是说，旅游动机是引发、维持个体旅游行为并将行为导向旅游目标的心理动力，是推动人们进行旅游活动的内在心理动因。

当人们的行为是在理性行为的前提下时，旅游动机确实反映了旅游行为的目的。因此，旅游动机既是旅游者整个旅游活动的出发点，又贯穿于旅游活动的全过程，并且影响着旅游者未来的旅游活动。这样，旅游者的动机决定了人们要去哪里以及做出什么样的选择（包括旅游目的地在内的决策）。

比如，为了增加家庭成员的情感的旅游，我们会选择家庭成员能够一同参与的活动；相比之下，在自然教育的动机下，可能会去观看植物园、参与体验项目等。从这点来看，对旅游动机的理解可以预测旅游行为，这也就成为研究旅游动机的重要出发点。

从市场营销的角度看，旅游行为和旅游动机的高相关性可以为细分市场的确定提供标准。人们的旅游动机多种多样，这样就需要迎合和针对不同动机的游客确定不同的市场策略。

比如，独居生活的人会追求新奇性的动机，而在城市生活的人则有着休闲和体育活动的出行动机。这个时候我们就需要用动机对市场进行细分。根据不同的动机分组，我们可以知道年龄、职业、教育水平和收入等人口统计学方面的差别。

因此，旅游动机是一个多层面结构的心理构建。人们到各地旅行以满足不同的需求。同样的旅游产品可以提供多种用途并吸引相同旅游动机的人。但个人在不同的时间，前往不同的目的地，与不同的同伴可以持有不同的动机。因此，简单复制不同属性的其他目的地的成功管理或成功销售手法，未必是一个明智之举。

（二）旅游动机和需求

学界对动机的研究可以分为两个层面。一个是所谓的**推动因素（push factor）**，另外一个是**拉动因素（pull factor）**。推动力量被社会心理学解读为内在动机，如脱离城市环境、休息、地位、健康、恢复、增进家庭和亲戚的和睦、社会交流等；拉动力量是个人情境以及旅游目的地相关的因素，包含有旅游目的地的吸引力、娱乐设施、文化资源、自然美景、购物、公园、可达性、花费和安全性等。

表 9.1 显示了旅游的促进因素和拉动因素。这些推动和拉动因素和动机结合来看，“推动”因素是社会和心理学的动机，“拉动”因素是文化动机。也有解释认为推动因素是有关人的内心渴望，而拉动的因素有关目的的选择属性。总体来说，旅游动机与旅游行为是紧密联系在一起的。动机是激励人去行动以达到一定目的的内在动因，是旅游行为背后一个重要的变量和动力。

表 9.1　旅游者的推动因素和拉动因素

推动因素 Push factors	拉动因素 Pull factors
· 逃离日常生活 Escaping from daily routine · 寻求休息 Seeking relaxation · 健康 Health · 冒险 Adventure · 提升人际关系 Personal relationships · 知识 Knowledge · 自我探索 Self-exploration · 地位 Status	· 历史地点 Historic places · 设备设施 Facilities & infrastructure · 花费 Expenditure · 文化资源 Culture resources · 自然环境 Natural environment · 可达性 Accessibility · 异文化 Unique culture

资料来源：作者总结。

最后需要注意的一点是，旅游动机可以是一个，也可以是几个动机（复合动机）。有的人单纯地就是想和家人一起度过美好的时光，也有的人就是想缓解在城市中积累的压力，还有的人就是想让子女从旅游中得到学习的体验。当然也有的人想同时满足这些动机。

比如，克朗普顿（Crompton）认为旅游最初与需要相关，表现了自身的愿望；动机的力量（或称之为推力）是产生行动的驱动力。国内学术界也有类似的理论，认为旅游动力由三部分组成——内动力、外动力和中间条件。内动力即人的旅游动机，是人的基本需求之一；中间条件是收入、闲暇时间和交通条件；而外动力则是旅游地与客源地的空间相互作用。

无论怎么说，动机都是在社会学和心理学中习得的准则，是在态度、文化、认知的基础上产生的动机，这些方面导致一个人具有特定的动机模式。通过多种沟通渠道树立的目的地形象，并对旅游者的动机产生影响，进而对旅游行为产生影响。

克朗普顿通过深度访谈对旅游者的动机进行了研究，结果揭示了旅游动机存在两个大的维度：**社会心理动机（soci-psychological motivation）**（如逃离日常生活、自我探索、休息和休息、人际关系等）和**文化动机（cultural motivation）**（如新奇性和教育性）。

具体来看，引发旅游动机的第一个社会心理动机就是**对日常生活的逃避（escape from daily life）**。尤其是居住在城市的人，有时候会想要摆脱杂乱重复的生活，接触新的生活。他们摆脱了日常的城市生活，去看海、看日出等都是基于满足这种心理需求的行为。

第二个动机是**自我探索（self-exploration）**。人们为了寻找“真正的自我”（或者叫重新评价生活），也会选择旅行的方式。人们通过偶尔的旅行，重新总结自己的生活，也会对自己产生反省。

我们离开了日常生活，处在一个新的环境中，使我们可以从“局外人”的角度看我们的生活。或者，人们也会在旅行中知道一些平常不知道的事情，看到“另一个自己”。比如，内向的人会通过自己克服旅游中的困难的过程，会发现自己也有积极解决问题的一面。

社会心理的第三个动机是**休息和休闲（relaxation and recreation）**。对于有些人，旅游是难得的休息机会。一些旅游目的地会特别强调“什么也不用做”的旅行体验，什么都不做不仅仅消除了肉体上的疲劳，也让人从日常的压力中解脱出来，得到精神上的放松。比如，妈妈们在酒店里可以不做平常必须做的家务，在公司工作的人在温泉中也摆脱了肉体的疲劳。

第四个社会心理动机是**地位（status）**。旅游象征了人们的地位。虽然这种作用随着时代的发展在逐渐减弱，但到现在为止该点还是很多人进行旅游（尤其是海外旅游）的主要动机之一。

第五个社会心理动机是**回归（regression）**。有时候旅游会给人们带来其他的角色。比如，有时候旅游会让成人“变成”孩子。我们在社会中都有一定的社会角色，比如父母、职场员工、学生等。人们平常生活在这种角色的期待和**社会规范（social norm）**中。而通过旅游，人们可以从多种规范、道德和其他人的期待中走出来，变得自由一些。在旅游目的地内，我们可以穿日常生活中不能穿的服装，既不用担心有人会对我们的形象做出评论，也不害怕别人对我们的行为产生议论。

第六个社会心理动机是家庭（或者亲友）之间的**关系增进（personal relationships）**。人们相信通过旅游，家人的关系会变得更加亲近。在旅游中，家人们在一起的时间变长，平常生活中很难交流的心理感受也可以得以对话。其实不仅仅是家庭，朋友、同事之间也会情感变好。

第七个动机，也就是社会心理的最后一个动机是**促进社会交流（social interaction）**。很多人旅游的重要动机是“认识新的人”，也就是说旅游有促进交流活动的作用。并且，尽管有的人会和本地人交流，但更多的是和同行的旅行者交流。科恩（Cohen）对旅游者的分类中，就有一种更愿意和当地居民交流“流浪者”。

社会心理动机和文化动机不同的是更加强调了旅游者的内在特点，而文化动机则相对来说和旅游目的地直接相关。因此，社会心理动机强的游客会不太在乎“去哪旅游”。对于想休息的人来说，去爬山还是去看海可能并没有非常重要。想和恋人一同共度美好时光的人也会觉得旅游的目的地选择不那么重要，旅游的目的地只是满足自己内心需求的工具而已。

在了解完社会心理动机之后，我们来看一下文化动机。文化动机中最具代表性的是前面我们说过的新奇性和教育性。前面也说过，文化动机和社会心理动机不同的一点在于和旅游目的地选择的相关性上。

如果孩子们去旅游是为了教育，想体验海洋生物那就只能选择水族馆类别的地点，别的地方则不能代替。类似地，如果想要一些新奇的体验的人就可以选择泰国、柬埔寨一类的地点，这时候就不能把地点换成城市公园等没有太大特色的地方。

新奇（novelty）包含了冒险和探奇的心理特点，表现了人们追求新鲜体验的需求。人们在日常生活中由于单调，受到的外界刺激较少，就会感到无聊。因此，把自己的周围转变为一个新的环境，就可以满足自己逃离单调生活的状态。这就是人们对于新奇性需求的心理原因。

好奇也类似，人的好奇心如果不能通过某种形式得以解脱或解除，就会处于一种紧张感中。这种紧张可以通过新的文化刺激得以放松。了解人们在旅游的环境中如何处理这种紧张感可以帮助我们理解旅游者的行为。

另外，**教育动机（educational motivation）**也是旅游行为中重要的文化动机之一。尤其是和儿童一同出行的家庭旅游中，人们考虑最多的就是孩子的教育。人们常在到达某个旅游目的地的时候，一定都听过“一定要看什么”“一定要吃什么”这样的建议，这表现出来的其实就是我们对教育的渴望。这种教育渴望可以是人文的景点，也可以是自然的景点。

除此之外，旅游的文化动机还包含有审美的需求。人们在审美需求中会寻求美丽的自然景色和文化环境，并且审美也和好奇性、冒险性有一定联系。

（三）需求的激发

在动机的推动下，我们往往需要对需求进行激发。事实上，并不是所有的需求都可以引发行为。人有很多的需求，但只有一部分需求才引发行为。为了让需求转变为行为，首先要意识到需求，然后激发相关的需求才可能引发行为。

在激发需求有影响的因素中，第一类就是市场营销活动。旅游的相关企业都在利用多种营销手段让人们意识到需求。比如，圣诞节、情人节（包括七夕）、购物节都可以理解为是通过企业的营销活动刺激，激发消费者意识的产物。第二类影响因素是环境的变化。比如，我国“小长假”制度的推出以及我们可支配收入的增加都是环境变化对旅游需求的激发。还有一些其他情境的要素，比如马上就要去结婚旅行，这个时候就会激发旅游的需求。第三类是由于购买了新的产品而激发了旅游的需求。比如，新买了一辆汽车可能会激发周末自驾游的需求。第四类是去过某个地方的经历会对前往新旅游地点旅行产生激发。尤其是人们去过某个地方，也比较满意的话，就会想念和想象这种类型的旅行，之后期盼再次去类似的旅游目的地。比如，在热带岛屿（海南岛、马尔代夫等）的旅行非常高兴，下次可能还会选择类似的热带旅游目的地。

三、动机理论

前面已经讨论过，动机产生的原理是由一种“不均衡”引起的，也就是人的身体和精神常会处于一种维持均衡状态的倾向，当这种“维常性”被打破的时候，人们就会为了维持均衡状态而表现出各种行为。旅游的动机也是如此，旅游动机是由旅游需要催发，促使旅游者去满足本身的需要，可以解释为旅游者进行旅游活动的原因，也就是**社会心理的不均衡（social psychological of disequilibrium）**和**文化的不均衡（cultural disequilibrium）**。当然，前面我们对这两种不均衡也用“推—拉”理论加以解释过。

因此，要了解游客的旅游行为，最重要的因素是要了解旅游者的动机。尽管在旅游行为中，旅游原因是较难观测到的部分，但却是了解旅游行为不可或缺的要素，因为旅游动机能反映出旅行者的旅游决策过程。很多旅游动机理论都在尝试着解释和预测人有何种的动机，许多学者都认为旅游动机是影响旅游者行为的主要因素，并从不同角度对旅游动机进行了研究。

下面我们着重介绍几个和旅游动机相关的理论，分别是追求—逃避模型、马斯洛需求模型、旅游生涯阶梯模型、持续性—复杂性理论。

（一）追求—逃避模型

基于“维常性”的原理，埃索·阿荷拉（Iso-Ahola）认为个人的行为来自个人所处的生活情境。推拉理论、社会心理和文化的不均衡理论讨论的均是个人层面的维度，而阿荷拉不同于先前的学者，他认为个人维度和社会维度应该共同考虑。

如图 9.1 所示，阿荷拉通过**追求和逃避（seeking and escaping）**模型对动机进行了解释。模型中的“个人”和“环境”情境被分置于两个轴；每个轴的“推力”是

“逃避”，而每个轴的“拉力”是“追求”。也就是说，人的旅游动机被区分为“个人的追求和逃避”以及“环境的追求和逃避”。

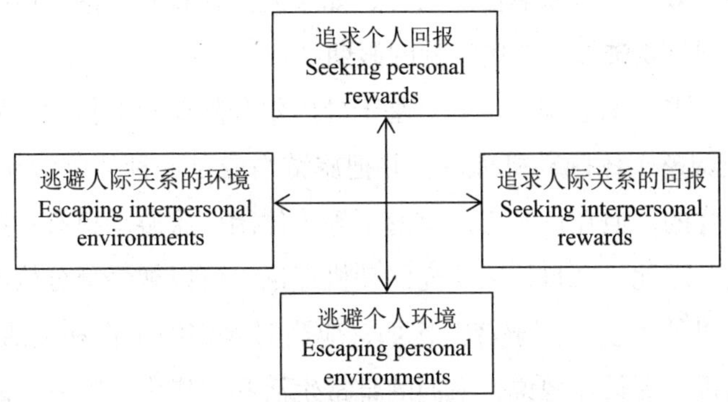

图 9.1 休闲动机的追求与逃避理论

资料来源：ISO–AHOLA S E. Social psychological foundations of leisure and resultant implications for leisure counseling. In Leisure counseling：Concepts and applications. DOWD E T（ed.），1984.

比如，有的人去旅游的动机可以是逃避压力（逃避个人环境），有的人的动机则是为了好奇性、新奇性和成就感等个人的追求（追求个人回报），还有的人的旅游动机是为了从社会的情境中脱离出来，逃避来自从家庭和同事之间的环境（逃避人际关系）；更有的人的旅游动机是为了结识新人、促进家庭和同事之间的亲密关系（追求人际关系的回报）。

总体来看，休闲旅游带来的心理益处来自摆脱日常和压抑的环境（个人或环境），而追求休闲的机会（个人或人际关系）是为了得到一定的心理回报。更加具体来说，个人回报包括了自决权、能力或掌握、挑战、学习、探索和放松；而人际回报主要包含的是社会互动。

值得注意的是，旅游动机不是单纯属于个人或社会情境的追求与回避，人们可能在追求的同时也在逃避。对于大部分人来说旅游更多地意味着“逃避”，而不是以“追求”为导向的活动。但不管怎么说，以“逃避”为导向动机的休假，是意味着人们为了回避他们过于刺激或不够刺激（过于平淡）的日常生活状况。

那些为逃避过度刺激而去度假的人倾向于在度假期间参与较少的休闲活动，与为了逃避“不够刺激”的日常生活的人群相比更少重视寻求内在的回报。

“追求回避”模型可以得到心理学中**最适化唤醒（optimal arousal）**概念以及与其相对的概念**最小化唤醒（minimal arousal）**的支持。“最大化唤醒”对于理解旅游的动机非常重要。游客的度假偏好依赖于最优或理想的刺激（个人特质水平）和实际的生活方式刺激之间的差异。如果人们在日常生活中所得到的刺激低于他们的期待，则他们在休假时往往倾向于寻求刺激。另外，如果人们在日常生活中所接受的刺激超过了他们的期待，则喜欢选择一个更宁静的假期。

如前所述，追求－逃避理论主要是基于曼内尔和阿荷拉对休闲动机的研究。他们根据旅游的特征调整了休闲动机理论，并把旅游当成是一种休闲活动。而在广义上，旅游和休闲是重叠的，但在许多方面旅游不等于休闲。旅游动机有一些新的特点，值得单独构建理论。因此，来自休闲研究的动机理论只可以解释部分旅游行为，但其他方面的旅游动机可能不会得到解释。比如，应当对人们的工作和生活环境有所了解，以了解其度假动机。更具体地说，人们的日常生活和工作中"唤醒"的程度，可能会对旅行动机的研究提供更有价值的信息。

（二）马斯洛需求模型

动机理论中，另外一个不能遗漏的当属由人本主义心理学家马斯洛（Maslow）所提出的**需求层次理论（hierarchy of needs theory）**。

马斯洛认为人类的需求虽然很多，但都可以按照一定的类型进行区分。并且，人的多种需求的类型之间，根据重要性是有阶层的。如图 9.2 所示，马斯洛将人的需要归纳为 5 个层次，分别为生理需要，例如对食物、饮水及氧气的追求；安全需要，例如对治安、稳定、秩序及受保护的追求；爱的需要，如对情感、归属感、（亲友间的）感情联系的追求；受尊重的需要，例如对自尊、声望、成功及成就的追求；自我实现需要，即对最大限度地发挥个人的潜力的追求。

图 9.2　马斯洛的需求 5 阶段

马斯洛需求层次理论建立在以下四个前提之上。每个人都通过先天遗传和社会交往获得一系列相似的动机。某些动机比其他动机更基本、更重要。只有当基本的动机得到最低限度的满足之后，其他动机才会被激活。基本的动机得到满足后，更高级的动机才出现。

前面的旅游社会理论和马斯洛的层次理论结合在一起看时，休息和日常生活的逃避可看作是生理需求（或是安全的需求）；家庭的和睦和结交新朋友等属于爱和归属感的需求；地位的需求可以看作是自尊的需求。

马斯洛的理论对我们了解和把握诱发人的需求和动机结构做出了很大的贡献，但也受到了很多的批评。最主要的批评来自对需求阶层性概念的批评。马斯洛主张的是人的需求需要首先满足低层级的需求，但实际上总有一些反例，比如有人为了爱情而不顾生命、为了学习而不顾休息、为了国家而不管安全。人们广泛引用这一理论去解释人的行为动机的产生，包括借用这一理论去解释旅游消费者的购买行为。

（三）旅游生涯阶梯模型

马斯洛的需求层次理论被应用于旅游研究是旅行动机研究的一个重要里程碑，而皮尔斯（Pearce）又在此基础上进一步发展出**旅行生涯阶梯（Travel Career Ladder，TCL）**模型。

旅行生涯阶梯模型的最初研究可以追溯到皮尔斯早期对旅游行为的研究工作。当从正面和负面两方面来对旅行经历编码并分析数据后，皮尔斯发现老年人的回忆更多是与正面的（如爱与归属的需要）和自我实现的需要相关，而年轻的游客更加注重生理的需要。此外，频繁出行的旅游者更容易强调自我实现和爱与归属的需要。

因此，基本上可以说旅行生涯阶梯模式是基于马斯洛的层次需求，是朝向自我实现目标的概念化梳理。根据此理论，游客的需要或动机以层次结构或阶梯形式组织，处于最低层次的是放松的需求，然后依次是安全、安保的需要，关系的需求，自尊和自我发展的需要。这一秩序的最高级别是“自我实现”的需要（见图9.3）。

在这一框架下的核心理念是个人的旅游动机随旅行体验而变化。这样，旅游者的旅行“生涯”就随着他们的生命历程和积累的旅行经验而变化。当游客越来越有经验时，他们也越来越多地寻求更高层次需求的满足。

很多人是系统地向不同阶段转移而形成可预见的旅行动机模式。有些游客可能会呈明显的“上升”阶梯式，而另一些可能会停留在某一水平，这取决于应变或限制因素，如健康和财政上的考虑。

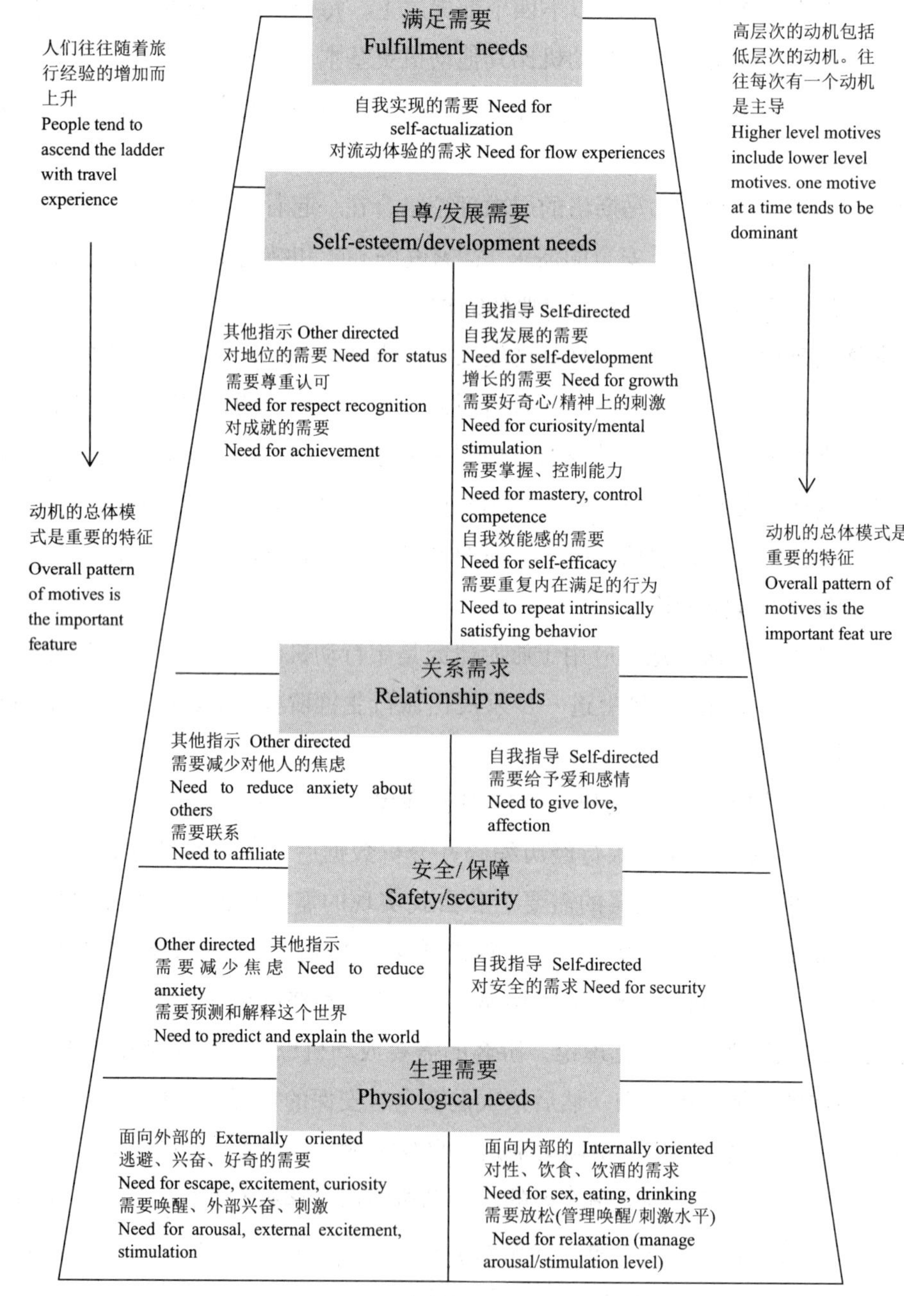

图 9.3 旅行生涯阶梯

资料来源：RYAN C. Motives，behaviors，body and mind. In RYAN C（Eds）. The tourist experiences，2002.

大体而言，人们随着旅行经验的丰富而向旅游动机的更高层次迈进。尽管旅行生涯理论是引人注目的，但作为一个概念框架，仍没有有力的实证研究支持这一理论假设，有些研究证明，根据以往对旅游目的地的访问显示，游客并没有增加其旅行动机的层级。

（四）持续性—复杂性理论

很多的心理学家都认同的一个观点是“人们在生活当中会追求心理上的一致性”。也就是说，人们会追求平衡、和谐、同质性和可预测性。这种一致性就叫作**持续性理论（consistency theory）**。不持续性会给人们的心理带来不安感。前面我们已经介绍过，人感到饥饿或者口渴会带来心理的紧张；这种不持续性也会给人带来同样的紧张感。人们会在态度、行为、意见、自我形象等个人生活的所有方面都会努力维持心理上的持续性。

人们一方面会期待有什么特别的事情发生，但另一方面也不愿意面对一些意外事件。由于这种心理特点，人们去某个新的地方的时候，或者选择某个餐厅的时候，会更愿意选择人多一点的餐厅（和他人保持一致）。我们去国外旅行的时候，也会倾向选择国际知名品牌的酒店和餐厅（如麦当劳）。

当然，人们也不会总是遵循持续性原则，人们有时反而会产生追求新奇体验的行为。解释这种行为的理论就被称为**复杂性理论（complexity theory）**。

复杂性需要和多样性刺激有关。多样性刺激是指不稳定的、新奇的、有冲突的、变化的且不可预知的一类刺激方式。人们在平淡的生活中往往期待有新奇刺激，幻想奇迹的发生。

如果人们只对持续性有追求，就可能会让人感到无趣和倦怠；而人们追求复杂性的事物是因为这类刺激可以使人神经紧张，从而产生兴奋，降低疲倦感，增加满足感与愉悦。前面提到过的最适唤起理论也能解释这种持续性—复杂性的现象。人们在过高的刺激水平下会引发复杂性，所以人们也倾向于避免过于单一的刺激；而人们在过于单一的环境中，也会追求新奇的复杂体验。

根据持续性和复杂性的理论，在旅游消费活动中，旅游消费者会更偏向于前往他从未涉足过的地域尝试新鲜、惊险、富有挑战性的活动项目，愿意搭乘未曾搭乘的交通工具，愿意光顾一些主题酒店和具有鲜明特色的民宿等。

对于希望避免单一性的旅游消费者来说，著名的旅游景点、众所周知的旅游项目和饭店，以及熟悉的交通工具提供的单一性刺激和可预见性的项目太多，容易令他们感到厌倦，他们希望获得全新的刺激和与以往不同的感受。当然，最适唤起理论可能可以综合持续性和复杂性的理论。

四、动机的测量

动机测量的方法主要有访谈和问卷的方法。因此，很多学者都在努力制定适合研究对象的旅游动机测量工具对动机进行测量，以便分析旅游动机的主要方面。

例如，美国学者 Crompton 和 McKay 以追求—逃避理论和推—拉理论为依据，对影响旅游者去参加节日活动的动机进行了研究，通过有效的测量动机，得出 6 个主要旅游动机：文化探寻、新奇 / 复原、恢复均衡、熟人的社会交往、外部交流 / 社会化、促进家庭关系。当然，也有不少的学者借用追寻逃避理论框架，对旅游者的动机进行测量。表 9.2 罗列了埃索·阿荷拉（Iso–Ahola）的追求和逃避模型。

表 9.2 动机量表

个人逃避 personal escape 1. 为了摆脱我的日常环境 to get away from my normal environment 2. 为了改变我每天生活的节奏 to have a change in pace from my everyday life 3. 为了摆脱不好的心情 to overcome a bad mood
人际逃避 interpersonal escape 4. 为了逃避那些烦恼我的人 to avoid people who annoy me 5. 为了远离压力的社会环境 to get away from a stressful social environment 6. 为了和他人交流 to avoid interaction with others
个人追求 personal seeking 7. 为了告诉别人我的体验 to tell others about my experiences 8. 为了我自己感觉良好 to feel good about myself 9. 为了给我带来新的体验 to experience new things by myself

续表

人际追求 interpersonal seeking
10. 为了和志趣相投的人在一起 to be with people of similar interests
11. 为了和朋友、家人更近一些 to bring friends/family closer
12. 为了结交新的朋友 to meet new people

也有的学者利用投射法间接测量动机，如单词联想法、句子的完形填空法、画图法、深度访谈法等。或者也可以通过类似的群体，利用“滚雪球”的方法测量动机。

学术用语

[1] 需求(needs)

[2] 渴望(wants)

[3] 均衡状态(state of hemostasis)

[4] 不均衡状态(state of disequilibrium)

[5] 感知(awareness)

[6] 唤起(arousal)

[7] 动机(motivation)

[8] 推动因素(push factor)

[9] 拉动因素(pull factor)

[10] 社会心理动机(soci-psychological motivation)

[11] 文化动机(cultural motivation)

[12] 对日常生活的逃避(escape from daily life)

[13] 自我探索(self-exploration)

[14] 休息和休闲(relaxation and recreation)

[15] 地位动机(status)

[16] 回归(regression)

[17] 社会规范(social norm)

[18] 关系增进(personal relationships)

[19] 促进社会交流(social interaction)

[20] 新奇(novelty)

[21] 教育动机（educational motivation）

[22] 社会心理的不均衡（social psychological of disequilibrium）

[23] 文化的不均衡（cultural disequilibrium）

[24] 追求和逃避（seeking and escaping）

[25] 最适化唤醒（optimal arousal）

[26] 最小化唤醒（minimal arousal）

[27] 需求层次理论（hierarchy of needs theory）

[28] 旅行生涯阶梯（Travel Career Ladder，TCL）

[29] 持续性理论（consistency theory）

[30] 复杂性理论（complexity theory）

主要文献

[1] 王纯阳，屈海林．旅游动机、目的地形象与旅游者期望[J]．旅游学刊，2013，28(6)：26-37.

[2] 张宏梅，陆林．近10年国外旅游动机研究综述[J]．地域研究与开发，2005，24(2)：6.

[3] 古诗韵，保继刚．城市旅游研究进展[J]．旅游学刊，1999(2)：7.

[4] Dowd E T, *In Leisure counseling: Concepts and applications*[M]. Springfield: Thomas，1984.

思考（认知能力训练）

1. 旅游的推拉动机包含哪些要素？
2. 旅游动机的模型主要有几个？分别有什么主要的观点？

思政（应用能力训练）

大运河、长城、长征、黄河、长江正在逐渐被建设为我们国家的旅游带。思考一下，这些新建设的旅游带可以满足旅游者什么样的动机？

第10章
满意度与旅游行为

开　篇

游客有了满意的旅游体验之后，会产生重游行为和口碑的传播。在第 9 章我们学习过了动机所带来的旅游行为。旅游者的动机和满意度就好像一枚硬币的正面和背面一样。

人们想要得到的好处就是动机，通过这种行为得到的好处和满意有很深的联系。因此，在我们学习完动机之后，紧接着的就是对满意度的学习。

消费者行为中有一个重要观点，那就是人们如果对这个产品满意的话，会继续购买该产品。也就是说，满意度是再次购买的重要前置影响因素。这种观点在旅游领域似乎也可以得到验证。但旅游的满意度却不一定带来重游行为，原因在于有更多的变数都和旅游者的重游行为有关系。

因此，引发旅游重游行为会比引发一般消费者的重购更加困难。但是可以确定的一点是不满意的地方肯定没有人重游。因此，我们很有必要思考如何才能让人们感到满意。我们本章对满意的概念和理论进行学习，还要学习满意的两个重要结果，即重游意向和顾客的忠诚度。

本章从满意度的概念出发，随后会介绍动机和满意度的关系以及满意度的评估和测量。在清楚了这些基本的概念之后，本章对满意所产生的重游意向和忠诚度分别进行了讨论。

学习目标

- 理解满意度的概念。
- 理解满意度相关理论。
- 理解满意度、重游意向和顾客忠诚度之间的关系。

章节概要

一、旅游满意度
1. 满意度的概念
2. 动机和满意度的关系
3. 满意度的评估
二、满意度的效果
1. 重游意向
2. 顾客忠诚度

一、旅游满意度

随着世界经济的迅猛发展，全球经济日趋一体化。产品由卖方市场转变为买方市场，人们的需求结构和消费观念发生了巨大变化，对旅游产品和服务的需求越来越多样化，市场竞争更加剧烈。

没有消费者就没有市场，所以旅游目的地与旅游经营者要努力提高产品和服务质量，努力满足旅游者的需求。20 世纪 80 年代以来，以消费者为中心、力求满足消费者需求、追求消费者满意的新理念在发达国家形成并发展。西方国家的一些学者最先对消费者满意度进行了研究，相继构建了消费者满意度指数模型，并开展了消费者满意度指数测评。当然，这种分析思路也被引入旅游领域。

（一）满意度的概念

“满意”这个词有着“心理的满足感”“没有不够，充足的”的意思。这样，旅游的满意度就可以理解为旅游后“心里感到很充足”“没有不足”的意思。

在学术领域，学者们对满意度有很多的定义，归纳起来主要有两种理解。一是通过研究需求、动机和满意度的关系来定义满意度，认为满意度是行为的结果。而另一种认为满意度是行为的评价。

在第一种理解中，满意度被理解为一种“参与和选择休闲活动的结果，是个体形成得到的积极感知（或感情）”。这里的满意度是“休闲活动的结果”，因此要使人满意，休闲活动是一种手段。旅游的满意度是一种感情状态。

这样，满意度就和需求、心情、动机等心理状态联系到了一起，也受到天气、拥挤等外部情境因素的影响。从这个角度理解的满意度是从动机的概念延续下来的，学者们所关注的重点是动机和满意度之间的关系和过程（或者说对旅游的需求）。

动机和满意度的关系就好像是镜子中的像和实物，满意度是为解决需求（即动机）的旅游行为的情感反应产物。也就是说，满意度被看作是愉快、欢乐、兴奋、有趣等情感反应结果的形态，也被看作是知识获取等行为的认知反应的结果。

在第二种满意度是行为评价的理解中，满意度意味着是旅游体验的一种评价。满意度是通过期待水平和实际感受表现之间比较而形成的一种评价。

比如，消费者对经营者所提供的服务或产品使用后，对其绩效与购买前信念的评估与比较，若两者具有一致性，则消费者将感到满意；若两者有落差，则消费者将感到不满意。换句话讲，消费者满意度是指消费者接受互动服务后，产生的主观满意或不满意感受。

旅游者满意度是旅游者对目的地的期望和到达目的地后的实际感知相比较后，所形成的愉悦或失望的感觉状态，它会影响旅游者对旅游目的地的选择、旅游产品和服务的消费、是否重游、是否推荐给亲朋好友等方面。

到现在为止，大部分的学者对满意度的理解都属于上述两种类型。就像前面谈及的，第一种着重在讨论动机和满意度的关系；而第二种着重在测定满意的时候使用。这样来说，旅游中的满意度一般是通过**期待—实绩（expectation-performance）**来体现。

因此，我们在问旅游者是否对旅游目的地感到满意时，这个人回答的实质是在评价自己的体验是否达到了去旅游之前的期待（或者超过期待）。当达到或者超过期待的时候，旅游者就会感到满意。

文献中的满意度理解视角虽有不同，但对满意度的重要性却意见统一。因为满意度高的旅游目的地（或者旅游商品、旅游企业）会带来更多的忠诚游客，能够引发更多人的重游行为，更能忍受价格的上涨，也会有更好的社会声誉和口碑。

（二）动机和满意度的关系

把满意度作为行为的结果来理解的话，动机和满意也像是硬币不可分割的两面。前面我们学习过，人们在表现出旅游的行为时都会带有一定的需求，而为了解决这种需求就会产生旅游行为。解决需求是旅游行为的动机，同时也是旅游行为的产物。也就是说为了产生旅游行为，就必须要有动机；而当旅游行为结束之后，需求得到解决，就会产生满意。但是如果所期待的需求没有达成，就会带来不满意。图 10.1 的**动机序列（motivation sequence）**模型就表现了这种需求、动机和满意度之间的关系。

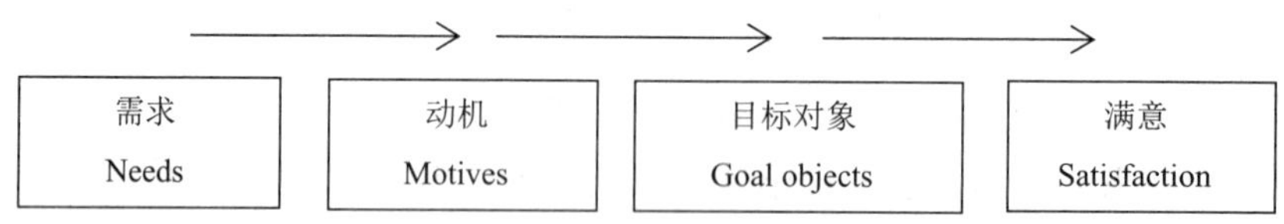

图 10.1　动机序列模型

资料来源：MANNELL R C. Leisure satisfaction in JACKSON E L，BUTTON T I.（Eds）. Understanding leisure and recreation：Mapping the past，charting the future，1989.

上面所讨论的满意的本质是通过解决人的需求带来旅游行为利益。因此，在旅游开发的时候，在提高旅游者的满意度方面，应重点解决旅游者所渴望的需求，提供旅游者动机相符的、可以产生满意度的相关设施和活动。总体来说，对于同一个旅游目的地，旅游者的动机和需求存在差异。目的地的产品和服务可能满足具有某种动机和需求的旅游者，而不能满足具有另一种动机和需求的旅游者。由于需求得不到满足，旅游者就会产生不满。因此，具有不同动机的旅游者，其满意度就可能存在差异。

动机和满意度的不可分割关系也给市场营销和细分带来启示。比如营销手段中，我们可以把**益处（benefits）**作为细分标准来提高顾客满意度。

在很多的旅游者所追求的益处中，认为“快乐”是好处的旅游者和认为“教育”是好处的旅游者所需要的旅游设施和活动是不同的；随之而来的满意度的标准也是不同的。

因此，从旅游开发者和市场营销者的立场来看，根据“好处”所进行的市场细分方法来提供旅游体验被认为能够产出更多的满意游客。另外，根据动机序列模型，旅游者在旅游目的地解决了自己的需求、得到满意体验之后，会反复访问这一旅游目的地。这样，旅游者就学习了解决需求的方法。之后在访问类似旅游目的地的时候，就会有同等水平的期待。

（三）满意度的评估

满意度作为一种评价被定义时，满意度单纯意味着消费之后的评价。这样，消费者的满意度是“使用产品之后（或消费服务之后）对产品和服务的认知评价和情感评价的总和”。消费者的满意是从消费前的期待和消费后的实际感知比较中产出的，是消费者对产品和服务消费后的评价。评价相关的满意度又可以具体分为：整体满意度、属性满意度。

属性满意度（attribute satisfaction）被认为是“对（旅游目的地）属性表现感知而得来的旅游者满意的主观判断”；但**整体满意度（global satisfaction）**事实上并不是属性满意度的加和（不同属性相加），而是单纯从旅游者体验的整体评价为基础的旅游者的主观判断。

在整体满意度的研究中，旅游中对信息的满意度会对整体的满意度产生影响。很多旅游目的地、旅行社、酒店、杂志等媒体都向旅游者提供着大量的丰富信息。这些信息会帮助旅游者形成期待和情感（正面或负面）。这样，这些信息所形成的事前期待和实际相比不一致的时候，就会产生满意或不满意的评价。从消费者行为的角度来讲，选择某种产品、品牌或零售店是因为人们认为它在总体上比其他备选对象更好。

无论是出于产品标示的功能很好还是其他原因（如对这类产品的偏好或是喜欢该商店），消费者购买某种产品时，就会对产品的功能有一定的期望。消费者期望水平可以从很低（这个品牌或商店不怎么样，但我急需这种产品，而且没有其他选择余地）到很高。

目前旅游者满意度测评使用的方法主要有**期望不一致模型（expectancy disconfirmation model）**、**服务质量模型（SERQUAL）**以及 HOLSAT 模型三种。

奥立佛（Oliver）的“期望—实绩”模型（见图 10.2）认为，顾客在购买之前，会依据自己以往的消费经历、他人的介绍或企业的宣传，对企业的产品和服务形成某种期望；在购买或消费之后，会根据这种期望，评估产品和服务的实绩。如果实绩符合或超过期望，顾客就会满意；相反，他们就会感到不满。奥立佛认为，顾客的期望也会直接影响他们的满意度。“期望—实绩”模型得到许多学者的支持，尤其在旅游研究领域也得到了广泛的应用。旅游者的满意度可以理解为旅游者出发之前对旅行社、酒店、旅游目的地的期待和实际去到旅游目的地之后消费者的实绩之差。

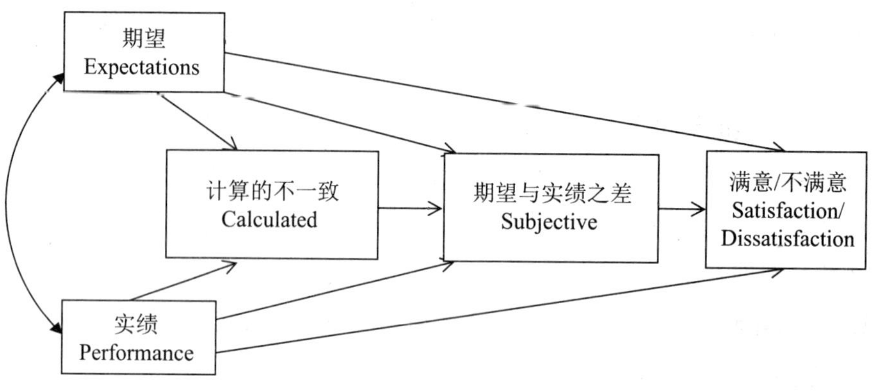

图 10.2 期望—实绩模型

资料来源：OLIVER R L. Satisfaction：A behavioral perspective on the consumer［M］. New York：McGraw Hill，1997.

前面也提到过，旅游中的期待—可以用两种视角理解。一种是从动机的角度出发的评价，强调的是旅游学英文的体验特点。也就是旅游行为发生之前做期待的体验，通过实际旅游行为体验做出的评价。这里的满意度是“期待的体验”和“实际体验”之间的不一致。

人们在调查满意度时，常用需求（needs）、动机（motives）或者好处（benefits）的题项（如新奇性、愉快、逃离城市、休息等）对旅游前和旅游后的差别对满意度进行评价。另一种方法是把旅游服务过程当作一个总体，把囊括在这个过程中的多种构成要素（如酒店、旅行社、旅游目的地的服务）的评价作为重要的题项。

这个时候的满意度就被定义为这些具体构成要素导致的旅行前的期待和旅行之后的感知服务实绩的不一致程度。比如航空公司的满意度就是期待的服务（包含机内服务、等待时间、舒适度等）和乘客的实际感受后的差别。

无论旅游体验作为一种产物来测量还是作为一个过程来测量，从旅游目的地营销的角度来看，把握旅游体验质量的评价才更有价值。不过学术上的服务质量评价却有着不同测量体系。

服务质量的测量方面有 Parasuraman 和 Zeithaml 的“服务质量模型”（SERQUAL）以及借此开发的**服务质量差距分析（gap analysis）**。为了更加适用于旅游的情景，研究中在前面这两个模型的基础上，还开发出了适用于旅游满意度的 HOLSAT 模型。

SERVQUAL 模型（服务质量模型）。SERVQUAL 为英文“service quality”（服务质量）的缩写。SERVQUAL 模型是 20 世纪 80 年代末，由美国市场营销学家帕拉休拉曼（Parasuraman）等学者依据全面质量管理理论在服务行业中提出的一种新的服务质量评价体系，其理论核心是"服务质量差距模型"。

在模型中，服务质量取决于用户所感知的服务水平与用户所期望的服务水平之间的差别程度（因此又称"期望—感知"模型）、用户的期望是开展优质服务的先决条件，提供优质服务的关键就是要超过用户的期望值。SERVQUAL不仅是一个有效测量满意度的模型，也是一个测量和管理服务质量的有效工具。

模型通过22个项目测量服务质量的五大维度（可靠性、响应性、保证性、移情性、有形性），利用李克特量表的方法，记录下顾客期望与实际服务的满意与不满意的水平。服务质量的得分是通过计算问卷中不同阶段的顾客期望与顾客感知之差得到的。不同的差距存在于服务质量形成的过程中，包括市场研究差距1、设计差距2、一致差距3和沟通差距4。差距5是感知服务质量与期望服务质量的总体差距，是在服务过程中各个因素综合作用的结果（见图10.3）。

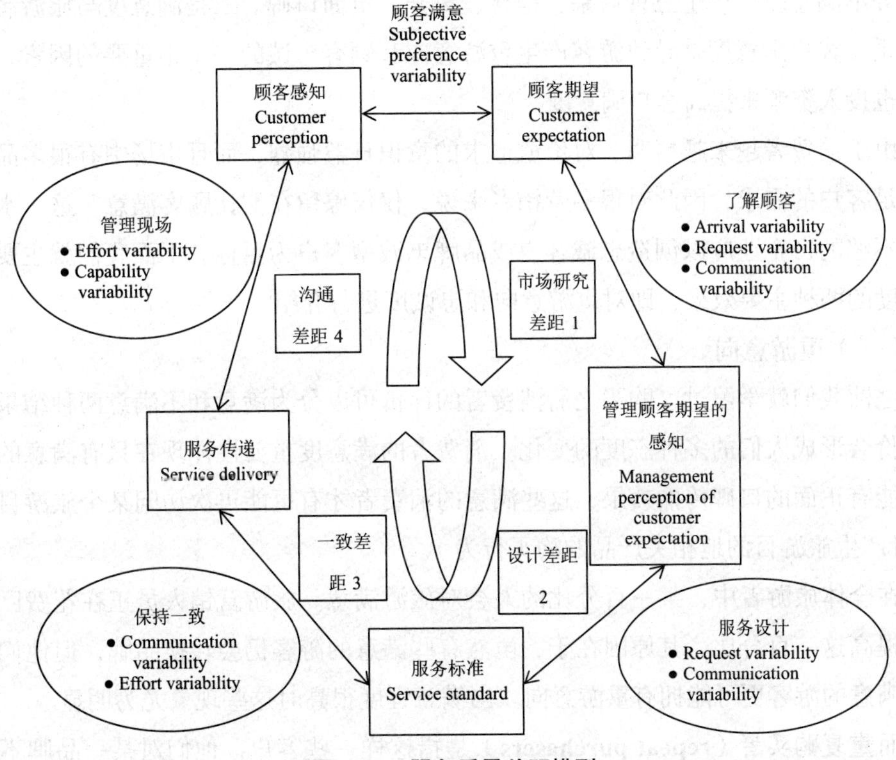

图10.3 服务质量差距模型

资料来源：FITZSIMMONS J A，FITZSIMMONS M J. Service Management：Operations，Strategy，Information Technology（7th Edition）[M]，New York：McGraw-Hill，1982.

HOLSAT 模型由 Tribe 和 Snaith（1998）提出，其关键特征是能够测量游客对目的地复杂的多维度的满意度，而不是特定的产品或服务（如酒店）。首先筛选确定与目的地匹配的积极和消极的关键属性，这是 HOLSAT 和 SERVQUA 测量显著不同的地方；SERVQUA 模型不考虑具体应用，采用的是 22 个固定属性。然后通过对目的地的各种属性表现与顾客对目的地的期望进行打分。最后通过比较游客对目的地属性评估超过其期望的程度来衡量游客满意度。

二、满意度的效果

很多学者从行为学的角度探查了满意度对旅游者消费行为的影响。这包括以下两个方面。一是满意度和重游意向的关系。当顾客满意时，自然会想再次访问某个旅游目的地，得到相应的体验；但当顾客不满意时，就会抱怨或者投诉。当顾客对产品或者服务不满意时会产生三种后果：抱怨、离开、负面口碑。二是满意度与旅游者忠诚的关系。客户满意度是导致游客产生重游意向和顾客忠诚的一个很重要的因素，因此企业也投入资源来提高客户满意度。

由于消费者越来越精明、对价值追求的意识日益强烈，而且市场中有很多品牌可以满足客户的需求，因此对很多营销者来说，仅仅停留在“让顾客满意”这一水平仍然是不够的，企业应以创造忠诚客户或品牌忠诚型客户为目标。下面我们就主要介绍满意度的两种主要效果，即对重游意向和忠诚度进行介绍。

（一）重游意向

之前我们就学习过，购买之后消费者的评价可以分为满意和不满意两种结果，这种评价会形成人们的多种态度的变化。消费者的满意度重要性体现在只有满意的消费者才能有正面的口碑传播效果，这些满意的消费者才有可能再次访问某个旅游目的地（或者产生旅游目的地相关产品的购买行为）。

在全体旅游者中，某一百分比的人会对旅游满意。旅游营销人员正在花费巨大的精力提高这一百分比。其原因在于，虽然有些满意的游客仍会转换品牌，但他们比那些不满意的游客更可能拥有重游意向。当满意程度很高时这些现象尤为明显。

而**重复购买者（repeat purchasers）**是指这样一些客户，他们对某一品牌不一定具有情感上或情绪上的偏爱，但出于习惯或由于目前没有其他选择，会一直重复购买该品牌。

如我们在前面看到的，某些不满的游客也可以成为重复购买者。其中的原因是这些顾客会有一定的产品**转换成本（switching costs）**，也就是搜寻成本、评估和接受另一个选择的成本过高（懒于寻找替代产品和服务）。只不过虽然这些顾客购买了产品，却还是会进行负面的口碑传播，并且易受竞争对手行为的影响。

旅游中的重游与否对于旅游目的地管理者来说至关重要。人们为什么会产生重游行为？这可能和再次寻找一个新的类似旅游目的地需要承担的风险有关系。虽然有些旅游目的地是由于“没看够”“还想重新体验”等旅游吸引物的魅力本身所致，但也有很多情况下是我们不愿意再次冒险。

（二）顾客忠诚度

忠诚度有长期的效果，相比之下和满意度相关的其他行为，如态度变化、重游、口碑是满意度的单次（或者短期）效果。忠诚度的形成是把满意的游客培育为对旅游目的地的和品牌的长期和持续喜爱的过程；最终培养为“回头熟客”的过程。

因此，忠诚或者**承诺顾客（committed customer）**是对于某一品牌或旅游目的地具有感情上的偏爱，会以一种类似于友情的方式喜欢该品牌。旅游者则会用诸如“我信任这个品牌”“我喜欢这个景点”和“我信任这个旅行社”之类的词句来描述他们的忠诚。

对于旅游管理者来说，忠诚的顾客对营销的成功也至关重要。据此，很多公司都设立了**忠诚顾客计划（Guest Loyalty Program）**，给长时间使用公司服务的这些老顾客一些优惠和奖励或者特权（如航空公司的里程积分、奖品兑换、定期活动等）。

那么，顾客的忠诚度是如何形成的？对于顾客忠诚的内涵的理解主要有四个维度。

第一，**行为忠诚（behavioral loyalty）**，主要从高频率的重复购买行为的视角来理解忠诚。第二，**情感忠诚（affective loyalty）**，认为顾客忠诚应该是情感态度的忠诚，态度取向代表了顾客对产品和服务的积极倾向程度。第三，**意图忠诚（conative loyalty）**，认为真正的顾客忠诚应该是伴随着较高的行为取向的重复购买行为。这个时候消费者对自己购买的产品和服务多少有了一些“承诺”。第四，**行动忠诚（action loyalty）**，认为是意图忠诚的下一个阶段，即已经形成了较强的“承诺”。

具有重游意愿的游客是企业所期望的，但单纯的重复购买者易受竞争者行为的影响。有些人购买该品牌是习惯使然，或该品牌在他们购物的地方可以买到，或该品牌价格最便宜，或是其他类似的原因，但这些客户对所购买品牌并无忠诚感。

品牌忠诚（brand loyalty）是指一种有偏向的（非随机的）行为反应，如购买或推荐，表现为在许多品牌中长期购买一种或几种品牌，是由心理（如决策制定、评价）过程决定的。品牌忠诚有许多来源，包括以下几个方面。

（1）**品牌认同（brand identification）**。消费者认为该品牌反映或强化了其自我概念的某些方面。这种类型的忠诚在象征性产品（如啤酒、汽车）的购买上最为普遍，在那些需要人际交往的服务中也很常见。

（2）**品牌舒适（brand comfort）**。研究发现品牌忠诚可以来自消费者的舒适感。消费者的舒适是"一种心理状态，消费者对服务的担忧得以缓解，而且对于服务的提供者感到平静和安稳"。由于大多数服务与客户保持高度接触，服务人员很可能在影响消费者舒适度方面扮演了一个重要的角色。

（3）**品牌愉悦（brand delight）**。品牌忠诚也可能是因为该产品的功效高于客户的预期。这些不俗的功效表现与产品或厂商本身有关，或如早先提到的，与厂商处理投诉或客户问题的方式有关。另外，高介入度的服务能令客户产生愉悦感。

顾客忠诚度在旅游领域也可以应用于多种对象上。比如，有的人 10 年时间一直都使用某个旅行社，那这个人对于旅行社来说就是忠诚顾客，有着旅行社忠诚度；而有的人每年休假都会去动物园，那么这个人就是旅游目的地的忠诚顾客；还有的人会持续入住某个品牌的酒店，有着酒店忠诚度。最终营销的成功其实可以以底产生了多少忠诚顾客来衡量。

对于一些旅游产品要想培养忠诚的客户更加困难。事实上，对于一些低介入度的旅游产品，生产者不太可能真正突出产品的特别之处或是提供特别的服务。

因此，生产者应该将重心放在创造满意的重游意愿上，而非培养忠诚的客户。忠诚的客户在购买旅游产品时不大可能考虑搜集额外信息。他们对竞争者的营销努力（如优惠券）采取漠视和抵制态度。忠诚的客户即使因促销活动的吸引而购买了其他品牌，他们通常在下次购买时又会选择原来喜爱的品牌。

忠诚客户更乐于接受同一厂家提供的产品线延伸和其他新产品，他们也更能原谅偶尔的产品或服务失误。最后，忠诚客户极可能成为正面口碑传播的来源。这对旅游品牌来说是非常有价值的。正面的口碑传播增加了受众成为顾客的可能性，增加了受众与第三方分享正面评论的可能性。

基于以上原因，许多营销人员积极培养忠诚的游客和满意的游客。忠诚的游客比单纯的具有重游意愿的游客能为企业带来更多的利润，而具有重游意愿的游客同样比偶尔购买者更具吸引力。

学术用语

[1]期待—实绩(expectation—performance)

[2]动机序列(motivation sequence)

[3]益处(benefits)

[4]属性满意度(attribute satisfaction)

[5]整体满意度(global satisfaction)

[6]期望不一致模型(expectancy disconfirmation model)

[7]服务质量模型(SERQUAL)

[8] 服务质量差距分析(gap analysis)

[9]重复购买者(repeat purchasers)

[10]转换成本(switching costs)

[11]承诺顾客(committed customer)

[12]忠诚顾客计划(Guest Loyalty Program)

[13]行为忠诚(behavioral loyalty)

[14]情感忠诚(affective loyalty)

[15]意图忠诚(conative loyalty)

[16]行动忠诚(action loyalty)

[17]品牌忠诚(brand loyalty)

[18]品牌认同(brand identification)

[19]品牌舒适(brand comfort)

[20]品牌愉悦(brand delight)

主要文献

[1]赖辛格.旅游跨文化行为研究[M].天津:南开大学出版社,2004,200–220.

[2]汪侠,刘泽华,张洪.游客满意度研究综述与展望[J].北京第二外国语学院学报,2010,(1):22–26.

[3] FITZSIMMONS J A, FITZSIMMONS M J. *Service Management: Operations, Strategy, Information Technology*(*7th Edition*)[M], New York: McGraw-Hill, 1982.

［4］MOTHERSBAUGH D L，Hawkins D L. *Consumer behavior*：*Building marketing strategy*［M］. Boston：McGraw-Hill，2015.

［5］OLIVER R L. *Satisfaction*：*A behavioral perspective on the consumer*［M］. New York：McGraw Hill，1997.

思考（认知能力训练）

1. 期望—实绩模型是如何看待满意度的形成的？
2. 满意的顾客和不满意的顾客会有怎样的行为？

思政（应用能力训练）

人工智能（AI）、景区服务机器人也在不断进入旅游行业，但这些服务常常有“服务失败”的情况，让人感到人工智能并不十分智能。

结合本章中的满意度模型，谈谈如何提高服务旅游中对机器人的满意程度。

第11章

态度与旅游行为的理论

开 篇

我们的一生当中，选择喜欢的旅游目的地的概率有多大？选择自己讨厌的旅游目的地的概率有多大？大概率上，我们选择喜欢的旅游目的地多一些。人们都会选择自己喜欢的东西，除非这个地方有不得已的因素。比如，同行的家人（或者同学、爱人等）都喜欢这个地方，唯独自己不喜欢。但是无论是什么情况，这种喜欢或者不喜欢往往会决定自己的想法和行为。学者们把这种“喜欢或不喜欢”称之为“态度”。简单来说，“态度”就是喜欢或者讨厌某个事物。在旅游中，人们会选择去自己喜欢的地方，回避自己讨厌的地方。研究人员在很早以前就在关心旅游者是如何对某个旅游目的地产生好感的。

本章将会介绍态度形成的一般理论以及态度对人会产生怎样的影响。具体来说，本章会从态度的概念和特点入手，讨论了态度的构成要素，尤其是对认知和情感要素做出了讨论。同时，本章还进一步讨论了态度的功能和作用。随后，本章又对态度的形成和测量工具进行了讨论。本章的学习目标和内容概要如下所示。

学习目标

- 掌握态度的概念、构成、功能和作用。
- 了解态度与行为的关系，理解态度对消费行为的影响。
- 理解态度的形成与测量的概念及方法。

章节概要

一、态度的概念和构成

1. 态度的概念和特点

2. 态度的构成要素

3. 态度的功能

二、态度的形成和测量

1. 态度的形成

2. 态度的测量

三、态度的理论模型

1. 理性行为理论

2. 计划行为理论

3. 目标指向模型

4. 规范激发模型

一、态度的概念和构成

（一）态度的概念和特点

态度的研究不仅是在消费者行为中，在社会心理学领域也有很长的历史。伴随着悠久的历史，学者们对态度的概念也有多种理解。

心理学中认为**态度（attitude）**是我们对所处环境的某些方面的动机、情感、知觉和认识过程的持久体现，是对一种给定事物喜欢或不喜欢的反应倾向。消费者行为学中的态度是对于某个对象一贯的积极或消极的反应。在我们的生活中，态度可以理解为我们对于所处环境的某些方面，如零售店、电视节目或产品的想法、感觉或行为倾向。比如，我们去国外（如法国巴黎）旅游，会对"假日到了"产生幻想；那么我们就会对巴黎有正面的评价，这种评价的形成就是态度。

这样来看，态度可以是各种因素所形成的结果，对个体生活方式有重要的影响。从态度的定义出发，态度有以下几个特点。

首先，态度并不是我们出生的时候就形成的，而是基于他人和信息的接触与体验，进行学习的结果。由于态度的形成基于长期的学习，因此人所持有的态度不容易被改变，会持续较长一段时间。

其次，态度可以是正面的，也可以是负面的。对于同一个对象（比如，法国巴黎），有的人可能是正面的态度，而有的人则有可能是负面的态度。

最后，态度随着学习时间的长短和形成的过程可以强也可以弱。这种强弱的程度对行为会产生不同的影响，程度强的态度对行为有着更大的影响。态度的形成包含了认知、情感和行为三种成分。

（二）态度的构成要素

一般来说，态度由三个部分组成（见图11.1）：

（1）**认知成分（cognitive component）**（信念）。

（2）**情感成分（affective component）**（感觉）。

（3）**行为成分（behavioral component）**（反应倾向）。

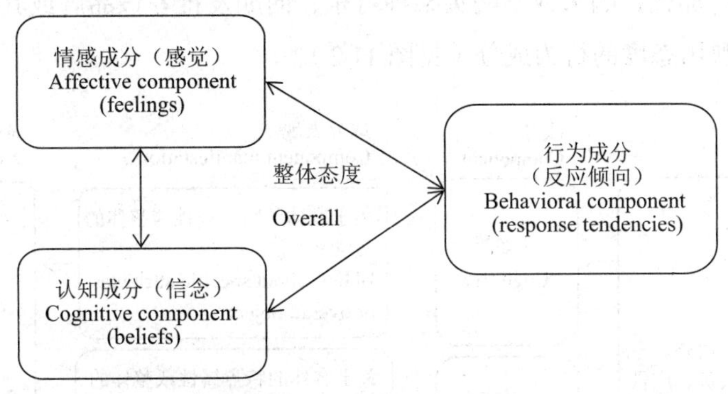

图11.1 态度成分的一致性

资料来源：MOTHERSBAUGH D L，HAWKINS D L. Consumer behavior：Building marketing strategy［M］. Los Angeles：McGraw-Hill，2015.

首先，态度的认知成分由消费者对某一客体的信念所构成。对于大多数态度客体，人们都会有一系列信念。比如，“海南是个岛”“山东有泰山”“青岛有很多海边美景”这些都属于态度的认知成分。又或者，我们可能会对某种饮料品牌具有以下信念，“这个饮料受年轻消费者青睐”“这个饮料为消费者提供许多能量”“这个饮料含有大量维生素”“这个饮料价格具有竞争力”“这个饮料可能为运动导向的公司所制造”。

像这样，关于这一饮料所有信念构成了对饮料品牌的态度认知成分。一个品牌与越多的正面信念相联系，每种信念的正面程度越高，个体就越容易回忆起信念，整体认知成分就越正面积极。

其次，我们对于某个事物的感情或情绪性反应就是态度的情感成分。比如，“我喜欢海南岛”“我爱青岛”等这些表达都算是态度的情感成分。又比如，市场营销中“我喜欢可乐”“可乐是一种糟糕的碳酸饮料”所表达的就是关于产品的情感性评价。

这种整体评价也许是在缺乏关于产品的认知信息或没有形成关于产品的信念条件下发展起来的一种模糊的、大致的感觉，也可能是对产品各属性表现进行一番评价后的结果。

例如，“可乐口味不好”和“可乐对健康没有好处”的评价，隐含着对产品某些方面的负面情感反应，这种负面情感与关于产品其他属性的情感相结合，将决定消费者对于该产品的整体反应。

最后，行为成分是指个体对于某事物或某项活动做出特定反应的倾向。比如，“我放假的时候要去海南旅游”“我会向朋友推荐去北京的旅游”这类的表达都算是态度的行为成分。那么，购买或不购买某种可乐，向朋友推荐该品牌或其他品牌等一系列决定，能反映出态度的行为成分（见图 11.2）。

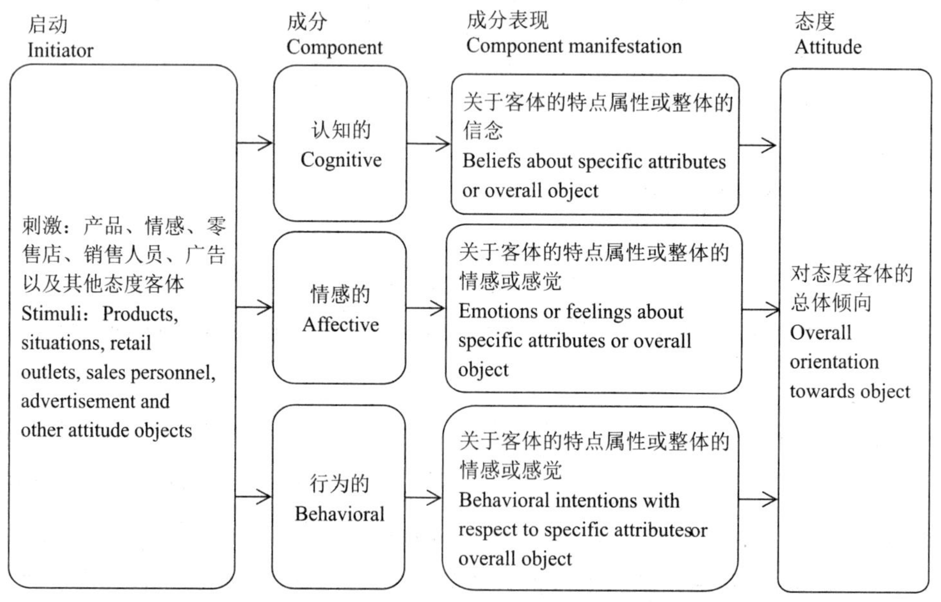

图 11.2 态度的组成成分及其表现

资料来源：MOTHERSBAUGH D L，HAWKINS D L. Consumer behavior：Building marketing strategy［M］. Los Angeles：McGraw-Hill，2015.

除以上三点外，**品牌偏好（brand interest）**，即由寻找商店柜台中的品牌或品牌信息的倾向为代表，也反映了行为成分。行为成分提供了反应意向或行为意向。我们的实际行为反映出这些意向，而这些意向会随着行为发生的情景的变化而调整。

（三）态度的功能

态度的功能大体可以分为四类：心理追求功能、价值表达功能、自我防卫功能、知识功能。

首先，**心理追求功能（utilitarian function）**是态度的功利功能，是指态度能使人更好地适应环境和趋利避害。人是社会性动物，他人和社会群体对人的生存、发展具有重要的作用，只有形成适当的态度，才能从某些重要的人物或群体那里获得赞同、奖赏等。比如，旅游经营者在向游客推销旅游产品时，如果对游客和旅游产品表示一定的赞美，使游客形成正面的好感和态度，销售可能会比较容易，而且游客在下次遇到这些旅游产品时会做出相同的选择，从而节省了在购买决策上的时间。

其次，**价值表现功能（value-expressiveness function）**。价值表现功能指形成某种态度、能够向别人表达自己的核心价值观念。在 20 世纪 70 年代末 80 年代初，对外开放的大门刚刚开启的时候，一些年轻人以穿花格衬衣和喇叭裤为时尚，而很多中老年人对这种装束颇有微词，这实际上反映了两代人在接受外来文化上的不同价值观念。

再次，**自我防御功能（ego-defensive function）**是指对于某些事物的态度能帮助个体回避或忘却那些严峻环境或难以正视的现实，从而保护个体的现有人格和保持心理健康。例如，在旅游过程中，经常可以看到一些收入水平不高的旅游消费者也不时购买一些高档的手表、珠宝、化妆品，选择入住商务酒店，这实际上就是出于自我防御的目的，有意无意地防御自己各种不安的心理，以保持心理平衡。

最后，**知识功能（knowledge function）**是指形成某种态度更有利于对事物的认知和理解。事实上，态度可以作为帮助人们理解世界的一种标准和参照物。人们在已形成的态度倾向性的支配下，可以决定是趋利还是避害，使外部环境简单化，从而能够集中精力去关注那些更为重要的事情。

此外，态度的认知功能在一定程度上解释了品牌忠诚的影响。对某一品牌形成好感和忠诚，能够减少信息搜集时间、简化决策程序，并使旅游消费者的行为趋于稳定。

态度的这四种功能并不一定是单一的，人们可以同时具有两个以上的功能。只是一般来说，可能会有其中的一个功能比较强烈一些。

在做广告的时候，可以只强调其中的一个功能。比如，专门咖啡店（如星巴克）

中的咖啡更加体现了“价值表现”功能，而不是“心理追求”功能。因此，我们在设计广告的时候，比起说“咖啡的味道很香浓”就不如说“星巴克代表了品位”这类广告词效果要好。但也需要承认的是咖啡也满足了一些人心理追求的功能（喜欢咖啡的味道）。

二、态度的形成和测量

关于态度是如何形成的，有几个理论给出了解释。比如，我们之前学习过的人们通过观察和社会学习形成了态度。孩子经常会观察父母，形成了和父母类似的态度。孩子在学校经常在一起的朋友会喜欢同一类东西，讨厌同一类东西，他们形成了类似的态度。可以看出，年龄相似的人是通过社会活动，形成了类似的态度。另外，很多的营销活动和大众媒体也对人态度的形成起到了作用，随着互联网信息的发达，很多的企业和组织也在利用线上的信息对消费者的态度形成产生影响。

了解旅游消费者的态度对旅游经营者有重要的意义。一方面，旅游经营者可以通过掌握旅游消费者态度的形成及改变过程，以及影响旅游消费者态度的因素，采取合适的措施，为自己的旅游产品赢得一个正面、积极的旅游消费者态度。另一方面，旅游经营者了解旅游消费者态度与行为的关系，通过旅游消费者的态度来预测旅游消费者的行为决策。

（一）态度的形成

关于态度的形成，学界提出了不少理论假说，其中最为著名的为 20 世纪 50 年代由卡尔·霍夫兰及其同事提出的学习理论。卡尔·霍夫兰及其同事指出，学习理论认为态度的获得与其他习惯的形成是一样的，人们通过了解对象的有关信息和实施，学习与这些事实相关的感受与价值观，形成态度。该理论把人描绘成为被动的受体，在外在刺激下，通过“联结”“强化”“模仿”来习得态度。学习理论也强调了态度的形式主要依靠信息学习与情感迁移两种方法。

1. 信息学习

当个体获得某种信息时，会对其态度产生重要影响。比如，游客在预订酒店客房时，某一酒店营销人员展现客房多舒适、设施多齐全、安保设施多到位等信息，可能会让消费者对该酒店形成肯定的态度。但是，现在也有不少研究表明，获得某种有相当说服力的信息，对态度的影响实际上比我们的预期要小很多。

2. 情感迁移

当个体对某个态度对象的情感迁移到另一个与之相联的对象上时，会有说服的效果产生。相比于信息学习，情感迁移的说服效果更加显著。

（二）态度的测量

和态度是如何形成的一样，态度该如何测量也是一个重要的话题。如果我们知道了旅游者喜欢什么样的旅游目的地的那些属性，营销人员就可以制定更加有效的策略。另外，营销人员还可以通过测量态度理解旅游者对目的地的态度，作为评价广告效果的一个工具。

在正式了解态度如何测量之前，我们还必须清楚态度的对象是什么。首先，和消费者对某个产品的态度不同，旅游者的态度是对访问目的地或购买旅游产品的行为的一种评价。因此，消费者是对某个具体对象的态度，而旅游者是对某个具体对象相关行为的态度（一个是物体，一个是行为）。在测量态度之前，要明确测量的态度是什么。比如，“我对去上海旅游是积极的态度”，并不是说“我对上海是积极态度”。因为“上海”本身和“上海旅游”是两件事情，上海旅游是关于上海的行为。人们在测量态度时可能会犯的错误是混淆了“上海”和“上海旅游”两件事情，这会导致对态度测量的不准确，最终让我们错误地使用下面要介绍的理性行为理论、计划行为理论等人的基本行为框架。

三、态度的理论模型

我们学习态度重要原因就是相信态度和行为有着密切的联系。只有这样，对态度的研究才显得更有意义。学者们研究态度对行为影响的研究中，旅游领域应用最多的是理性行为理论和计划行为理论了。因此，我们这里主要介绍理性行为理论和计划行为理论的相关观点。

（一）理性行为理论

理性行为理论（Theory of Reasoned Action，TRA）最早是由美国学者菲什拜因（Fishbein）和阿耶兹（Ajzen）于 1975 年提出。该理论认为，行为在某种程度上可以由行为意向合理地推断，而个体的行为意向又是由对行为的态度和主观准则决定的。

图 11.3 表现了理性行为理论中关键概念的因果关系。具体到概念上，人的行为意向是人们打算从事某一特定行为的量度。

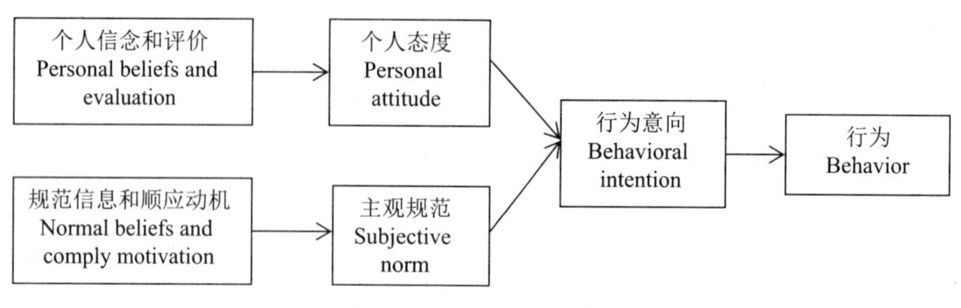

图 11.3 理性行为理论

资料来源：AJZEN I，FISHBEIN M. Understanding attitudes and predicting social behavior［M］. New York：Person，1988.

态度是人们对从事某一目标行为所持有的正面或负面的情感，它是由对行为结果的主要信念以及对这种结果重要程度的估计所决定的。

主观规范（主观准则）指的是人们认为对其有重要影响的人希望自己使用新系统的感知程度，是由个体对他人认为应该如何做的信任程度以及自己对与他人意见保持一致的动机水平所决定的。

这些因素结合起来，便产生了行为意向（倾向），最终导致了行为改变（具体解释见下一节计划行为理论）。

从理论上来说，理性行为理论是一个通用模型，它提出任何因素只能通过态度和主观准则来间接地影响使用行为，这使得人们对行为的合理产生有了一个清晰的认识。

该理论有一个重要的隐含假设，人有完全控制自己行为的能力。但是，在组织环境下，个体的行为要受到管理干预以及外部环境的制约。因此，需要引入一些外在变量，如情境变量和自我控制变量等，以适应研究的需要。

（二）计划行为理论

计划行为理论（Theory of Planned Behavior，TPB）是由 Icek Ajzen 提出的，也是从理性行为理论发展而来的。原因在于 Ajzen 在研究中发现人的个体行为并不是百分百地出于自愿，而是处在一定程度的控制之下。因此，他将理性行为理论予以扩充，增加了一项对**感知行为控制认知（Perceived Behavior Control，PBC）**的新概念，并由此发展成为新的行为理论研究模式。

这也就是我们所熟知的计划行为理论（见图 11.4）。这样，Ajzen 认为所有可能影响行为的因素都是经由行为意向来间接影响行为的表现。而行为意向受到三项相关因素的影响。

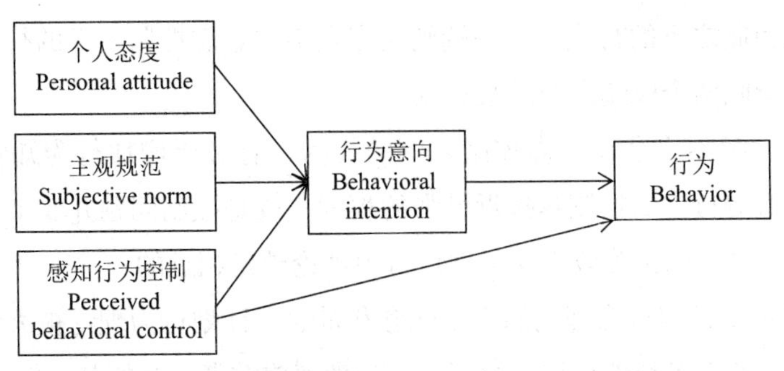

图 11.4 计划行为理论

资料来源：AJZEN I. The theory of planned behavior [J] . Organizational behavior and human decision processes, 1991，50（2）：179–211.

一是源自个人本身的“态度”，即对于采取某项特定行为所抱持的“态度”。二是源自外在的“主观规范”，即会影响个人采取某项特定行为的“主观规范”。三是源自“知觉行为控制”。

（1）态度。态度是指个人对该项行为所抱持的正面或负面的感觉，亦即由个人对此特定行为的评价经过概念化之后所形成的态度，所以态度的组成成分经常被视为个人对此行为结果的显著信念的函数。

（2）主观规范。**主观规范（subjective norm）**是指个人对于是否采取某项特定行为所感受到的社会压力，即在预测他人的行为时，那些对个人的行为决策具有影响力的个人或团体对于个人是否采取某项特定行为所发挥的影响作用大小。

（3）感知行为控制。知觉行为控制是指反映个人过去的经验和预期的阻碍。当个人认为自己所掌握的资源与机会越多、所预期的阻碍越少时，则对行为的知觉行为控制就越强。而其影响的方式有两种，一是对行为意向具有动机上的含意，二是其也能直接预测行为。

前面这三个因素会决定**行为意向（behavior intention）**的产生。行为意向是指个人对于采取某项特定行为的主观概率的判定，它反映了个人对于某一项特定行为的执行意愿；**行为（behavior）**是指个人实际采取行动的行为。

换言之，当一个人对于某项行为的态度越正向时，则行为意向越强；对于某项行为的主观规范越正向时，同样个人的行为意向也会越强；当态度与主观规范越正向且知觉行为控制越强的话，则个人的行为意向也会越强。

理性行动理论的基本假设主张将个人对行为的意志控制力视为一个连续体，一端是完全在意志控制之下的行为，另一端则是完全不在意志控制之下的行为；而人类大部分的行为落于此两个极端之间的某一点。

因此，要预测不完全在意志控制之下的行为，有必要增加行为知觉控制这个变项。不过当个人对行为的控制越接近最强的程度，或是控制问题并非个人考虑的因素时，则计划行为理论的预测效果是与理性行为理论越是相近的。

表 11.1 显示了计划行为理论的主要概念和量表。计划行为理论被大量地应用于旅游情境下，很多的学者都把计划行为理论作为理解旅游者行为的基本框架。

表 11.1　计划行为理论量表

态度（Attitude） 我认为 ×× 是： 有用的 useful 有价值的 valuable 有益处的 beneficial 有吸引力的 attractive 享受的 enjoyable
主观规范（Subjective norms） 大部分对我重要的人认为我去参与 ×× 是可以的 Most people who are important to me： think it is Okay for me to go for ×× 支持我去 ×× support that I go for ×× 理解我去 ×× understand that I go for ×× 同意我去 ×× agree with me about going for ××
感知行为控制（Perceived behavioral control） 我是否能旅行去 ×× 完全取决于我 Whether or not I travel for ×× is completely up to me 我有能力去 ×× I am capable of going for ×× 我有信心说如果我想的话，我可以去 ×× I am confident that if I want to，I can go for ×× 我有足够的资源、时间和机会去 ×× I have enough resources，time，and opportunities to go for ××
行为意向（Behavioral intentions） 我有意向在不久的将来去 ×× 旅行 I intend to travel to ×× in the near future 我计划在不久的将来去 ×× 旅行 I am planning to travel to ×× in the near future 我会努力在不久的将来去 ×× 旅行 I will make an effort to travel by ×× in the near future 我当然会投入时间和金钱在不久的将来去 ×× 旅行 I will certainly invest time and money to travel to ×× in the near future

资料来源：MENG B. HAN H. Extending the theory of planned behaviour：Investigating individuals' decision formation in working-holiday tourism：the role of sensation-seeking and gender［J］，Journal of Travel & Tourism Marketing，2018，35（8）：973-987.

（三）目标指向模型

目标指向模型（model of goal-directed behavior）最早由 Pergnini 和 Bagozzi 首先提出，现在也被很多学者作为理解人类行为的有用框架，可以看作是计划行为理论的延伸版本（见图 11.5）。

除了计划行为理论中的三个因素之外，目标指向模型还包含了欲望、预期情绪和过去行为的频率三个方面。行为的欲望在旅游者产生动机的过程中被视为解释个体行为决策形成的关键因素；预期情绪是在旅游者的情感过程中对于解释个体行为决策有着重要的影响；最后的过去行为的频率则是在习惯过程中对于解释个体在旅游过程中的行为决策过程有着显著性的影响作用。

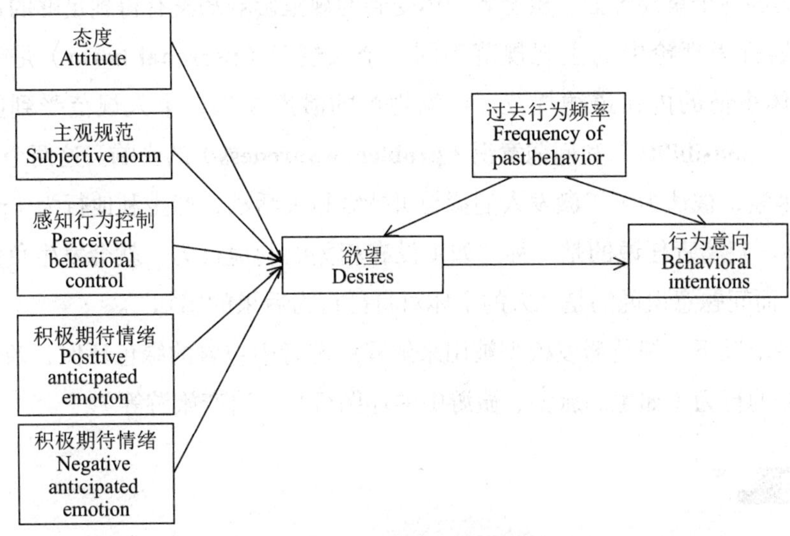

图 11.5　目标指向模型

资料来源：MENG B，CHOI K. The role of authenticity in forming slow tourists' intentions：Developing an extended model of goal-directed behavior［J］，Tourism Management，2016，57：397–410.

因此，虽然目标指向模型是基于计划行为理论和理性理论的扩展模型，但和这些模型相比，有三点明显的不同。第一，行为意向主要是由执行这种行为的欲望所激发，这种欲望被认为能够反应态度、主观规范、感知行为控制，期待情绪这些变量的作用。第二，期待情绪被认为是激发特定行为的必须因素。第三，过去的行为和习惯也被认为是欲望，意向和行为的决定因素。

在很多实证的研究中，学者们通过增加旅游的真实感知、共创行为的具体情境下的变数，也把目标指向模型应用到了旅游领域。

（四）规范激发模型

除了上面的一些模型之外，在旅游行为的相关研究中在研究一些伦理、道德以及可持续旅游行为的时候，常会用到的一个模型是**规范激发模型（Norm Activation Model，NAM）**。

规范激发模型主要针对的是人道德行和绿色方面的行为。随着可持续性的问题在旅游中的不断显现，学者们逐渐意识到无论是理性行为理论、计划行为理论，还是目标指向模型都在认识旅游者的行为上仍然存在着不足和没有考虑到的方面。这些模型在很大意义上仍然是一种“自我兴趣”的模型，也就是以消费者的态度为中心的模型，而随着如何理解旅游所表现出的可持续行为（如保护环境、保护文化）成为理解旅游者行为的一个重要方面，旅游者个体受到的规范影响却没有得到足够的重视。

和计划行为理论中的主观规范不同，**个人规范（personal norm）**是一种是否做某件具体事情的内在道德规范。根据规范的激发模型，个人规范受到**归属责任（ascribed responsibility）**和**问题意识（problem awareness）**的影响。这两个因素作为一种诱发因素，被认为可以激发人们参与可持续相关活动，产生利他行为（pro-social behaviors）。归属责任说的是一种“如果没有相关的利他行为，就会发生负面结果的责任感”；而问题意识说的是“人的个体对自己行为后果的感知”。

在这种情况下，规范激发模型被用来解释旅游者中包含的绿色环保、亲社会、道德行为成分的行为（如生态旅游、旅游中的环保行为、遗产旅游等）。

学术用语

[1] 态度（attitude）

[2] 认知成分（cognitive component）

[3] 情感成分（affective component）

[4] 行为成分（behavioral component）

[5] 品牌偏好（brand interest）

[6] 心理追求功能（utilitarian function）

[7] 价值表现功能（value-expressiveness function）

[8] 自我防御功能（ego-defensive function）

[9] 知识功能（knowledge function）

[10] 理性行为理论（Theory of Reasoned Action，TRA）

[11] 计划行为理论（Theory of Planned Behavior，TPB）

[12] 感知行为控制认知（Perceived Behavior Control，PBC）

[13] 主观规范（subjective norm）

[14] 行为意向（behavior Intention）

[15] 行为（behavior）

[16] 目标指向模型（model of goal-directed behavior）

[17] 规范激发模型（Norm Activation Model，NAM）

[18] 个人规范（personal norm）

[19] 归属责任（ascribed responsibility）

[20] 问题意识（problem awareness）

主要文献

[1] AJZEN I. The theory of planned behavior [J]. *Organizational behavior and human decision processes*，1991，50(2)：179-211.

[2] MOTHERSBAUGH D L，Hawkins D L. *Consumer behavior: Building marketing strategy* [M]. Boston：McGraw-Hill，2015.

思考（认知能力训练）

1. 态度有几个成分，分别是什么？

2. 计划行为理论中的三个影响因素分别是什么？

3. 如何理解态度的认知和情感成分、计划行为理论、目标指向理论、道德激发模型之间的联系与区别？

思政（应用能力训练）

现在，绿色品牌、绿色营销已经成为必要和共识。在旅游领域，绿色酒店、生态旅游也一直是企业追逐的目标。

(1) 试根据计划行为理论，分析旅游者绿色出行的态度、主观规范和感知行为控制的具体因素分别是什么。

(2) 如何控制这些因素，以达到培养旅游者绿色行为的目的？

第12章 态度与旅游行为的应用

开　篇

前面我们学习了态度的概念和态度如何形成的相关理论。这里我们将要讨论态度是如何影响旅游者的行为的。先前的文献确定了旅游者的行为会受到旅游态度的影响。虽然说旅游者喜欢一个旅游地点，不一定会发生去那个地方旅游的行为，但如果不喜欢某个地方，则肯定不会去那个地方。我们知道，旅游者对某个地方的喜爱会使这个地方进入旅游者的考虑域，这样也就增加今后计划旅游时选择这个地方的概率。在这种逻辑下，旅游市场营销最为关切的问题就是如何改变人们的态度，使旅游者喜欢上所营销的旅游目的地，最终能够将此地作为旅游目的地的最终选择。

从内容上，本章会首先讨论态度和旅游行为的逻辑关系，态度与旅游偏好、旅游收入和旅游决策之间的关系。之后会了解旅游目的地当地居民和旅游者的态度。最后，在改变态度方面，本章还会学习如何从信息劝说和行为劝说两个方面讨论旅游者态度变化。

本章的学习目标和内容概要如下所示。

学习目标

- 了解态度和旅游行为的关系。
- 理解目的地居民的态度和旅游者的态度。

- 理解通过信息改变态度的详尽可能模型。
- 理解均衡理论和认知不一致等态度变化的相关理论。

章节概要

一、态度和旅游行为的关系

1. 态度与旅游偏好

2. 态度与旅游收益

3. 态度与旅游决策

二、态度理论在旅游中的应用

1. 旅游目的地当地居民的态度

2. 旅游目的地中旅游者的态度

三、态度的变化

1. 信息劝说

2. 行为劝说

一、态度和旅游行为的关系

学者们认为消费者先形成关于产品的某些信念或对产品形成某种态度，然后在信念和态度的影响下决定是否购买该产品。旅游消费者对旅游本身、旅游产品和服务以及旅游企业的态度不仅决定着他们如何看待旅游企业及其提供的产品与服务，而且决定着旅游消费者的旅游决策和购买行为。但随着研究的深入，人们逐渐发现，虽然态度与行为之间确实存在密切联系，但态度与行为之间并不一定是先后的因果关系，两者的关系远比人们想象的要复杂。

（一）态度与旅游偏好

态度也许不能完全预测人的实际行为，却可以有效预测人的旅游偏好。旅游偏好指的是驱使个体趋向于某一旅游目标的心理倾向。人对某一事物所持态度的强度及对该事物所拥有的信息种类多少，能明显地反映出人对某一事物的偏好倾向。因此人们对旅游的态度一旦形成，将会产生一种对旅游的偏好，旅游偏好将直接导致人们的旅游行为。

态度的两个特征会对其与偏好的关系产生重要影响。一个是态度的复杂性。它是指个人对态度所掌握的信息种类和信息量。一般而言，复杂的态度比简单的态度更难以改变。假如，一个人对出国旅游持否定态度的理由是饮食和传统风俗的不适应、环境的陌生、费用较贵等，若想改变其否定态度，则需从其否定的成分改变。另一个是态度对象的属性。它与态度的强度有密切关系。对一个物体的态度是由许多针对该物体每个特定属性的态度所构成的。例如，对于国家地质公园的整体态度是由人们希望在那里看到的各种特征的态度所构成。这些特征包括游憩设施、自然景观、住宿条件、饮食、费用支出和感觉到的价值。对于去国家地质公园的一些旅游消费者而言，气候、自然景观可能非常重要，但对于另一些旅游消费者而言，动植物资源、住宿条件则是其最突出的属性。每一属性的相对重要性不仅随着个人的需要和目标变化，而且也是因人而异的，旅游消费者对属性的知觉导致旅游偏好的形成。

（二）态度与旅游收益

态度对象的属性对人们形成旅游态度而言就是人在旅游活动中所寻求的基本收益。人们并不是仅为了温泉本身而去泡温泉，而是因为泡温泉能给人体健康带来的某些好处，如可以滋养皮肤、刺激身体内循环、缓解呼吸系统或消化系统等不适症状。

因此，人们出钱购买旅游产品或服务的很大一部分原因是期望从中获取某种收益，这种收益可能是面对美景时的赏心悦目，也可能是面对异域风情的眼界大开。比如，人们选择去黄山、华山或者三清山旅游，因为那里可欣赏云海、奇峰等美景；农历三月到扬州可以感受到扬州“烟花三月”那种柳絮如烟、繁花似锦的阳春之美；而四五月份到洛阳去可以达到欣赏牡丹的目的。

收益是人们旅游和决策时关心的东西，作为旅游业的销售和服务人员若能清晰理解这点，找出某种产品的突出属性，就可以进行有效的产品营销。在形成旅游态度的过程中，首先人们要评价的是一个旅游目的地对于旅游者的总体吸引力，与旅游者所希望的特定收益有关，与目的地所能提供的这些收益有很大的关系。因此，为了增加一个目的地的吸引力，对于旅游从业人员而言，可以考虑从以下方面着手：改善人们心目中感觉到的该目的地的形象、改变某项收益对旅游者的相对重要性、提升人们对于某个目的地的相对偏好。

（三）态度与旅游决策

旅游决策就是对可供选择的对象进行选择，一个备选对象主体必须经过三个阶段，才能成为可行的选择对象。

从意识方面来看，旅游决策者首先必须有可选择对象才会认真加以考虑。比如，在圣淘沙被看作新加坡的一个旅游点之前，旅游消费者必须意识到它的存在；而在考虑把飞机作为从厦门到新加坡的交通工具之前，旅游消费者必须意识到飞机能够承担这两个城市的客运任务。

其次是可行性。意识到某个供选对象之后，旅游决策者必须做出判断，看它是否真正可行，这需要根据旅游消费者承担这个供选对象的能力来考虑。比如，时间和金钱因素、能否得到出国签证、旅游高峰期间能否订到飞机票等。

最后是初步筛选。意识到某个备选对象，并判断该备选对象是否可行后，该不该对此备选对象做更仔细的考虑？旅游决策者根据上述旅游偏好形成过程初步决定，这一阶段可看作初步筛选阶段。

有些备选对象在初步筛选的过程中，一开始就很快被否定了。旅游消费者经过考虑，对这些备选对象能否实现预想的旅游目的，迅速形成否定态度。另一些备选对象既没有立即被否定，也没有立刻被接受，便形成中性态度（即不肯定也不否定）。

还有一些备选对象，被列为可行的备选对象。这就是说，旅游消费者可能在经过进一步的评估后，会从这些备选对象中选定一个对象。

在旅游消费者决策的过程中，那些被仔细评估的备选对象是被加以周密考虑的。需要注意的是，当人们做出旅游决策时，并不总是在各种问题被意识与被辨别后，才去寻求解决办法的，即决策者并非总是以一种有条不紊的方式做出决策。而某些旅游消费者是根据已有的旅游经历和知识储备做出决策的。另外，旅游消费者认真评估的可行的备选对象的数目是不同的，它取决于旅游者本身。当人们做出一个旅游决策时，同时也意味着要承受错误决策的风险。

二、态度理论在旅游中的应用

（一）旅游目的地当地居民的态度

在旅游领域和态度最为相关的无疑是“当地居民态度”了。随着某个地区的旅游开发，当地居民的态度可能会从正面逐渐转变为负面的态度。旅游开发和当地居民态度的变化有四个阶段。

一是**愉快阶段（euphoria stage）**。在游客到来的旅游开发初期，当地居民会欢迎游客。但随着旅游的迅速发展，当地居民发现旅游的收入虽然在不断增多，但却流入了小部分人的口袋。这时候的居民会进入第二个阶段，对旅游开发不再关心，进入无所谓的**冷漠阶段（apathy stage）**。随着旅游的进一步发展进入饱和状态，旅游影响了当地人的正常生活。此时的当地居民会进入第三个阶段，即**激怒阶段（irritation stage）**。从这个阶段开始，居民就进入了负面的态度。最后一个阶段是**对抗阶段（antagonism stage）**。当地居民对旅游开发所产生的混乱和无序开始发声，态度完全变为负面。和上一阶段不同的是，从该阶段开始，居民就可能会有行为上的表现（甚至产生犯罪行为）。

上述对旅游地当地居民态度变化的认识虽然有些夸大，但给我们展示了负面态度变化的可能性。因此，学者们也认为在旅游开发中要加入居民的参与行为。根据**社会交互理论（social exchange theory）**，人和人的关系中，人们会期待自己所得到的和自己所付出的是平等的这一原则，并会在行为上体现出来。

把这个理论放到旅游开发中我们可以知道，当地居民就会期待自己所得到的利益和自己所付出的（旅游开发）成正比，这种期待会形成对旅游的态度。如果居民得到的利益大于付出，就会形成正面的积极态度；反之则是负面的消极态度。

事实上，很多的研究也已经证实，有着积极态度的当地居民会成为支持旅游开发的人，而支持旅游开发的当地居民也会从事和旅游相关的工作，得到旅游带来的利益。因此，在旅游开发的初始阶段就需要积极听取居民的意见，让他们参与旅游开发以便形成积极的旅游态度。

（二）旅游目的地中旅游者的态度

我们前面强调了当地居民的态度形成和变化的过程。而事实上，旅游者本身也会通过旅游目的地的体验，从而赋予旅游地一定的意义，从而形成自己的态度。正因为旅游目的地被赋予了一定的意义，人们才会对旅游目的地怀有依恋。

很多人会对自己生活的地方，比如自己生活的社区或者是一些自然景观等地点赋予一定的意义。同样的一个房屋，如果是自己居住过的，就会超越一般意义上的房屋。这种对地点的感知倾向被我们称之为地方感。与地方感类似的概念还有**地方依恋（place attachment）**、**地方认同（place identity）**和**地方依赖（place dependence）**等地方情感、地方的社会连接等。

当然，地方感的成分也可以借用态度的“三分法”（即认知、情感和行为）进行分类。这样，地方感的认知成分就是地方认同，意味着人们对于这个地方的想法和信念，有关这个地方的社会空间的（或者人和地点之间的关系的）信念都可以看作是地方身份。而情感成分是地方依赖，是人们和特定地点之间的情绪性（或情感性）的纽带，是对一个地点的情感要素。

这种地点上的情感扩展到旅游目的地上时，可以形成**目的地的依恋（destination attachment）**，所表示的是旅游目的地和人之间的**纽带关系（bonding）**。最后的行为成分是指人们相信有些地方会对自己好，于是就有访问某个地点的意向。这种对地点的依赖可以充当地方感的行为成分。人们在学习和工作中受到压力的时候，有的人会去爬山而有的人会去看海。这种人们对某个地点所产生的依存性可以认为是行为成分（见表12.1）。

表12.1 地方依恋相关量表

地方认同 Place Identity（PI）
· 在这个地方游览对我有深刻的意义。 Touring at this destination has a deep meaning for me. · 我对旅游目的地的活动有一种强烈的认同感。 I have a strong sense of identifying with tourism activities at this destination. · 我对这个旅游目的地有一种强烈的归属感。 I have a strong sense of belonging in regard to tourism at this destination. · 我对到这个旅游目的地旅行有一种特别的情感。 I have a special feeling for traveling at this destination.
地方依赖 Place Dependence（PD）
· 和其他地方相比，我喜欢参与这个地方的旅游活动。 I like to engage in tourism activities at this destination better than other places. · 和其他旅游目的地相比，我在这个地方的旅游活动中感到更加充实。 I feel more fulfilled from tourism activities at this destination than other tourism destinations. · 和其他地方相比，参与这个地点的旅游活动更为重要。 Engaging in tourism activities at this destination is more important that other places.

资料来源：MENG B，HAN H. Determinants of working holiday makers' destination loyalty：Uncovering the role of perceived authenticity［J］，Tourism Management Perspectives，2019，32：100565.

除了三分的方法之外，还存在其他的一些分类。比如，有的学者主张采用地方感的单一综合概念（即一元论），也有的学者认为应该采用地方认同和地方依恋两个维度。但不管学者们出于什么角度，有关旅游目的地的依恋都是由环境和个人之间的交流互动，随着时间的流逝发展而来，也是基于体验记忆的人和地点之间的纽带发展而来的。

旅游目的地依恋的重要性体现在随着依恋程度的增加，旅游者有着更多的停留时间。即使是同样的旅游目的地（同样的设施水平和服务质量），旅游者会更频繁的回访地方依恋更高的地点。

正因为如此，旅游目的地的管理者不应该把旅游目的地的设施（尤其是地标性的建筑物、标识等）仅仅看作没有意义的物理对象，而是应该赋予这些建筑物一定的意义。这样才能提高旅游者的依恋程度，增加旅游者的访问的欲望和停留时间。

另外，旅游者对于旅游目的地也有情感反应（affective reaction）。就像我们在餐厅选择座位的时候，大部分人会尽可能选择远离出入口和厕所的地方。尽管食物的味道和位置并没有太大的关系，但我们还是表现出了一定的倾向性。这种倾向被证实和我们想要的心情有关。

一般情感可以是像心情这样的情感状态（affective state），也可以是商品在广告过程中体会到的反应。虽然心理学理论中早已揭示了态度中的情感要素，但消费者（包括旅游者）态度中的情感要素确实是最近一段时间才被学者们所关注。

现在在研究旅游目的地形象的时候，也会谈及情感形象（affective image）的概念，这被认为是人们对旅游目的地形象的情感反应。

情感反应在旅游者体验形成的过程中，会加强或减弱满意度。比如，我们在看到美丽风景的时候，带有情感的时候会达到加强满意度的效果。从整体来看，情感对旅游态度和行为的影响还很缺乏。

三、态度的变化

已经形成的态度随着不同的情况会产生变化。如何引发这种变化是心理学、社会心理学和消费者行为的相关学者所关心的重点问题之一，同时也是一个具有挑战性的问题。人们常把态度的这种改变称为“劝说”的过程。劝说过程可以通过信息的外界劝说达成，也可以通过行为的自我劝说达成。下面，我们会首先了解通过信息的劝说过程的相关理论，之后学习如何通过行为改变态度的相关理论。

（一）信息劝说

我们如何通过改变旅游者的态度，吸引更多的旅游者来某个特定的旅游目的地？对于这方面，学者们提出了详尽可能模型（Elaboration Likelihood Model，ELM）来描述这一过程。

该模型认为，劝说是通过**中心路线（central route）**和**周边路线（peripheral route）**的两条路径而形成的。中心路线具体指的是包含了劝说性信息在内的推理过程所引发的态度变化；周边路线是和信息传达有关的劝说信息（如口碑等），也就是不需要认知的思考的过程。也有学者认为中心路线是“学习的过程”，人们通过信息中内容的学习，达到改变态度的目的。

当中心路线是一种学习过程的时候，就像我们前面说过的，消费者**介入（involvement）**的概念就显得非常重要了。因为高水平的介入能够带来高水平的学习过程，也因此能够“消化”更多的信息内容。相反，低水平的介入水平就无法依靠中心路线，需要依靠“他人推荐”“广告”“排名”“名声”等其他因素改变自己的态度。

也有研究者把详尽可能模型应用到了信息的采纳行为上进行扩展，提出了**信息采纳模型（Information Adoption Model，IAM）**。比如，在信息情境下的详尽可能模型中的中心路线由“信息质量”测量，而周边路线可以由“信息可信度”测量。这两个因素可以改变态度，进而改变人们是否采用信息的行为（见图 12.1）。

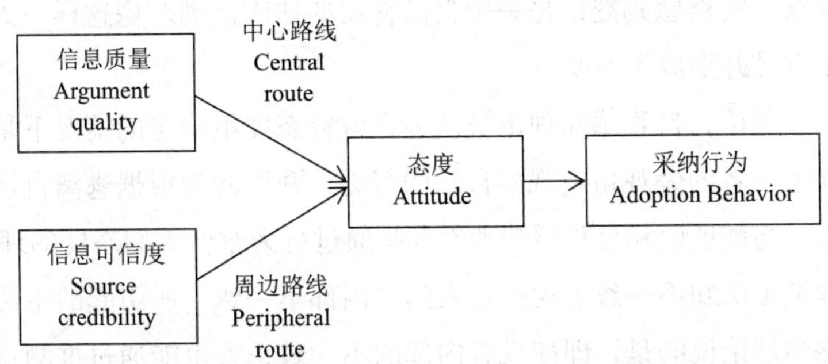

图 12.1 信息采纳模型（基于详尽可能模型）

资料来源：SUSSMAN S W，SIEGAL W S. Informational influence in organizations：An integrated approach to knowledge adoption［J］. Information Systems Research，2003，14（1）：47–65.

（二）行为劝说

海德尔（Haider）提出的**态度均衡理论（balance theory）**强调了人们倾向于追求认知和态度之间的均衡。也就是说，当人的两个认知（或多个认知）相互产生冲突的时候，会改变其中的一个认知，人为让两个认知趋向于一致。

尤其是当人们所表现出的行为和最初的认知相反的时候，就会倾向于合理化这种行为，之前对于这种行为的负面态度会转变为正面和积极的态度。学者们把这种现象理解为一种通过“自我劝说”导致态度变化的过程。

可以看出，人们为了消除认知上的不一致所产生的不安全感，会做出改变态度等一系列的努力，为的是保持认知的一贯性。这也就意味着我们可以利用人们的行为改变人们的态度。比如，某个人平常对团体旅游有着负面的态度，但这个人有一天得到了免费去团体旅游的奖品，这样，他就和家人偶然参与了一次团体旅游。这种情况下，这个人就产生了和之前认知（不参加团体旅游）不一致的情况。当旁边的人说：“你不是不喜欢团体旅游吗，为什么去团体旅游”的时候，他可能会说：“偶尔去一次也挺好的、其实团体旅游也比较方便”等回答。

和均衡理论所强调的“认知非一贯性”不同，也有的学者认为内部认知的不一致并不是态度变化的必要条件，而是人的自我感知改变了态度。由此提出了**自我感知理论（self-perception theory）**，认为人们会通过观测自己的行为追求自我态度的逻辑性和正当性。自我感知的理论认为，人们的某种行为在发生之前可能并没有一个明确的态度。当他们做出某个行为后，可能才会突然“觉醒”，形成态度。

比如，有的人去登山之前从来没有想到自己会喜欢这项活动，当到达山顶看到美丽的风景的时候，突然感到登山是一个自己喜欢的休闲活动。像这样，人们通过自己的行为理解了自己并形成了态度。

比较这两个理论，自我感知理论被认为在解释态度不确定的情况下是有用的。人们就好像站在第三者的旁观角度观察自己的行为，并以此为根据逃离自己的认知、理解自己的态度。均衡理论和自我感知理论都是通过行为改变人们态度的理论。

但均衡理论（认知不一致）说的是人的“内部不一致”所引起的不协调的心理机制；而自我感知理论说的是，即使没有内部的不一致，人也能通过推测自己行为的原因，从中得出自己态度的方法。

这两个理论都有一定的道理，但很难说哪个更加正确。可以知道的是两个理论的适用条件不同。人所表现出的行为和之前的态度没有太大相关的时候，必然引起不一致。这个时候为了保持一致，人们会合理化这种行为，产生态度上的变化（即均衡理论）；相反，表现出的行为和自己的感觉有很大差距时，人们通过推理的方式形成自己的态度（即自我感知理论）。

学术用语

[1] 愉快阶段（euphoria stage）

[2] 冷漠阶段（apathy stage）

[3] 激怒阶段（irritation stage）

[4] 对抗阶段（antagonism stage）

[5] 社会交互理论（social exchange theory）

[6] 地方依恋（place attachment）

[7] 地方认同（place identity）

[8] 地方依赖（place dependence）

[9] 目的地的依恋（destination attachment）

[10] 纽带关系（bonding）

[11] 中心路线（central route）

[12] 周边路线（peripheral route）

[13] 介入（involvement）

[14] 信息采纳模型（Information Adoption Model，IAM）

[15] 态度均衡理论（balance theory）

[16] 自我感知理论（self-perception theory）

主要文献

[1] AJZEN I，FISHBEIN M. *Understanding attitudes and predicting social behavior* [M]. New York：Person，1988.

[2] AJZEN I. The theory of planned behavior [J]. *Organizational behavior and human decision processes*，1991，50(2)：179-211.

[3] MENG B，CHOI K. Extending the theory of planned behaviour：Testing the effects of authentic perception and environmental concerns on the slow-tourist decision-making process [J]，*Current Issues in Tourism*，2016，19(6)：528-544.

[4] MENG B，HAN H. Determinants of working holiday makers' destination loyalty：Uncovering the role of perceived authenticity [J]，*Tourism Management Perspectives*，2019，32：100565.

[5] MOTHERSBAUGH D L，HAWKINS D L. *Consumer behavior：Building marketing strategy* [M]. Boston：McGraw-Hill，2015.

[6] SUSSMAN S W，SIEGAL W S. Informational influence in organizations：An

integrated approach to knowledge adoption [J]. *Information Systems Research*，2003，14 (1)：47–65.

思考（认知能力训练）

1. 旅游目的地居民的态度会经历几个阶段？分别是什么？
2. 信息劝说的中心路线和周边路线分别是什么？

思政（应用能力训练）

如何改变旅游者的态度一直是营销人员最为关心的事情，根据本章所学的内容，试着分析一下，如何通过旅游活动，弘扬我国的传统文化？

第四部分

外部影响

第13章 群体影响

开 篇

到现在为止，我们学习了旅游者个体行为的相关知识。但对大部分的人类行为来说都是在社会的情境下形成的，我们一直受到主观环境的影响。因此，我们还需要了解旅游行为受到哪些社会因素影响。比如，在出境旅游过程中，人们的出游决策总是受到其他人和群体的影响。

旅游者的出游或多或少会受到诸多其他社会成员和因素的影响。那么，除了家庭、亲朋好友外，影响旅游消费者行为的群体还有哪些？他们是如何影响旅游消费者行为的？上述问题都是本章试图回答和阐述的。

本章首先会从群体和参照群体的概念和特点入手，之后会介绍参照群体的影响力以及对个人行为的影响。最后的部分会介绍群体和旅游行为的关系。

学习目标和内容概要如下所示。

学习目标

- 理解群体和参照群体的概念。
- 群体的影响力。
- 理解群体和旅游行为。

章节概要

一、群体和参照群体
1. 群体的概念和特点
2. 参照群体的概念
二、群体的影响力
1. 参照群体的影响力
2. 参照群体对个人行为的影响方式
3. 口碑和意见领袖
三、群体和旅游行为
1. 家庭
2. 朋友
3. 工作群体
4. 非正式群体
5. 消费者行为群体

一、群体和参照群体

（一）群体的概念和特点

就像前面我们阐述的那样，和一般消费者的行为相比，群体对旅游者的影响更加值得我们关注和研究。这其中最主要的原因是大多数的旅游行为都是在一定的社会群体中（或作为群体的一员）发生的。

比如，我们去餐厅吃饭的时候，大部分吃饭的人都是两个人以上。而旅游者也是类似的，常常以团体的形式（如家庭、朋友）出行。因此，我们说相比一般的消费和购买行为，旅游者更加会受到群体的影响。

那么，我们首先需要从群体的定义看起。群体根据其形成过程和目的，会有不同的定义。比如，社会学家会认为**群体（group）**是指通过一定的社会关系结合起来，成员间相互依赖、彼此间存在互动的集合体。

消费者行为的研究者认为，群体是"共同享有规范、价值或信念，产生依存关系的两个或两个以上的人”，或者是“为了达成某种共同的目标，相互左右和交流的两个或两人以上的人”。

学者们对群体有着不同的定义，虽然多少有些不同，但都有着“共有”“相互影响”“两人或两人以上”等共同的特征。因此简单的统计集合体、围在路边看热闹的人群、喜欢看电视新闻的观众等不能归为群体之列。因为这些集合体的成员之间不存在依附关系，不发生互动，在多数情况下彼此间毫无影响；而篮球队、家庭、同班同学等，则可称为群体，因为其成员是为了共同目标而组合在一起的，彼此间不但有面对面的接触，而且有频繁的互动。

另外，群体可以有不同的持续时间，可以像家庭那样数代延续下去，因此密切结合在一起的家庭是一个群体；有时由于特殊原因短暂结合在一起的几个陌生人也可以构成一个群体，他们可以在数天或数小时内解体。例如，几个人外出旅游同乘一辆缆车，由于意外事故，车被困在半山腰，在这突如其来的情况下，本来素不相识的人组成暂时性的群体，有人出主意，有人向外呼喊求救。这些本无任何关联的人，为了共同目的，彼此互动起来。他们平安脱险后，这种互动即宣告结束，在十分短暂的时间内，几位陌生人形成了一个临时群体。

从这些关于群体的定义以及上面的讨论中，我们似乎可以感受到群体具有一定的特点，这些特点可以总结为以下几点。首先，群体内成员需要以一定纽带联系起来。这种纽带可以是以血缘组成的氏族和家庭或以地缘组成的邻里群体，也可以是以业缘组成的职业群体。其次，有明确的成员关系。群体的关系分为两个方面：一方面是个体对群体的隶属关系；另一方面是群体内的成员关系。在一个群体中，任何成员都有自己的角色和地位，并通过角色和地位与其他成员发生一定的关系。再次，有共同的群体意识。共同的群体意识是指成员对群体的归属感，有了这种情感，成员才能形成共同的评价与意识，共同的欲求和目标，一致的态度和行为，产生共同的心理感受。在共同心理的支配下，每个成员都能自觉地表现出与群体一致的行为。再次，有持续的互动关系。群体成员存在一定的关系并发生一定的交往，而且这种关系和交往并不是临时的，而是保持比较长久的互动情感关系。只有经过一定时间的、相对稳定的、持续的互动，成员才能相互了解，结成稳定的关系。最后，有一定的行为准则和规范。群体一旦形成，就需要一定的行为准则来统一其成员的信念、价值观和行为，以保障群体目标的实现和群体活动的一致性，这种约束群体成员的准则就是群体规范。

在明白了群体的概念和特点之后，我们不禁要问一个问题：人们为什么要参与到群体中？从社会和心理学的角度来看，加入一个群体可以满足社会和心理的需求。当然，有些群体是从我们出生就会身处其中（比如，家庭和国家），在这样的群体中可能并没有什么特别的原因。但对于社会中的大部分群体来说，人们是为了寻求社会生活中的好处而参与其中。

人在群体中相互帮助，这些行为满足了人的社会和心理的需求。也就是说，群体能够帮助我们达成我们单打独斗难以达成的目标。比如，我们想踢足球的时候，这时候加入一个足球群体，就可以完成踢足球这件事情了。另外，群体还可以提供信息和知识。当我们加入某个群体的时候，会和其他的成员交流，这个过程会带来信息的交互，提高了我们对事情的认识。

从消费者行为角度分析，研究群体影响也是至关重要的。首先，群体成员在接触和互动过程中，通过心理和行为的相互影响与学习，会产生一些共同的信念、态度和规范，它们对消费者的行为将产生潜移默化的影响。其次，群体规范和压力会促使消费者自觉或不自觉地与群体的期待保持一致。即使是那些个人主义色彩很重、独立性很强的人，也无法摆脱群体的影响。最后，很多产品的购买和消费是与群体的存在和发展密不可分的。比如，加入某一户外探险俱乐部，不仅要参加该俱乐部的活动，而且还要购买与该俱乐部的形象相一致的产品，如印有某种标志的衣服、旗帜、探险器材等。

正是由于群体影响的重要性，学者们一直对群体具体如何产生影响的过程抱有极大的兴趣，弄明白这些影响的机制能够对宣传和营销相应产品提供有益的启示。

（二）参照群体的概念

在讨论旅游行为时，我们并不会讨论所有的群体，那是因为并不是社会中的所有群体都对旅游者有影响。而在这其中，我们最常研究的影响群体就是参照群体了。那么，参照群体是个什么样的群体呢？这些群体又会对旅游者行为产生什么样的影响呢？这些都是我们关心的问题。

根据心理学中“态度”的研究，个体根据特定群体的规范做出同一化自己的行为和判断时，这个群体就被称为**参照群体（reference group）**。这样，参照群体（在一些文献中也叫寄托群体）实际上是个体在形成其购买或消费时，用以作为参照、比较的个人或群体。

在我们的周围，我们经常可以发现这样的群体：有的人喜欢一个歌手或者演员，那么也会喜欢模仿他们的穿着打扮，吃他们喜欢的食物。这个时候，这些歌手演员就成为这个人重要的参照群体。另外，很多公司的职员在没有强制规定的情况下，也会遵循职业装的要求穿着打扮（如衬衣和西服）。这种现象发生的原因是人会倾向于和自己上班公司的气氛、文化达成一致。我们进入一个公司，受到公司文化的影响，然后就在自己心中刻画出了“公司职员”的形象，觉得自己也应该变成那个样子，最终自己的着装也跟着统一起来了。

像这样，电影明星、体育明星、政治领袖和其他公众人物的言行举止，均可作为消费者的参考和指南。而这些能够给我们带来思想、行动以及价值观方面影响的群体就被称作参照群体。事实上，最初的参照群体包含了家庭、朋友等与个体之间具有直接互动的群体，但现在它不仅包括了这些具有互动基础的群体，而且也涵盖了与个体没有直接面对面接触但对个体行为产生影响的个人和群体。

事实上，参照群体的含义也是随着时代的变化而变化，根据不同的标准，参照群体也可以有不同的分类。细化而言，参照群体可以依据以下几个标准进行划分：接触方式、成员身份、参与意愿、正式性程度、影响内容、群体所属关系。

首先，根据群体成员之间接触方式，分为主要群体与次要群体。**主要群体（primary group）**是指成员之间经常进行面对面的直接互动的群体，如家庭、邻居、工作同事、朋友圈子、兴趣小组等。**次要群体（secondary group）**是指成员之间偶尔或没有面对面直接互动的群体，规模一般比较大、人数比较多、群体成员不能完全接触或接触比较少。次要群体对于成员的影响大都通过大众传媒、公共关系或消息发布等方式来实现。

其次，参照群体也可以按成员身份划分为以下三类。第一，直接群体，又可称之为成员群体，与受影响的消费者具有同样的身份，如互相是家人、同学等。第二，间接群体。也叫作象征群体，与受影响的消费者具有不同的身份，但也会影响到消费者。间接群体还可以分为仰慕群体与疏离群体。仰慕群体是指消费者想要加入的群体，如歌星与歌迷或粉丝之间的关系；疏离群体则是消费者尝试与之保持距离的群体，但群体的行为仍会影响消费者。第三，虚拟群体。因网络兴起而产生的参照群体，也可称为虚拟社区。

再次，按照参与意愿，可以将参照群体划分为两类。一是自愿型群体，指消费者基于本身的自由意志来参与的群体；二是强制型群体，指消费者本身无法选择或是不能选择参与的群体，如家庭等。

然后，根据人们在社会活动中发挥的作用可以划分为正式的和非正式的两种。**正式群体（formal group）**是指有明确的群体目标的群体结构，其成员有着具体的角色规定，如学校的班级、企业的新产品开发小组等。**非正式群体（informal group）**是指人们在交往的过程中，由于共同的兴趣、爱好和看法而自发形成的群体，如集邮爱好者协会、绘画小组、球迷协会等。人们加入正式群体的意图是多种多样的：有的为了追求特定的利益，有的为了从事某种事业，有的为了扩展视野，有的为了能够会见有利于自己职业生涯的重要人物，有的可能只是为了觅得新友获得归属感而已。

另外，根据群体所属关系可以划分为会员群体与象征群体。会员群体是指个体已经享有会员资格的群体，如保龄球俱乐部等。而象征群体是那些愿意接受向往群体的价值、态度及行为，并热切地希望加入，但是实际上无法跻身其中，或者没有得到认同的群体。

最后，按照影响内容可以将参照群体划分为两类。第一类是规范性群体，指的是建立一定的行为标准并使个体遵从这一标准，如父母对子女的影响，子女如何选择食品的营养标准、如何穿衣打扮、如何待人接物等。第二类是比较性群体，指的是个体把参照群体作为评价自己或别人的比较标准和出发点，如个体在布置、装修自己的房间或住宅时，可以以邻居或仰慕的某位熟人的家居布置作为参照和仿效对象。

二、群体的影响力

群体通过多种方式给群体内的人施加影响。但问题是这种影响力给人的选择或者行为带来怎样的影响？这些影响的程度有是怎样的，受到哪些因素的影响？群体的影响力和社会影响力有紧密联系，这种社会影响力给个体、群体带来影响，从而改变了这些人的态度和行为。这一节我们会首先讨论参照群体的影响力，然后了解参照群体对个人行为的影响。

（一）参照群体的影响力

参照群体如何影响消费者行为呢？早在20世纪50年代，德斯和吉拉尔就把参照群体的影响方式分为两种，即信息性的社会影响与规范性的社会影响。麦斯卡汉斯和席格柏进一步将其扩大为三种方式，即信息性影响、规范性影响和价值表现性影响。图13.1展示了一系列消费者情境和在这些情境下参照群体对个体的影响及其类型。

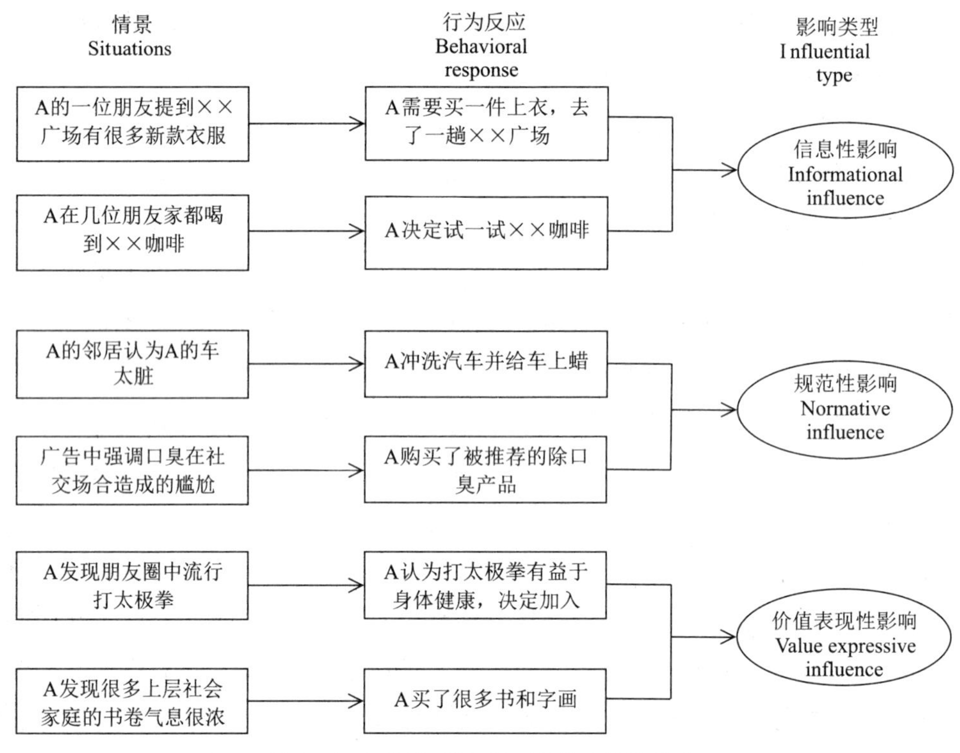

图 13.1　不同消费情景下相关群体的影响

资料来源：符国群 . 消费者行为学（2 版）[M] . 北京：高等教育出版社，2001.（再次编辑）

1. 信息性影响（informational influence）

消费者购买时的一个重要的决定因素，就是有关产品及其供应者的信息或知识，而群体的作用之一，正是可以给成员提供大量的这种信息。虽然群体的影响随着产品种类和品牌而变化，但把群体作为一个信息来源在所有的产品和品牌上都是一样的。而且，更重要的是，群体成员容易相信参照群体提供的信息。

对于具有象征性的产品（如服装等），主要的信息来源便是人际沟通。如果某种产品的功能主要是社会性的，则消费者在产生购买欲望之后，更有可能到参照群体的其他成员那里去搜寻信息，而不是去找客观的或大众的信息来源。而当消费者对所购产品缺乏了解，凭眼看、手摸又难以对产品的品质进行判断时，别人的使用和推荐将被视为非常有用的判断依据。群体在这一方面对个体的影响，取决于被影响者与群体成员的相似性，以及施加影响的群体成员的专长性。例如，某人发现周末假期时，好几位朋友都会选择城市附近的一个乡村旅游度假地，于是他也决定去体验一次，因为周围这么多朋友都去，意味着该乡村旅游度假地一定有其优点和特色。

2. 规范性影响（normative influence）

参照群体对消费者行为的规范性影响是指群体规范或期待的作用而对消费者的行为产生的影响。群体内的期望或规范可能不为局外人所觉察，但置身于其中的成员却能明显地体验到这些规范的存在，并对他们的购买行为产生影响。

而规范是指在一定的社会背景下，群体对其所属成员行为合适性的期待，它是群体为其成员确定的行为标准。无论何时，只要有群体存在，不需要经过任何语言沟通和直接思考，规范就会迅速发挥作用。规范性影响之所以发生和起作用，是因为奖励和惩罚的存在。为了获得赞赏和避免惩罚，成员会按群体的期待行事。例如，大学老师购买服装的时候一般不买过于夸张的服装，因为太夸张的着装不符合大学老师这样的知识分子阶层的规范或期待。所以，广告商声称如果使用某种商品，就能得到社会的接受和赞许，利用的就是群体对个体的规范性影响。同样，宣称不使用某种产品就得不到群体的认可，也是运用规范性影响消费者行为的一种方式。

3. 价值表现性影响（value-expressive influence）

消费者为了维持与特定群体的同一性，会经常对照其他成员的偏好和购买行为，这样，群体影响消费者行为的一个途径就是促进价值表现，即通过左右成员的购买来表现自己的价值趋向。就是说，消费者自觉遵循或内化参照群体所具有的信念和价值观，从而在行为上与其保持一致。例如，某位消费者感到外出登山旅游时，大家都会穿着某一国外品牌的户外运动服饰，并佩戴一定的标志，于是他也购买了同一品牌的户外运动服饰，并佩戴了登山团队标志，以反映他所理解的那种户外登山专业人员的形象。

此时，该消费者就是在价值表现上受到参照群体的影响。个体之所以无须在外在奖惩的情况下自觉依群体的规范和信念行事，主要是基于两方面力量的驱动。一方面，个体可能利用参照群体来表现自我，提升自我形象；另一方面，个体可能特别喜欢该参照群体，或对该群体非常忠诚，并希望与之建立和保持长期的关系，从而视该群体的价值观为自身的价值观。

（二）参照群体对个人行为的影响方式

消费者行为的研究者认为，参照群体通过三种方式对个人的行为产生影响：社会化、社会比较、社会影响。

首先，人们通过**社会化（socialization）**的过程对个体的行为产生影响。社会化说的是个体作为群体的一分子，学习群体中的规范、价值和行为的过程。比如，我们新到一个工作单位，会通过和单位同事的接触，学会不同场合的穿着。这样，我们就在群体中通过和别人进行比较，重新评估和修正（或者是保护）了我们的自我概念。我们对自己的认识（我是个怎样的人）常会受到重要人的意见和别人反应的影响。

群体的第二个影响行为的方式是**社会比较**（**social comparison**）。人们常会用处在群体中其他人的标准进行评判。自己的成功（或者健康）与否并不是和社会上的所有人比较，而是倾向于和身边参照群体中的人比较。尤其是青少年会容易和自己同龄人进行比较（甚至同龄的童星）。

最后一个影响方式是**社会影响**（**social influence**）。社会影响包含有影响他人的行为所施加的力量的意思。因此，相比于态度和感情上所带来的变化，社会影响和行为紧密相关。作为社会影响的结果，人的行为会受到群体规范压力的影响。受到群体规范最小的被称为**从众**（**conformity**），受到群体规范大一些的叫作**顺从**（**compliance**），受到影响最大的被称为**服从**（**obedience**）。

然而，人并不只是受到群体规范的影响，不同的人对这种规范的压力还会有拒绝行为。同压力影响的程度类似，影响最小的被称为**独立**（**independence**），影响稍多一点的被叫作**己见**（**assertiveness**）（坚持自己意见），影响最强的叫作**违抗**（**defiance**）。

学者们对社会规范现象的解释一般都会提到心理学家谢里夫（Sherif）在1935年的自由运动效果实验以及阿施（Asch）的实验。谢里夫的实验要求实验的参与者在暗室里判断光点的移动方向。这个光点有着自主运动效应（实际上是静止的，但看上去像在运动），受试者独立测试时，每个人的判断差异很大。但当所有参与者被召集到一起大声说出自己的判断时，答案趋向一致。而在实验最后，受试者再次独立判断时，受试者遵从了在一起时的群体规范。而阿施（Asch）的实验则是让受试者看卡片上的三条长短不一的线，并要求他们说出哪条线与标准线一样长。在实验中，后面回答的受试者是真正的受试者，其他的受试者是实验安排好的，并在真正的受试者前面作答。在刚开始的几次实验中，所有的人都做出了正确的判断，而在后面的实验中，让前面安排的受试者故意做出错误的判断，而后面的受试者大多（大概1/3）受到前面人的影响，也做出了错误的判断。

（三）口碑和意见领袖

我们利用两种主要途径从朋友和其他参照群体那里了解新产品、服务、品牌 、零售店及信息来源等情况，它们是：观察或参与使用产品或服务；采用口头传播方式向他人征询意见和收集信息。

口碑传播（word-of-mouth，WOM），即个人与他人以口头语言的方式分享信息，包括面对面、电话和互联网等方式。口碑传播是非常重要的，并且与广告相比，它的重要性随着产品种类的不同而不同。另外，传统的大众传媒广告仍然很重要，尤其是在包括建立品牌意识在内的决策过程的早期阶段。

负面体验是口碑传播的强大动力，是营销人员必须考虑的一个因素，因为负面口碑传播可以严重影响受众的态度和行为。负面的体验具有高度情绪化且令人难忘的特点，从而促使消费者对其不断抱怨。虽然具体数字会因情况和产品而变化，但不难发现，失望的消费者向他人诉说其负面体验的次数一般要比满意的消费者多 2 倍左右。

虽然满意程度一般的消费者（达到其期望）不一定会进行口碑传播，但提供超过预期的产品或服务，让消费者感到不仅仅是满足，似乎能产生更多更好的口碑传播。因此，许多公司会考虑“取悦”消费者的策略，或创造积极的情绪体验，鼓励消费者传递正面的口碑传播。很明显，许多公司既想为顾客提供稳定高质量的产品和服务，又想快速、积极地回应顾客的抱怨。

口碑传播的重要性随着传播者来源的不同而不同。一些人在他们的圈子里因为善于提供某些信息而闻名，这些人非常积极地过滤、解释和提供产品或品牌信息给他们的家人、朋友和同事，他们被称为**意见领袖（opinion leader）**。

一个人从大众媒体或其他营销来源获取信息，然后将它传达给他人的过程被称为**传播的两步流动（two-step flow of communication）**。两步流动能够说明群体内沟通的某些方面，但对于大多数信息沟通来说则过于简单了，更为常见的是多步流动。图 13.2 对比了大众传播中的两步流动与多步流动模型。

传播的多步流动（multi-step flow of communication），涉及特定产品领域中的意见领袖。意见领袖积极地从大众媒体和其他来源收集相关信息，并对信息进行加工，再把他们对信息的理解传达给群体中的某些成员。意见领袖同时还接收从大众媒体和群体内其他非意见领袖成员那里得来的信息。图 13.2 显示，这些非意见领袖还经常要求意见领袖提供信息，并给后者以信息反馈。同样地，意见领袖也从他们的追随者以及其他意见领袖处接收信息。

群体成员之间通过口碑传播交换意见和信息，具体分为两种情况：一个人向另一个人寻求信息时，以及个人主动提供某种信息时。

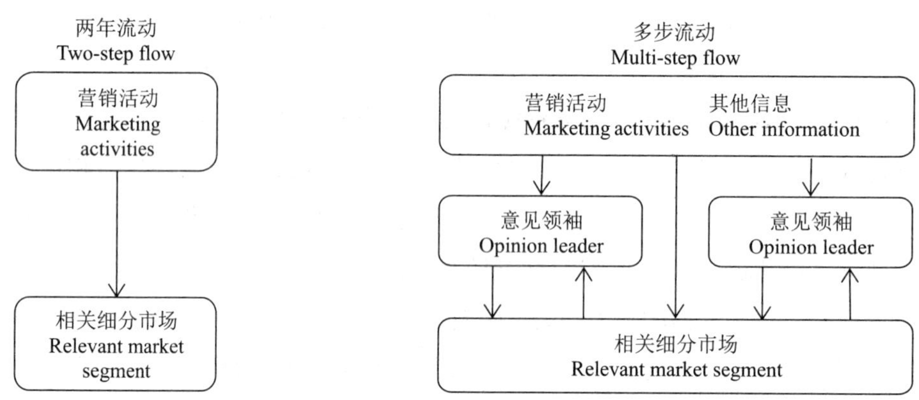

图 13.2　大众传播信息流

资料来源：MOTHERSBAUGH D L，HAWKINS D L. Consumer behavior：Building marketing strategy［M］. Los Angeles：McGraw-Hill，2015.

这种口碑传播还可以在正常的互动过程中产生。假如打算购买一种相对陌生的产品，并且这种产品十分重要，如一套新的音响、一个雪橇或一辆自行车，我们该如何做出购买什么类型、什么品牌的决定？在多种可能行动中，我们很可能找一个懂得这种产品的人咨询，那个人就成了意见领袖。

意见领袖最突出的特征，是对某一类产品较群体中的非意见领袖有着更为长期和深入的介入。这种**持续介入（enduring involvement）**的行为使人对某类产品或活动有更多的知识和经验，由此使意见领袖得以出现。因此，意见领袖通常是和特定的产品或活动相联系的。意见领袖主要通过人际沟通和观察来发挥作用，而且这些沟通和观察活动，最常出现在有着相似人口统计特征的人群中。并不奇怪的是，意见领袖出现于人口的各个群体中，而且在人口统计特征上很少同他们所影响的人有显著差别。

一般来说，意见领袖比其他人更加合群，这可以解释为什么他们愿意向其他人提供信息。另外，意见领袖对相关媒体的接触水平远比非意见领袖高。全世界的意见领袖都表现出相同的特征。意见领袖通常是专家，他们常常对某种具体的产品或活动具有专门的知识和高度介入，因此尽管一个人可能是关于摩托车的意见领袖，但他们可能是如手机等其他产品的信息收集者。但有这样一些人，他们似乎了解许多产品、购物场所和市场的其他方面信息，他们乐于与他人讨论产品和购物，也乐于向他人提供市场信息，这些人被称为**市场通（market mavens）**。

本质上，市场通也是意见领袖的一种。市场通向他人提供关于众多产品的大量有价值的信息，包括耐用品和非耐用品、服务和商店类型等各种信息。他们向其他群体成员提供关于产品质量、销售、一般价格、产品的效用、店员的特点和其他有关消费者的细节。市场通广泛使用各种媒体，他们是比较外向和耿直的，这使得他们乐意与其他人分享信息。

三、群体和旅游行为

群体的相关理论中和旅游相结合的研究相对较少。在以跟团旅游为代表的具体旅游项目中，旅游者的行为在很大程度上都会受到群体的规范或者相互作用的影响。而在不少的旅游活动中似乎也是如此，年轻群体有自己喜爱的活动类型（如探险旅游等），老年人也有自己喜爱的旅游形式（如文化旅游）。人们总是喜欢和自己同一辈的人（或相同想法和价值观）一同旅游。

前面章节中，我们对计划行为理论进行过讨论，其中社会规范可以被认为是一种群体的影响。人们在自己所属的家庭群体中，会受到是否去参与旅游活动的规范影响。家庭对旅游活动可能产生正面的推动作用或负面的抑制作用。比如，父母可能不会支持子女参与一些危险的旅游活动（如蹦极等），子女可能会减少参加此类活动；而父母支持子女参与文化旅游活动的话，子女也会慢慢对文化产生兴趣，对类似活动有着更高的参与意向。

除了主观规范之外，**社会支持（social support）**也会推动人们参与旅游活动中。比如我们如果从朋友的口中听到“你的篮球打得真好”之类的话，会觉得得到了身边人的肯定，收到了社会的支持，之后参与此类运动的意向也会得到提高。

另外，人们在和自己的家人朋友一同参与在公园、野营地的一些休闲活动的时候，也会受到身边人的影响。这种现象有学者会用**社会网络理论（social network theory）**加以解释。利用社会网络理论，有研究调查了美国社会中黑人和白人的休闲活动、地点选择和偏好的差异。结果认为人们的休闲行为会受到与自己社会网络关系密切的朋友和家庭等的影响。

总体来看，虽然很多群体可以对旅游消费者行为产生多方面影响，但主要总结归纳为下面的五种基本类型：家庭、朋友、工作群体、正式群体、消费者行动群体。

（一）家庭

家庭是消费者参与的第一个群体，也是现代社会的基本细胞。父母、子女是家庭的基本成员。家庭对人的购买行为影响很大，因为人们的价值观、审美观、爱好和习惯多半是在家庭的影响下形成的。另外，家庭还是一个购买决策单位，家庭购买决策既制约和影响家庭成员的购买行为，反过来家庭成员又对家庭购买决策产生影响。

（二）朋友

朋友构成的群体是一种非正式群体，它对消费者的影响仅次于家庭。追求和维持与朋友的友谊，对大多数人来说是工作、学习和心理的多方面需要。个体可以从朋友那里获得相关利益、友谊、安全。而当个体形成一定的朋友圈子，就成为一种独立、成熟的标志，因为与朋友交往意味着个体与外部世界建立联系，同时也标志着个体开始摆脱家庭的单一影响。

（三）工作群体

工作群体也可以分为两种类型，一种是正式的工作群体，即由一个工作小组里的成员组成的群体，如同一个办公室里的同事等。另一种是非正式工作群体，即由在同一个单位但不一定在同一个工作小组里工作，且形成了较密切关系的一些朋友组成。

由于在休息时间或下班时间，成员之间有较多的接触，所以非正式工作群体如同正式工作群体，会对成员产生影响。尤其是群体内那些受尊敬和仰慕的成员或各种“意见领袖”的消费行为，会对所属成员的消费行为产生重要影响。

（四）非正式群体

校友会、各种协会、俱乐部等群体，属于非正式的群体。人们加入这类群体可能基于各种各样的目的。有的是为了获取知识，开阔视野，有的为了见识新的朋友、新的重要人物，还有的是为了追求个人的兴趣与爱好。

虽然非正式群体内各成员不像家庭成员和朋友那么亲密，但彼此之间有很多沟通、交流的机会。而且共同的兴趣爱好把大家联系起来，主要满足人们的精神需要，有时比正式群体的成员对消费者行为的影响还要大。正式群体的成员还会消费一些共同的产品，或一起消费某些产品。比如，滑雪俱乐部的成员要购买滑雪服、滑雪鞋和很多其他滑雪用品。

（五）消费者行动群体

在西方消费者保护运动中，涌现出一种特别的群体，即消费者行动群体。这些群体大致可分为两种类型，一种是为纠正某个具体的有损消费者利益的行为或事件而成立的临时性团体，另一种是针对某些广泛的消费者问题而成立的相对持久的消费者群体。因为发生旅游交通事故而受伤的游客组成的索赔团体，就属于前一种类型的消费者行动群体。针对旅行社服务而成立的反欺诈群体就属于后一类型的消费者行动群体。大多数消费者行动群体的目标是唤醒社会对有关消费者问题的关注，对有关企业施加压力和促使它们采取措施矫正那些损害消费者利益的行为。

学术用语

[1] 群体(group)

[2] 参照群体(reference group)

[3] 主要群体(primary group)

[4] 次要群体(secondary group)

[5] 正式群体(formal group)

[6] 非正式群体(informal group)

[7] 信息性影响(informational influence)

[8] 规范性影响(normative influence)

[9] 价值表现性影响(value-expressive influence)

[10] 社会化(socialization)

[11] 社会比较(social comparison)

[12] 社会影响(social influence)

[13] 从众(conformity)

[14] 顺从(compliance)

[15] 服从(obedience)

[16] 独立(independence)

[17] 己见(assertiveness)

[18] 违抗(defiance)

[19] 口碑传播(word-of-mouth, WOM)

[20] 意见领袖(opinion leader)

[21] 传播的两步流动(two-step flow of communication)

[22] 传播的多步流动(multi-step flow of communication)

[23] 持续介入(enduring involvement)

[24] 市场通（market mavens）

[25] 社会支持（social support）

[26] 社会网络理论（social network theory）

主要文献

[1] LAROCHE M，MOURALI M，LAROCHE M，et al. Individualistic orientation and consumer susceptibility to interpersonal influence [J]. *Journal of Services Marketing*，2005，19 (3)：164–173.

[2] HIGIE R A，FEICK L F，PRICE L L. Types and Amount of Word-of-Mouth Communications About Retailers [J]. *Journal of Retailing*，1987，63 (3)：260–278.

[3] 林建煌. 消费者行为 [M]. 台北：智胜文化事业有限公司，2002.

[4] 符国群. 消费者行为学 (2 版) [M]. 北京：高等教育出版社，2011.

思考（认知能力训练）

1. 参照群体的影响力有哪几种类型？

2. 口碑和意见领袖是什么意思？

思政（应用能力训练）

当下，参与旅游休闲活动成为人们追求美好生活的一种生活方式。试着思考一下，如何利用群体的影响推广旅游休闲活动？

第14章 社会阶层与生活方式

开　篇

影响旅游者决策过程的外部因素还包含社会阶层和生活方式（可看作是集体性格）。在我国的历史上有着君臣的阶级之分。这种君和臣的区分在某种意义上区分了人的职业，也决定了不同人的生活方式。尽管到了现代，这种君臣制度已经消失，人们可以平等地变化职业和身份，但社会阶层的影响并没有完全消失。我们还是会和“气味相投”的其他人聚在一起，交往、结婚、一同开展社会生活。

决定这种社会阶层的变数有很多种，包括职业、经济状况、教育水平等。这一章我们会一同学习这些影响变数。除此之外，本章还会介绍生活方式的概念。生活方式可以用价值观和偏好进行定义，它被认为是扮演自我概念的结果。比如，人们会关注健康的生活方式、产生慢食偏好等都可以算作是一种生活方式。生活方式就像性格一样能够影响行为，生活方式是一种“集体的性格”，会对集体的行为产生影响。

集体中个体的生活习惯和价值观相互影响，这也导致同一集体中的人们的整体生活也非常相似。这样，人们的购买行为也会十分相似，而在这一点上，旅游行为也会表现出相似性。喜欢自然的人可能不会喜欢冒险运动（比如赛车等），而喜欢生态的人会比别人更爱登山。那么，我们现在就具体看一下生活方式对旅游有着什么样的影响。

本章首先讨论了社会经济变数的影响，如年龄、收入、教育水平和性别等。其次，本章会介绍社会阶层的概念以及社会阶层的决定因素。最后，我们会介绍生活方式的概念，以及生活方式的测量和类型。生活方式和旅游行为的关系也被纳入我们的讨论中。本章的学习目标和内容概要如下所示。

学习目标

- 理解阶层的概念。
- 了解阶层的决定因素。
- 理解生活方式的概念和旅游行为的关系。

章节概要

一、社会阶层变数的影响
　1. 年龄
　2. 收入
　3. 教育水平
　4. 性别
二、社会阶层的影响
　1. 社会阶层的概念
　2. 社会阶层的决定因素
　3. 社会阶层的测量
　4. 社会阶层和旅游行为
三、生活方式
　1. 生活方式的概念
　2. 生活方式的测量和类型
　3. 生活方式和旅游行为

一、社会阶层变数的影响

一般来说，**社会阶层变数（socio-economic variables）**也被称为人口统计学变数。

包含年龄、收入、教育水平和性别等。这些特征在每个人的身上都有不同的体现，按照某种标准可以划分出几个不同的组别。虽然这些组别并不能像之前谈到的“参照群体”一样是按照某种交流活动而聚集起来，但却可以按照收入区分出上层阶层、中产阶层、低收入人群等组群。

社会阶层变数在很多方面都会对旅游者的行为产生影响。下面我们就对这些变数对旅游行为的影响具体分析。首先应该明白的是社会阶层的变数相互之间也有很高的相关性。比如，教育水平既和职业相互关联，也和收入有一定的正向联系。一般来说，教育程度高的人收入也会高，医生等专业性强的职业收入也比一般的职业收入要高。年龄也和收入有一定的关系。比如，老年人的收入多少会比中年人的收入低一些。当然，这些变数之间的关系是另外一个值得讨论的问题，我们在这里要讨论的是这些变数和旅游行为之间的关系。

（一）年龄

前面已经提及了一些年龄和旅游行为的关系，和旅游的制约因素结合来看的话，很多研究都提及了老年阶层。年龄在两个方面和旅游行为相关：一方面，年龄越大，在身体和经济上会对旅游的选择产生影响；由于这些制约，旅游的选择也会减少。另一方面，由于年龄的增长，人们逐渐从子女教育中解放出来，对旅游在时间上的投入可能会增加（见图 14.1）。

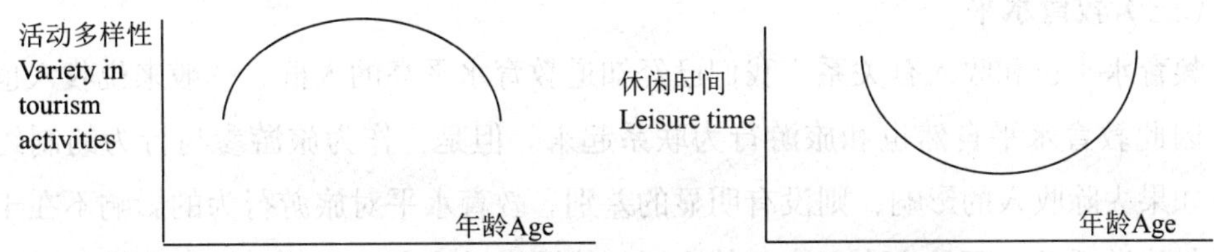

图 14.1　年龄和旅游活动多样性以及参与时间的关系

在左图中，在拥有子女之前，年轻人的旅游活动和种类都在逐渐增加，而在子女出生之后，由于要养育孩子，旅游活动的多样性受到制约；而随着年龄的增大，体力减弱，活动的范围和种类都有所减少。尤其是年龄大了之后会减少对自己身体有潜在危险的活动，选择一些诸如钓鱼、市内旅游、欣赏风景、游览等相对被动的活动。而在右图所表示的休闲时间中，结婚生育了孩子之后人的休息时间最少，而之后随着年龄的增长，逐渐从养育孩子和工作的繁忙中解脱出来，休闲活动也得到了增长。

（二）收入

收入也和年龄相似，会对旅游行为产生明显的制约。也就是收入越少，旅游活动选择的范围就越少，旅游参与就变得更加困难。这当然和旅游活动本身需要多少费用相关，但还包含活动相关设备、学习相关的技术（如滑雪）、参与活动的参加费、服务费等项目，这些也都是不可忽视的费用。这样看来，收入会对旅游参与以及活动选择的范围产生显著的重要影响。

但是，收入多也不一定代表着会积极参与旅游活动或者参与多种旅游活动。高收入的人群可能需要支付的其他成本也会多（子女教育、房屋支出等），只有旅游方面的可支配收入多的话，才会影响旅游行为。所以，我们在谈及收入的时候，需要区别**个人收入（personal income）**和**可支配收入（disposable income）**。

在可支配收入中，还可以除去个人费用，区分出可自由支配收入。这其中的“可自由支配收入”和旅游紧密相关。当然，自由可支配收入可用于休闲活动，也有一部分会存起来或者用于其他的一些活动。

值得注意的是，虽然收入的增加被证明和休闲活动的增加有正面的相关关系，但收入超过一定程度之后，人们对旅游的支出会逐渐减少。还有一种情况是海外国际旅行的情况，高收入阶层国际旅行的次数要比低收入阶层高。随着国民收入的普遍增加，国际旅行也会逐渐变得普遍。

（三）教育水平

教育水平也和收入有关系。我们已经知道教育水平高的人群，一般来说收入也会高，因此教育水平自然也和旅游行为联系起来。但是，作为旅游参与行为的制约因素，如果去除收入的影响，则没有明显的差别。教育水平对旅游行为的影响不在于是否参与旅游活动，而是会决定参与什么样的旅游活动或者选择什么样的旅游目的地进行旅游活动。

教育水平较高的人群更加偏好“解说型”和“自我表达”的活动（如话剧、音乐会、美术馆、网球、高尔夫球、滑雪、读书等）。和教育水平较低的群体相比，他们会参与更多种类的活动以及参与更多的休闲活动。比如，在观鸟活动中，参与者普遍有着更高的教育水平。另外，在旅游目的地形象的形成过程中，教育也对形象的感知和意义方面起了重要的作用。当然也不能说教育一定能够带来在旅游方面的高支出。在旅游目的地的支出方面，教育水平不高的群体反而被发现有着更高的支出。

（四）性别

男女的差别不仅仅是生理上的差异。男性和女性会从小的时候逐渐产生自己性别的认知，并通过后期的社会角色得以学习；而这种学习会被认为对男性和女性的多种社会活动产生影响。那么，男性和女性对旅游行为会产生什么影响呢？

性别在旅游行为方面的差异比较明显地体现在偏好上。一般男性具有较强的独立性和竞争性倾向，相比女性更加愿意冒险，对产品和服务的危险性感知较低。因此在旅游行为中，男性更加具有活动性和主动性，偏好有危险要素的活动，而女性则偏好文化型和被动型的活动。当然这其中也有一些例外的情况，我们也可以发现男性也可能喜爱去海边晒日光浴这种被动型的活动，而女性也可能喜欢购物等主动型的活动。尽管有一些不同的研究结果，但总体上来说文化活动中女性比例较多，而参与休闲活动的频率和比例也确实比男性低。

另外，在旅游目的地形象的感知方面，男女方面可能也存在差别。和男性相比，女性对于旅游的基础设施（餐厅、可进入性）、自然风光（美丽的公园、独特的风景）等方面有更高的评价。初次到访和再次到访某个旅游目的地对女性没有太大关系，她们都能产生目的地的积极评价。尤其是在形象认知方面，女性会产生更多的情感认知。在这一点上，旅游的相关管理者最常使用市场细分的营销方法对不同性别的旅行者制定营销策略。

二、社会阶层的影响

由于社会的构成对我们理解人的行为有重要的帮助，下面我们一起学习社会阶层的概念以及它和旅游之间的关系。

（一）社会阶层的概念

社会阶层（social class）说的是社会地位同等的多数人。具体来说，是个人或家庭相对固定一段时间内，可以用相互类似的价值观、生活方式、兴趣、教育水平、经济水平，行为等进行区分的群体。

虽然社会阶层受到很多因素的影响，但决定社会地位最重要的因素就是经济表现。社会阶层所表现出不同的生活方式都反映了人的价值观和自我意识方面的不同。因此，社会阶层不一定要表现在外在，只是由于相似的主观规范和价值观，表现出了相似的行动和生活方式。

社会阶层意味着权力、阶层、教育水平、身份地位等，而同属某一阶层的人倾向于相互交流。而且，相似阶层的人也倾向在类似地点工作、在同一个地方聚集居住。同一阶层的人由于类似的价值观和兴趣，也会一同去旅行，一同参与休闲活动。所以，他们也倾向于同一类旅游目的地，而相反地，不同阶层的人旅游的偏好也会不同。

社会阶层有四个特点。第一，社会阶层有阶层结构。可以分为上流层、中流层和下流层等。通过这些分类，可以把人分为不同的群体。第二，社会阶层可以作为市场细分的工具。负责市场营销的管理者有时候会只针对特定社会阶层的人进行促销。第三，同一阶层的人有类似的价值观，因此也有类似的旅游活动。不同社会阶层的人有着不同的活动。第四，社会阶层给人的行为提供了一个框架。人们生活在社会中，都有各自的社会形象；这种社会形象和社会阶层有着紧密的联系。因此，人们在某个社会阶层所表现出的行为可能也是想要模仿同一社会阶层其他人的行为。

（二）社会阶层的决定因素

社会阶层对行为的影响更加具体讨论的话，就有必要了解决定社会阶层的因素是什么。虽然社会阶层最重要的决定因素和人的能力最为相关，但除此之外，还有不少的其他因素也会影响社会阶层。先前的研究认为，决定社会阶层的变数可以分为以下几个，具体有职业、收入等经济变数；象征着交互变数的个人威信和交流活动的相互作用；以及与政治变数相关的财产价值观，阶层意识和社会流动性等（见图 14.2）。

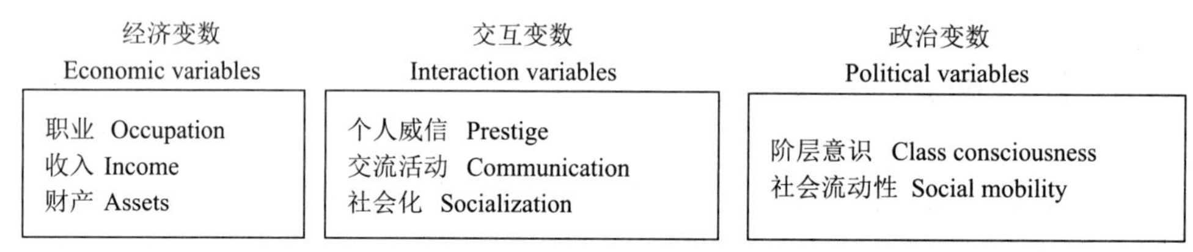

图 14.2 社会阶层的决定因素：经济、相互交流、政治

资料来源：BLACKWELL R D，MINARD P W，ENGEL J F. Consumer behavior（9th ed.）[M]. Winfield：South-Western College Pub，2001.

首先，最能表现社会阶层的变数莫过于职业。职业对我们的经济能力起到决定性的作用，也在一定程度上反映了教育水平。根据职业的不同，可以看出人们的生活方式；职业也赋予了我们社会地位和受尊重程度。另外，一个人所拥有的财产也对社会阶层起到了决定作用。尤其当一些所有物有一些象征意义时更是如此。人拥有什么东西往往象征着属于哪一个阶层，这种所有不在于拥有多少东西，而在于拥有物的属性。Veblen把这种现象称为**炫耀性消费（conspicuous consumption）**。

炫耀性消费是一种为了显示自己地位的消费，是上流阶级的人通过拥有奢侈品，产生向别人显示地位的需求时所发生的现象。因此，这些消费者并不是为了产品的功能而购买产品，而是为了把自己的成功“可视化”而采用的一种手段（如豪车、头等舱等）。这类产品和服务需要具有一定的排他性（少数人才能获得）。总体上，人们为了表现自己的社会身份，会选择不同的产品进行消费并拥有这些产品和服务。

阶层意识和社会的流动性也有着重要的意义。阶层意识就是人们对自己所处阶层的意识。人们能够认识到并区分于不同阶层的特性，并会维持符合阶层特点的消费类型，而社会的流动性说的是社会阶层之间的流动，意味着一个社会阶层的消费流行会向另外一个阶层转移，也意味着现代社会阶层本身的变化。

总结来说，上面所讨论的这些变数都决定了社会中的阶层，这些变数也都会对旅游相关的消费行为产生影响。

（三）社会阶层的测量

社会阶层如何测量？为了区分不同的阶层，首先要选取不同的测量变数。一般来说，学者们大体上把社会阶层分为六个（上上层、上下层、中上层、中下层，下上层、下下层）。不过，这种方法是一种主观量表，多少存在容易带来不诚实回答的缺点。除此之外，还有客观方法和评判方法。客观方法是通过该获取收入、职业、学历、住房等信息进行测量的方法。评判方法是说直接评判对象受到现实的制约（比如全社会都知道的人）。这些方法在一般的消费者行为中已经有过很多的论述。当然，这些方法在分析旅游行为时，也存在适用性的问题。

（四）社会阶层和旅游行为

同一社会阶层中，人们有着相似的价值观、态度和规范。因此，同阶层的人也就很自然会被同样类型的产品和服务所吸引，人们会以类似的方法、时间、金钱进行消费，而其他社会阶层的人消费的地点会不同，消费的类型也会不同。上层阶层主要购买的是无形服务，花钱也并不吝惜；普通阶层的消费者会更加倾向购买那些性价比高的产品。

前面也提到过社会阶层中象征的重要性，越是上流的阶层越是强调这种象征性。所以，上流阶层的人们会通过衣服、外貌、房屋、汽车等方面，购买帮助识别阶层身份的产品和服务，也对组织内部是否达成地位象征十分敏感。从结果来看，这些人对旅游产品和酒店等住宿服务等这些可以彰显身份的服务都有一定偏好。

上流阶层的人更加偏好休闲活动，对于休闲活动的价格更加不敏感，而普通人则由于经费有限不能参与很多休闲活动。这样，社会阶层的不同也带来了旅游态度和行为的不同。

中产阶层会把旅游作为一种教育体验，而底层人员不认为旅游的有很大的教育功能，旅游的形态主要以家庭旅游、**探亲访友（visiting friends and relatives，VFR）**为主。在广告信息的获取渠道上，由于不同阶层会阅读不同的报纸和杂志，所以也自然需要采用不同的促销渠道。

三、生活方式

（一）生活方式的概念

生活方式（lifestyle）是人们多种生活方式差别的总体反映，是理解消费者行为最为常用的有用概念。生活方式说的是人如何生活、如何消费和花销的类型，表现的是我们如何扮演自我概念。因此，生活方式反映的不仅仅是人口统计学的变数，还反映了个人的活动、兴趣和观念。就像先前我们学习过的，影响生活方式的因素有个人倾向（如性格、动机、感情、价值观、过往经历等）和现在的情境变数（如收入、年龄、性别、社会阶层、文化等）。由于这些变数的影响，生活方式得以形成，并且会进一步影响到我们的消费行为和购买行为。图 14.3 表现了生活方式的这一形成过程和影响关系。

（二）生活方式的测量和类型

为了定量测量生活方式，人们常使用**心理学特征（psychographic）**。事实上，生活方式和心理特征这两个概念有很多相似的地方。不过，心理学特征被认为是一个更加广义的概念，是可以囊括性格、自我概念、生活方式以及社会阶层等概念的集合概念。先前文献中有关生活方式和心理学特征的争论仍然不清晰，我们可以简单认为生活方式是一个相对狭义的概念；而如果要测定生活方式，则可以使用心理学特征作为工具。但是和社会阶层相比，生活方式不同点的基础是人的行动。

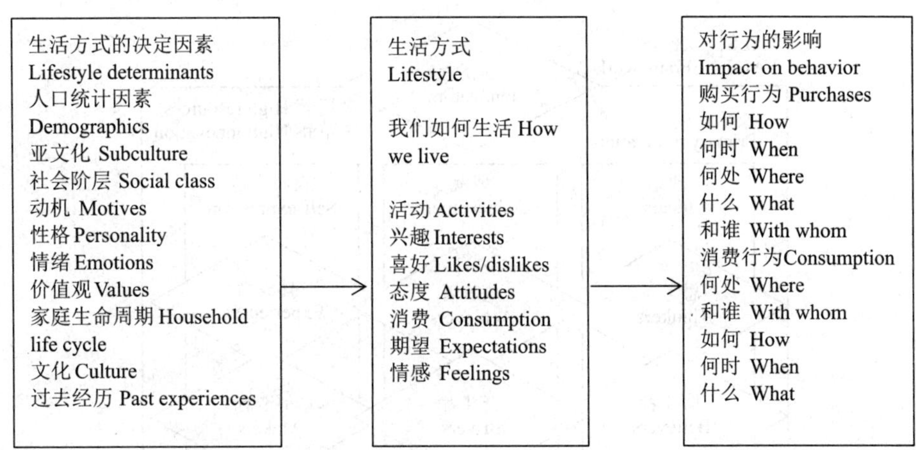

图 14.3 生活方式和消费过程 Lifestyle and the consumption process

资料来源：MOTHERSBAUGH D L，HAWKINS D L. Consumer behavior：Building marketing strategy［M］. Los Angeles：McGraw-Hill，2015.

测量生活方式的另一个普遍方法就是**活动—兴趣—意见（activity - interest-opinion，AIO）**分析法。AIO 分析法是让应试者回答有关活动、兴趣、意见的问题，然后通过这些问题划定生活方式的方法。也就是会问受访者在什么时间参与活动，对什么活动感兴趣以及有什么意见。

除此之外，斯坦福研究所（Stanford Research Institute，SRI）开发的 VALS（values and lifestyle）框架以及 Kahle 的价值观（list of values，LOV）测量工具也被广泛应用。

如图 14.4 所示，基于 VALS 分类方法，生活方式被分为八个类型，这里面的“个人资源”说的是教育水平、收入、自信等身体、心理、物质和社会经济的资源。而“动机”是人们追求体验的动机，用来塑造生活和带来实质的东西。具体可分为理想动机、成就动机和自我表现动机。理想动机是说消费者根据自己的信念会做出决定，追求产品的功能性和可靠性；成就动机是说消费者为获取社会资源而奋斗的动机，容易受其他人的意见影响；表现动机属于一种行动导向类型，通过选择表现自己的个性，是一种体验动机。这样 VALS 就基于上面两个维度，划分出八种消费心理的特征。

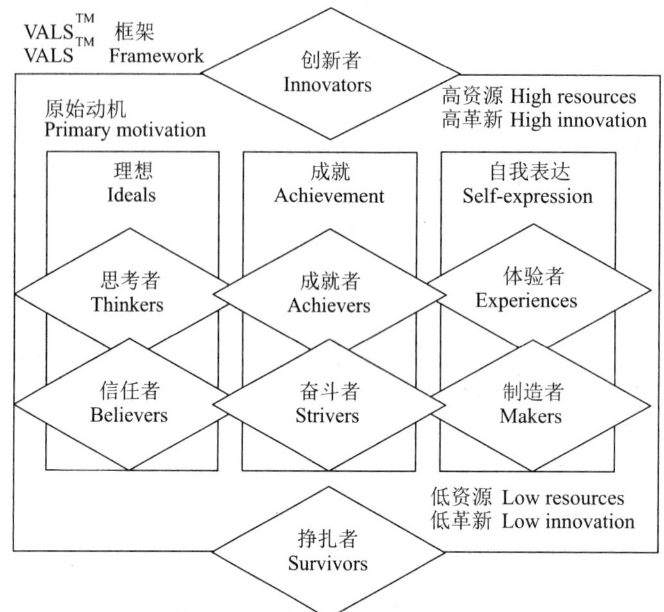

图 14.4　VALS 生活方式框架

资料来源：MOTHERSBAUGH D L，HAWKINS D L. Consumer behavior：Building marketing strategy［M］. Los Angeles：McGraw-Hill，2015.

创新者（innovators）。他们是变革的领导者，能接受新想法和新技术。他们的购买行为反映了高档和独特产品的高雅品位。

信任者（belivers）。他们非常传统，比较保守，不愿意接受变化和新技术。他们会选择熟悉的产品和有声望的品牌。

思考者（thinkers）。他们成熟、安逸、深思熟虑，受过良好的教育，积极寻求信息支持他们的决策过程，追求产品的耐用性、功能性和价值。

成就者（achievers）。他们偏向以家庭和事业为中心的生活方式，是目标导向（goal-directed）的群体。他们会避免对生活造成大的冲击，喜欢通过高档商品证明自己的成功。

奋斗者（strivers）。他们喜欢赶时髦和有意思的东西，可随时支配的收入较少，兴趣也较少。喜欢时尚相关产品，追随物资更加丰富的人群。奋斗者会认为生活对自己不公平。

体验者（experiencers）。他们喜欢打破传统，积极而冲动，喜欢冒险的活动，将自己收入的很大一部分用于时尚、社交和娱乐。

制造者（makers）。他们重视适用性和独立性。他们会选择亲身动手，喜欢和家人、朋友度过休闲时光。他们更喜欢有价值的东西，购买的多是基本商品。

挣扎者（survivors）。他们生活困难，是收入最少的群体，也没有明显的动机取向。他们主要关注的是安全，更容易成为品牌的忠诚者，并购买打折商品。总体来看，VALS的生活方式的测量对于企业来说，在指导应该制造什么产品以及新产品和服务的市场定位方面都有很大的意义。

知识延伸

人的自我概念（self-concept）

人如何扮演“自我概念”形成了人们的生活方式。因此，对自我概念的理解可以加深我们对生活方式形成的理解。人的自我概念说的是人将自身作为客观对象所具有的思想和情感的总和。自我概念可以划分为四个部分——实际自我（actual self-concept）指“我现在怎么样”，理想自我（ideal self-concept）是“我想成为什么样”，个人自我（private concept）是“我如何做自己”，社会自我（social self-concept）是“（希望）别人如何看我”。

和自我概念的紧密相关的是“自我延伸”（extended self）。贝克尔（Belk）提出了“自我延伸”，解释某些产品对个人可能具有丰富意义的社会现象。自我现实由自我和所有物（self + possessions）两部分构成。人们倾向于根据自己的所有物界定自我。因此，某些物品不仅是自我概念的外在现实，同时也是构成自我认同的必需部分。从某种意义上说，一个人就是他所拥有的东西，如果丧失了关键所有物，人将成为不同的或另外的个体。这些关键物品可能是一些大件的物品，如房子、汽车；也可能是一些小件物品，如纪念品、照片和宠物等。

某些东西会因为长期使用而慢慢沉淀某种意义、回忆和价值。有时某种产品带来的“高峰体验（peak experience）”会让这个东西成为自我延伸的一部分。高峰体验指超越了通常的强度、意义和内涵，可以产生兴奋和自我满足感的体验。帮助消费者经历重大生活变动（如第一次离开家、第一次工作、结婚、有小孩等）的东西都有可能成为自我延伸的一部分。

从营销上来说，人们为了获得理想的自我概念（或保持实际的自我），常会购买并消费相关的产品。也就是说，消费者普遍倾向于购买与自我概念相一致的品牌和产品。因此，营销者都在努力塑造产品形象，为的是让这些形象和消费者的自我概念相一致。而消费者也通过消费某些产品（以及避免使用某些产品），强化了自我概念，保持了“我是谁”的自我概念。

（三）生活方式和旅游行为

先前已经说过，生活方式对于营销来说可能成为有效的市场营销工具。尤其是生活方式和人自己设定的目标有关联时，让营销者更加深入理解了消费者的动机和需求。因此，生活方式对于市场营销中的细分策略的制定起到了重要的作用。在旅游中也是如此，生活方式为旅行社、旅游目的地的管理者提供了很好市场信息。

据此，研究者针对旅游情境的生活方式也进行过研究，提出了**旅行生活方式**（**travel lifestyle**）。根据前面VALS的基本框架，学者们认为成就者和思考者是比较重要的两种生活方式类型。首先，成就者会经常旅行，喜欢高档酒店和休闲旅游酒店，尤其喜欢个人旅游和家庭旅行。其次，思考者也喜欢旅游，和其他群体相比，更加喜欢长时间的旅行，享受制订旅行计划的过程，可以说是一类准备充分的旅游者。和其他群体相比，他们倾向于回避导游、快捷酒店等。

还有一些研究者则把旅游的生活方式分为六种，分别是冒险者、体育热爱者、兴趣爱好旅行者、教育追求者、特别家庭旅行者、候鸟家庭旅行者。

也有研究认为，旅游的生活方式包含有“非活动访客”；看望朋友和亲戚的同时，进行购物、市内旅游、文化旅游以及娱乐等活动的“积极城市旅游者”；为了给予子女经历，寻找新型旅游目的地的“家庭访客”；喜欢干净、安静和美丽景色的“户外度假者”；喜欢晴朗天气、海滨体育活动的“休闲度假者”。

总体上，生活方式确实给旅游的行为带来了影响，生活方式中包含的很多信息如何被营销者所使用成了一个非常有趣的研究主题。尽管这其中还存在不少的问题，比如心理学特征和生活方式两个概念的区分问题，这也涉及生活方式的明确定义问题。还有就是一般的生活方式框架（如VALS）在旅游中的适用性问题（很多类型在旅游者并不存在）等，但这仍然不能否定生活方式对于旅游的重要性。

现代旅游逐渐从“享乐的旅游”转变为“体验的旅游”，这种变化在旅游者的信念、态度、兴趣和意见方面都会以生活方式的形式体现出来。因此，对生活方式的持续研究必然是市场营销者最感兴趣的事情。而且，由于旅游是一种交流各个国家文化的方式，因此我们更应该思考生活方式在不同国家和文化下所存在的差异。

学术用语

[1] 社会阶层变数(socio-economic variables)

[2] 个人收入(personal income)

[3] 可支配收入(disposable income)

[4] 社会阶层(social class)

[5] 炫耀性消费(conspicuous consumption)

[6] 探亲访友(visiting friends and relatives，VFR)

[7] 生活方式(lifestyle)

[8] 心理学特征(psychographic)

[9] 活动—兴趣—意见(activity – interest-opinion，AIO)

[10] 创新者(innovators)

[11] 信任者(belivers)

[12] 思考者(thinkers)

[13] 成就者(achievers)

[14] 奋斗者(strivers)

[15] 体验者(experiencers)

[16] 制造者(makers)

[17] 挣扎者(survivors)

[18] 旅行生活方式(travel lifestyle)

主要文献

[1] BLACKWELL R D，MINARD P W，ENGEL J F. *Consumer behavior* (9th ed.) [M]. Cincinnati，Ohio：South-Western College Pub，2001.

[2] HAWKINS D J，BEST R J，CONEY K A. *Consumer behavior*: *Building marketing strategy* [M]. New York：McGfaw-Hill/Irwin，2004.

[3] KOTLER P, BOWEN J, MAKENS J. *Marketing for hospitality and Tourism* [M]. Boston：Prentice Hall，2003.

[4] MOTHERSBAUGH D L，HAWKINS D L. *Consumer behavior*: *Building marketing strategy* [M]. Boston：McGraw-Hill，2015.

[5] SOLOMON M R. *Consumer behavior* [M]. Upper saddle River: Prentice Hall, 2001.

思考（认知能力训练）

1. 社会经济的变数有哪些？它们如何影响旅游者的行为？
2. 生活方式的不同会给旅游行为带来什么不同？

思政（应用能力训练）

碳达峰和碳中和（简称“双碳”）已经是中国在环境保护方面对世界的承诺。中国承诺在2030年前，二氧化碳的排放不再增长，达到峰值之后再逐渐减少。

在这一背景下，“碳中和食品”等绿色环保的概念也不断推进行业的绿色发展。试想，如果旅行者形成“碳中和”的绿色旅行方式，这种生活方式的形成会受到哪些因素的影响？

第15章

家庭与旅游行为

开　篇

一个人从出生到死亡，对行为产生直接影响的最重要的因素莫过于家庭。比如，从父母身上获得的遗传基因会直接影响人的外貌。与此同时，家庭也给人的性格和生活方式等方面带来很大影响。比如，子女会潜移默化地养成和父母类似的特定习惯；兄弟或姐妹在说话的声音和语气上会十分相似，让接电话的人也分不出彼此；家庭中特定年龄的孩子会让我们无法进行某些旅行活动；而在重视教育的当下，家庭中如果有高考备考的学生，这些备考的孩子无疑就是家庭的中心。因此，家庭中的不同情况会给包括旅游在内的很多消费活动带来影响。另外，随着倡导男女平等时代的到来，家庭中决策的中心也产生了转变。

事实上，家庭中的旅游行为占到整体旅游者的一半。不同的家庭特征是如何给旅游行为带来影响的？本章从这个问题出发，着重讨论家庭变化对旅游决策产生的变化、学习和家庭对个人的影响，以及一个人从出生到死亡所经历的不同生命周期所带来的旅游行为变化。

本章从家庭和旅游行为出发，着重介绍了家庭生命周期的概念、意义，以及家庭生命周期的阶段和特征；介绍了家庭决策过程和旅游行为的关系。最后，本章还介绍了消费者社会化的内容，并对孩子的学习能力和消费者社会化的内容加以介绍。本章的学习目标和内容概要如下所示。

学习目标

- 了解家庭生命周期的概念。
- 理解不同家庭决策和旅游活动的关系。
- 理解消费者的社会化。

章节概要

一、家庭和旅游行为

二、家庭生命周期

1. 家庭生命周期的概念
2. 家庭生命周期的阶段和特征

三、家庭决策过程和旅游行为

1. 家庭决策的一般过程
2. 影响家庭决策的因素
3. 家庭决策的冲突解决
4. 家庭的旅游决策

四、消费者社会化

1. 孩子的学习能力
2. 消费者社会化的内容

一、家庭和旅游行为

家庭被认为是“共同居住和生活，通过血缘、婚姻、领养等方式结合在一起的两个人以上的集体”。可以看出，家庭是人们共同生活的基本单位，是社会基本细胞。和社会上的其他集体相比，家庭有着更加亲密以及更广范围的接触，并且有着多种信息的交流活动。因此，家庭对人的影响是广泛、直接、深刻和长期的。

和家庭相比，住户则和是否有亲缘关系不太相关，在一个居住单位生活的人都可以称为住户。那么，在旅游行为中，家庭的影响是否重要？先前的研究其实已经给了我们明确的答案。

首先，根据很多份研究报告显示，以家庭为单位的旅游活动占了整体出游形式的半数以上，并且在今后的一段时间，家庭出游的占比也显示出持续增长的趋势。

其次，即使不是以家庭为中心的旅游行为，我们的行为也会受到家庭的影响。比如，父母是文化旅游的爱好者，可能会偏好去博物馆等地方旅游。在父母经济支持下的大学生群体，在参加徒步旅行这类活动的时候，父母的意愿会起到很大的作用。

再次，家庭是个人社会化过程中的关键因素之一，在一定程度上影响着人们的观念与行为方式。因此，家庭也是影响旅游消费者行为的重要因素。几乎所有人都是作为家庭的一分子生活的，自己的旅游行为自然也会直接或间接受到家庭的影响。子女的偏好经常和父母类似，对多种社会活动的兴趣也受到父母的影响。很多研究已经证实了，通过父母所习得的休闲活动参与行为，其影响会持续到成年之后，甚至影响人的一生。也就是说，一个家庭偏好某种休闲活动会直接影响到家庭中的成员。

最后，家庭的生命周期变化会对家庭成员的旅游形式产生影响。随着时间的流逝，家庭成员可能会更加偏好某一种旅游活动，也有可能更加远离某种旅游活动。比如，和没有孩子的家庭相比，30多岁有孩子的夫妻家庭的旅游活动有着明显的不同。同一年龄的已婚女性和未婚女性在旅游活动的选择上，也会有明显的不同。因此，在制定市场营销策略的时候，设计什么样的旅游活动类型是应该考虑的事项。

由上述的讨论可知，如果要正确理解旅游的决策过程和旅游行为，就必须要正确理解家庭的生命周期、家庭成员的作用等。虽然这些理论都对家庭的旅游行为影响做出了很多贡献，但我们对家庭在旅游行为中的理解仍然还有很多需要探索的空间。

二、家庭生命周期

（一）家庭生命周期的概念

家庭生命周期就是家庭的发展过程，是指一个家庭从形成开始经历不同的发展阶段，直至解体的整个过程。在家庭生命周期的整个变化中，家庭的规模在不断变化，家庭成员由于阅历的逐渐丰富而变得日渐成熟，这都导致了家庭成员在价值取向、态度、需要、兴趣等方面也必然还会发生变化。因此可以说，旅游消费者行为也在一定程度上受其家庭生命周期所处阶段的影响。

（二）家庭生命周期的阶段和特征

在家庭生命周期的整个变化中，家庭的规模在不断变化，家庭成员由于阅历的逐渐丰富而变得日渐成熟，这就导致了家庭成员在价值取向、态度、需要、兴趣等方面也必然还会发生变化。旅游消费者行为也在一定程度上受其家庭生命周期所处阶段的影响。因此，家庭生命周期的不同阶段，旅游消费者的行为呈现出不同的特征。家庭生命周期的划分方法很多，较常使用的方法是把家庭生命周期分为以下几个阶段。

1. 单身阶段

这一阶段的单身人士，他们或者在大学念书，或者刚跨出校门开始工作。由于刚刚开始职业生涯，收入一般不高，但由于没有其他方面的负担，所以他们通常拥有较多的可自由支配收入。这一群体比较关心时尚，崇尚娱乐和休闲，是流行观念的带头人。

2. 新婚阶段

这一阶段始于新婚夫妇正式组建家庭，止于他们的第一个孩子出生。为了形成共同的生活方式，双方均需要做出很多调整。一方面，共同决策和分担家庭责任，对新婚夫妇是一种全新的体验；另一方面，新婚夫妇还会遇到很多以前未曾遇到和从未考虑过的问题，如购买家庭保险、进行家庭储蓄等。

3. 满巢阶段

（1）满巢Ⅰ期：这一阶段通常是指由年幼孩子（6岁以下小孩）和年轻夫妇组成的家庭。第一个孩子的出生常常会给家庭生活方式和消费方式带来很大变化。在西方，女方通常会停止工作，在家照看孩子，因此家庭收入会减少。在我国，有祖父母或外祖父母照看孩子的传统，一般不需要夫妻一方辞掉工作来专门照看孩子。然而，孩子的出生确实带来很多新的需要，从而使家庭负担有所增加。

（2）满巢Ⅱ期：这一阶段最小的孩子已超过6岁，多在小学或中学念书。因为孩子不用大人在家照看，夫妻中原来专门在家看护孩子的一方也已重新工作，家庭经济状况得到改善。

（3）满巢Ⅲ期：这一阶段是指年纪较大的夫妇和他们仍未完全独立的孩子所组成的家庭。这一阶段，孩子中有的已经工作，家庭财务压力相对减轻。由于夫妇双双工作，孩子也可能给一些补贴，家庭经济状况明显改善。

4. 空巢阶段

空巢阶段始于子女不再依赖父母，也不再与父母同住，这一阶段延续的时间也比较长，可以分为下面两个阶段。

（1）空巢阶段Ⅰ期：这一阶段父母可以做他们以前想做但由于孩子的牵累而无法做的一些事情，如继续接受教育、培养新的爱好、夫妻单独外出旅游等。

（2）空巢阶段Ⅱ期：这一阶段属于空巢的后期，夫妇到了退休年龄，经济收入随之减少。由于大多数人是在身体状态较好的情况下退休，而且退休后可利用的时间较多，所以不少人开始追求新的爱好和兴趣，如外出旅游 / 参加老年人俱乐部等。

5. 解体阶段

当夫妻中的一方过世，家庭进入解体阶段。如果在世的一方身体尚好，有工作或有足够的储蓄，并有亲戚和朋友的支持和关照，家庭生活的调整就比较容易。由于收入来源减少，此时在世的一方，过上了一种更加节俭的生活。

三、家庭决策过程和旅游行为

（一）家庭决策的一般过程

家庭决策（family decision making）是指直接或间接由两个或两个以上家庭成员做出购买决策的过程。由群体（如家庭）做出决策的过程，在很多方面不同于由个人做出决策的过程。考虑一下孩子和成人购买早餐麦片这一行为，是谁意识到要购买早餐麦片？麦片的型号和品牌是如何选择的？每个人考虑的产品特点一样吗？父母经常是实际的购买者，但难道也是由他们做出选择的吗？这个决策是由孩子还是一位家长做出的，或是由他们一起做出的？父母中由哪一位做出决策？当时间和产品变化时，这一点又会如何变化？在生命周期不同的阶段，这些决策是否会有不同？

人们常常将家庭决策同组织的购买决策相比较，这虽然可以提供有用的视角，但是却没有抓住家庭决策的实质。组织一般由比较客观的标准（如利润最大化）来引导购买，而家庭则没有这样明确的、整体的目标。大多数工业品是由不太熟悉或购买结果对他们无关紧要的人进行购买的，但是大多数家庭购买则不一样，产品会直接影响到家庭中的其他成员。

家庭决策最重要的方面是它天生具有感情色彩，从而会影响家庭成员彼此之间的关系。为孩子购买一个新玩具或一件新衣服，并不是一项简单的购买行为，而是对孩子爱与奉献的象征。决定全家去餐馆用餐，或者购买一台新的电视机，对家庭其他成员来说，也都具有感情上的意义。在家庭开支上意见不一致，常常是导致婚姻不和谐的重要原因。家庭购买决策的程序和结果，对于家庭中的成员以及家庭本身的健康发展都具有重要的作用。因此，尽管家庭决策与组织决策存在某些共同点，但它们并非完全相同。

在家庭购买决策研究中的一个重要问题是：对于不同产品的购买，家庭决策是以什么方式做出的？谁在决策中发挥最大的影响力？由于家庭成员的性格、兴趣及消费经验的不同，选择商品的看法和标准存在差异，因此，家庭购买决策方式也不相同。这就涉及家庭决策的类型。先前的研究显示，家庭购买决策主要有以下四种方式。

1. 丈夫主导型

丈夫主导型指的是在决定购买什么的问题上，丈夫起主导作用。这种情况的原因大都是因为丈夫收入高，家庭收入主要由丈夫提供。尤其在面对一些昂贵产品的购买决策时，往往是丈夫起主导作用。

2. 妻子主导型

妻子主导型说的是在决定购买什么的问题上，妻子起主导作用。20 世纪 50 年代以前，研究认为，家庭购买决策是由作为一家之主的丈夫独自做出的。从 20 世纪 50 年代开始，这种观点开始逐渐被妻子作为购买代理的观点代替。随着社会雇佣模式的变化、双收入家庭的增加以及妻子知识水平的提高，妻子的决策参与水平大大提高，在一些决策中的影响已经超过了丈夫。

3. 共同协商型

共同协商型是指丈夫和妻子共同做出购买决策。虽然学术界一直存在丈夫和妻子谁主导决策的争论，多数学者还是赞同这样的观点，即家庭旅游决策通常源于共同决策，几乎所有阶段的决策都是夫妻双方共同制定的，仅存在影响作用大小的差异。

4. 自主型

自主型说的是对于不太重要的物品的购买决策，可由丈夫或妻子独立做出决策，而非共同商议的结果。当妻子和丈夫其中之一做出决策时，或者两个人做出几乎相同的决策时就出现了自主决策这一种情形。另外，家庭购买决策中会经常出现六种角色。

（1）倡议者。倡导者会首先意识到某个问题或需要，或者启动购买过程的家庭成员。

（2）信息收集者。信息收集者指对某项购买具有专长和兴趣的人。不同的家庭成员可能在不同的时间或在某项物品的某些方面负责收集信息。

（3）影响者。指对评价选择、制定购买标准和做出最终选择有影响力的人。

（4）决策者。做出最后决定的人，当然也可能出现联合决策的情况。

（5）购买者。指实际购买产品的家庭成员，一般是成年人或青少年。

（6）使用者。指产品的使用者，许多产品都有多个使用者。

（二）影响家庭决策的因素

另外，决策过程中难免会出现家庭成员的影响和矛盾。家庭成员如何在购买决策中相互作用，这主要依赖以下几点：不同家庭成员角色的专门化、每个家庭成员的产品介入度、家庭成员的个性特征、家庭所属的文化和亚文化特点。

随着时间的推移，夫妻双方在决策中各自发展起专门化的角色，这种角色也逐渐成为家庭生活方式以及家庭责任的一部分。传统上，丈夫专门负责的领域是机械和技术，妻子则经常在照顾家庭、抚养孩子方面承担这专门的角色。当今社会，尽管婚姻不再赋予每种性别以特定的角色，但是角色的专门化，仍旧会随着时间发展起来，这是因为在每件产品上做出联合决策时费力，而由一个人专门进行某些决策，效率则要高得多。

对产品领域的介入程度或专业知识也是影响家庭购买决策的另一主要因素。夫妻中的一方或其他家庭成员对某一产品介入越深，在这个产品领域里的进行购买时，他就越有可能影响其他家庭成员。例如，如果某一产品（如玩具、快餐、早餐麦片等）的主要用户是孩子，他们就会具有更大的影响力。在购买家用计算机或者选择互联网接入服务时，精通计算机的青少年就会占据主导地位。

除此之外，还有很多个人特征也会影响个人在购买决策中的作用。其中，教育程度被证明是一个重要的个人特征。妻子所受教育的程度越高，她所参与的重要决策也越多。当家庭里丈夫比妻子挣钱多一些时，家庭主要财务预算在妻子导向型、丈夫导向型和共同决定型三种类型之间较为平衡。然而，当妻子的收入比丈夫高时（这是一种正在增长的普遍情况），这个家庭中妻子导向型的决策就比较常见了。

性格也是影响家庭购买决策的重要因素。诸如进攻性、控制力（相信自己控制环境的能力）、客观性和顺从性都会影响成员在家庭中的决策权。不过，对孩子们来说，年龄也是一个因素，那些年纪较大的子女发挥的影响力在不断增强。

家庭决策过程的阶段（stage of family decision making）会影响决策。购买决策

会涉及从最初的问题认知、信息收集到最后的选择和购买各个阶段。儿童和青少年在家庭决策过程中的早期阶段比其他阶段发挥的影响力更大。

（三）家庭决策的冲突解决

家庭每天需要做出大量的决策，因此意见不一致是在所难免的。如何解决这些不一致，不仅对于营销者，而且对于家庭本身的健康来说都是十分重要的。最近的研究表明，个体会使用六种策略来解决购买冲突（大多数夫妇会避免公开的冲突）。讨价还价：试图达成妥协。制造印象：列举虚假事实以取胜。运用权威：宣称自己是内行或者角色使然（丈夫/妻子应当做出这种决策）。推理：进行逻辑辩论取胜。感情用事：沉默或者从讨论中退出。增加信息：收集更多的数据，或者请第三方提出意见。

通过这些策略，最终争取解决的途径主要有三种，分别是附加信息搜寻、家庭讨论、家庭最具有权威人士单方面决定。同时，另一项研究还发现，夫妻双方在不同的决策过程中会调整自己的策略。当他们使用强制手段（如冷战方式）对决策加以影响时，他们会发现自己对决策的结果比较满意，但是对决策过程不满意。尽管上面这项研究没有包括孩子，但另一项集中探讨孩子和父母如何相互影响的研究也得出了类似的结论。

（四）家庭的旅游决策

家庭旅游决策作为一种群体互动的消费决策行为，具有指向的高涉入性、复杂的程序和功能、必须遵循的特殊决策规则等。在家庭消费中，当出现夫妻双方对某一产品或服务意见相左时，往往通过联合决策的方式加以解决。

与一般消费决策不同的是，家庭的旅游决策不仅要选择某一旅游目的地，其决策冲突往往会表现在附加决策上，如旅游活动方式、住宿、餐饮、交通等内容。根据家庭周期的分类，家庭中的旅游决策主要有以下一些特点。

1. 单身阶段

这一阶段的单身年轻人的学习、娱乐、交友、健身、求新、求奇等需求心理较为突出，而旅游活动恰好有利于满足以上几种需要，故可将此类“家庭”或者说单身年轻人视为旅游活动的生力军。尤其是旅游活动发展至今，一些新型的旅游项目，如探险、攀岩、蹦极和自助游等旅游方式更具有时尚特征，满足年轻人的需要。另外，受我国传统观念的影响，年轻人一般不离开父母单独“成家”。他们虽然有了自己的一份经济收入，但对消费行为，包括旅游行为，并没有充分的自由支配权。总体来看，单身年轻人，以及由年轻单身组成的群体是最具旅游消费潜力的群体。

2. 新婚阶段

在国外许多发达国家，旅游与年轻人结婚几乎是相伴而行的，许多人同时把旅游纳入结婚计划之中，称之为“蜜月旅行”。在中国，“蜜月旅行”也已被许多年轻人视为时尚。而对于经济不够宽裕的年轻人，新婚期是比任何时期都更有可能去旅游的时期。因为经济不够宽裕的人习惯于把旅游看作“奢侈消费”，而新婚期正是“奢侈一把”的好时机。

年轻无子女夫妇消费欲望强、节俭意识差，他们此时最舍得大把地花钱，在短时间内把大量积蓄换作高档家具、名牌服装、金银珠宝等。相比之下，旅游对他们显得既有精力又有能力。由于现在的年轻人并不是一结婚就准备要孩子，新婚期的时间越来越长，因而可将这类家庭视作潜力巨大的旅游者群体。

3. 满巢阶段

（1）满巢Ⅰ期：这一时期家庭的主要消费行为集中在满足儿童食、用、玩的需要方面。孩子的年幼使得家庭出行极为不便，不大可能考虑长途旅游，只在家庭附近的公园、动物园进行休闲娱乐，且频率较高。此外，全家出游的情况不多，若旅游也需要考虑小孩的需要。

（2）满巢Ⅱ期：由于孩子进入学龄期，教育成了家庭的主题。旅游也成了对孩子进行教育、让孩子扩大视野的一个重要方面。家长会有意识地趁节假日期间带孩子外出旅游。这时，家庭对旅游目的地的选择非常慎重，多以博物馆、纪念地、历史文化名城等人文景观为选择对象，使旅游活动为教育子女服务，旅游方式多是一家三口同时出游。

（3）满巢Ⅲ期：在这类家庭里，旅游互动的参与度继续上升，全家旅游占有相当的比例，而且更有可能把钱花在昂贵的旅游项目上，在租车、住饭店等方面的花销也更大。在中国，处于此阶段的家庭的旅游度假模式比较复杂。由于要支付高额的子女教育费用和抚养费用，有的还需要照顾年迈的父母，所以家庭经济压力尚不能很快减轻。即使孩子已经工作，传统的父母也会积极地为孩子结婚、购房等活动储蓄资金。因此，收入水平不高的家庭在这一阶段不仅不会更多地参加旅游活动，反而会减少旅游活动。

4. 空巢阶段

虽然这一阶段的旅游者在旅途中逗留的天数和游览的目的地都有所增加，但他们在住宿、进餐方面的花费却比较节约，对价格比较敏感。由于年龄的原因，在旅游活动的选择上，他们倾向于参加活动量小和有文化品位的活动，悠闲地享受美丽的夕阳红。

5. 解体阶段

此阶段的家庭由于收入来源减少，此时在世的一方，过上了一种更加节俭的生活。因而，他们外出旅游的开销不会太大，通常只是去探亲访友，或到一些知名的宗教圣地和旅游胜地游览。他们的旅游兴趣有限，活动参与度不高，希望通过旅游更多地与儿孙交往，满足情感上的需要。

以上以家庭生命周期为线索，对不同类型家庭的旅游消费行为进行了分析。值得注意的是，家庭生命周期只能反映传统的家庭类型。随着社会的发展变迁，也出现了一些新的家庭类型，且这些背离传统的家庭在所有家庭中所占比例呈上升之势，其旅游消费行为有很大的独特性，足以引起人们的关注。这些新型家庭有以下几种。

独身主义者家庭 / 拒绝生养孩子的家庭：这一类的旅游者一身轻松、来去自由，是各类旅游活动的积极参加者。

单亲家庭：由父亲或母亲一方抚养孩子。这种家庭往往因为孩子年幼或经济负担过重而对旅游活动疏远。

离异后的单身：他们在旅游方面有较大的随意性。此类家庭是否参与旅游，问题在于时间和金钱，也往往受个人性格、兴趣等因素的影响，有的人离异后会成为旅游活动的积极参加者，并把旅游视为满足其社交等需要的一种重要途径，有的人离异后却甘愿离群索居，对旅游毫无兴趣。

值得一提的是，在家庭生命周期的特定阶段，孩子的影响会非常重要，他们通过生理以及偏好上的限制影响家庭旅游决策和行为。研究者通过实证研究发现，孩子是家庭出游的催化剂，父母非常看重孩子的满意度，孩子不愿意去的地方容易被排除在备选目的地之外。而随着孩子在决策过程中作用的增强，对孩子的角色和作用也上升到了一个高度。在旅游研究中，孩子往往被看作被动的角色对待，认为孩子提出要求，而父母为其计划。特别是在出境度假游中，孩子被认为会服从父母的选择。其实孩子不仅简单地接受父母的选择，还对父母的选择产生重大影响，他们有自己的偏好，是决策制定中潜在的力量之源，特别是在度假中一些高频率的、花费较少的单项决策中，孩子是直接影响者。

孩子在家庭旅游决策中扮演的角色可以从直接和间接两个方面来看。一方面是他们直接与父母协商以参与决策项目。另一方面是他们通过自身需要照顾以及固定的生活习惯而对父母产生影响进而达到对决策的影响。

年龄大一点的孩子往往通过与父母协商而影响决策，年龄小的、没有协商能力的孩子则通过诸如对饮食时间的固定要求等来影响父母的时间安排。虽然孩子拥有提供建议的能力，但最终决定权仍在父母手中。

不同年龄段孩子对家庭旅游决策的影响力有所不同。在霍华德和马德里加尔（Howard and Madriga）的研究中，将孩子划分为三组：4~5 岁、6~10 岁、11~14 岁。研究结果发现，随着年龄段的提升，孩子对家庭决策的影响会变大，但亚洲国家 13~18 岁的孩子正值参加高中及大学入学考试阶段，反而在家庭旅游决策过程中影响最小，这和欧美等西方家庭情况有明显区别。

四、消费者社会化

家庭是消费者社会化的“基地”。所谓**消费者社会化（consumer socialization）**，指的是年轻人获取市场上的消费技巧、知识和态度的过程。消费者社会化的内容是指儿童所学习的与消费有关的知识，而过程指他们是如何学到这些知识的。在探讨这两个问题之前，我们需要考虑不同年龄的儿童对消费技能学习的能力。

（一）孩子的学习能力

在获取某种类型的信息时，年幼孩子的能力是有限的。皮亚杰（Piaget，瑞士儿童心理学家）**认知发展阶段论（Piaget's stages of cognitive development）**，是目前广为传播和被人们接受的理论。

（1）阶段 1：感性智力时期（0~2 岁）。这一时期，儿童的行为主要是自发的，虽然认知能力的进步显著，但还不会进行概念性思维。

（2）阶段 2：行为前思想时期（3~7 岁）。此阶段以孩子语言能力及概念的快速形成作为标志。

（3）阶段 3：具体行为时期（8~11 岁）。在此期间，孩子培养了将逻辑思维运用于解决具体问题的能力。

（4）阶段 4：正式行为时期（12~15 岁）。这一时期，儿童及青少年的认知结构已达到最高发展阶段，能够将逻辑思维运用于所有不同类别的问题。

有的学者提出了不同的学说，他们认为是学习能力而不是成熟程度引起认知变化。但是，所有的学说都认为，年幼的孩子在处理抽象的、综合的、不熟悉的和大量的信息方面能力比较弱。

最近展开的一项研究，利用皮亚杰的认知发展阶段理论，来帮助理解提高儿童膳食摄入量的不同干预措施的效果。研究包含两个阶段：年幼的儿童（代表行为前思想阶段），以及年长的孩子（代表具体行为或正式行为阶段）。干预的方式有激励（奖）、竞争（针对对手学校），以及个人的承诺，包括一个签署他们名字的课堂海报。因为承诺是更抽象的和难以理解的，所以它对年幼的孩子并不是太有效。

随着年龄的增长，孩子的学习能力会不断变化，如何试图培养孩子正确消费习惯，对于父母来说是一个挑战。

（二）消费者社会化的内容

消费者学习的内容可以分为三个部分：消费技能、与消费相关的偏好、与消费相关的态度。首先，**消费技能（consumer skills）**是指那些与购买行为相关的必要能力，如对金钱、预算、购买评价的理解力等。一个小孩需要学习怎样购物，怎样比较类似的品牌，怎样分配可支配收入等技能。其次，**与消费相关的偏好（consumption related preference）**是那些导致人们对产品、品牌和零售渠道进行不同评价的知识、态度和价值观。例如，一些父母可能会通过建议或者示范式购买来教给他们的孩子是 ×× 品牌一个知名品牌，这个品牌物有所值。这条关于 ×× 品牌声望的信息不足以带来实际的购买行为（购买技巧），但是它对于决定购买和购买什么是非常重要的（与消费相关的偏好）。最后，**消费相关态度（consumption related attitude）**是指对营销刺激物，如广告、销售员、产品保证等的认知和情感倾向。例如，孩子们可能从他们的父母或者家庭成员那里学到“一分价钱一分货”，这将引导他们建立很强的价格—质量推断关系，或者他们可能从父母那里得出销售员不可信的印象。这些态度将影响他们如何对营销者的各种行为做出反应。

（三）消费者社会化的过程

虽然广告和其他营销活动对孩子的社会化有着重要的影响，但是家庭仍然是消费者社会化的主要源头。例如，最近的一项饮食模式的研究发现，父母的观点是影响孩子选择食物的重要因素。这种现象对十几岁的青少年尤其明显，对这些孩子、父母的影响最大。其次是朋友和广告的影响，父母教给孩子消费技能、消费相关的偏好和消费相关的态度。他们通过有意识的或者无意识的方法，如工具性训练、模仿和调整等达到目的。

首先看**工具性训练（instrumental training）**。当一位家长（或兄弟姐妹）直接通过推理和强化来引导孩子的某种反应时，工具性训练就出现了。换句话说，一位家长可以直接通过说明营养成分来教导孩子选择某种快餐，或者做出规定，限制消费某些快餐食品。而父母们时常担心营销信息会轻而易举地掩盖他们努力提供的各种工具性训练。

其次，**模仿（modeling）**是指孩子通过观察他人，学会了适当或不适当的消费行为。模仿常常没有直接的榜样作为督导，甚至于孩子本身也可能是无意识的。

模仿是孩子们学习相关技巧、知识和态度的一种极为重要的方法。孩子们通过模仿，学会积极的或消极的消费方式。比如，父母吸烟的孩子，比父母不吸烟的孩子更容易学会吸烟。

最后，**干预（mediation）**是指一位家长试图改变孩子对营销方式的最初理解（或者反应）。比如，有些广告展示了产品的某些特性，激起了孩子的欲望，但家长却改变了孩子对这种特性的信任，也从一般意义上改变了孩子对广告的信任。

但这并不是说，家庭成员能够控制所有的商业广告，孩子们常常是在与家庭成员的互动中学习产品的购买和使用知识的。这样，一个想要影响孩子的企业，必须使自己的方法尽量与家庭其他成员的价值观相一致。

学术用语

[1] 家庭决策（family decision making）

[2] 家庭决策过程的阶段（stage of family decision making）

[3] 消费者社会化（consumer socialization）

[4] 认知发展阶段论（Piaget’s stages of cognitive development）

[5] 消费技能（consumer skills）

[6] 与消费相关的偏好（consumption related preference）

[7] 消费相关态度（consumption related attitude）

[8] 工具性训练（instrumental training）

[9] 模仿（modeling）

[10] 干预（mediation）

主要文献

[1] RYAN C. The Child as a Visitor [R]. World Travel and Tourism Review, 1992:

135–139.

[2] SEATON S T. The Family Vacation in Europe：Paedonomic Aspects of Choices and Satisfactions [J]. *Journal of Travel & Tourism Marketing*，1995，4(1)：1 – 21.

[3] HOWARD D R，MADRIGAL R. Who Makes the Decision：The Parent or Child? The Perceived Influence of Parents or Children on the Purchase of Recreation Services [J]. *Journal of Leisure Research*，1990，22(3)：224 – 258.

[4] 孙九霞，陈钢华. 旅游消费者行为学 [M]. 大连：东北财经大学出版社，2015.

[5] PIAGET J. *The Moral Judgment of the Child* [M]，London：Routledge，1932.

[6] 吴清津. 旅游消费者行为 [M]. 北京：旅游教育出版社，2006.

[7] FODNESS D. The Impact of Family Life Cycle on the Vacation Decision-making Process [J]. *Journal of Travel Research*，1992，31(2)：8–13.

[8] COSENZA R M，DAVIS D L. Family vacation decision making over the family life cycle：A decision and influence structure analysis [J]. *Journal of Travel Research*，1981，17(2)：17–23.

[9] NICHOLS C M，SNEPENGER D J. Family decision making and tourism behavior and attitudes [J]. *Journal of Travel Research*，1988，26(4)：2–6.

思考（认知能力训练）

1. 家庭的生命周期可以分为几个阶段？分别是什么？
2. 消费者的社会化过程为什么重要？

思政（应用能力训练）

当下的单身族、独居老人、丁克家庭越来越多。根据家庭的生命周期特点，分析一下这些人群会偏好哪些旅游活动。

第16章 文化与旅游行为

开　篇

休闲活动中有一种去山里的寺庙进行体验的形式。旅行者会离开城市生活，在宁静的寺庙和大自然中得到休息。由于寺庙也呈现出不同的文化主题，这也成为旅游者特别体验的来源。像“寺庙寄情”这样的旅游形式证明了文化可以成为旅游者体验的对象。人们通过寺庙中的多种活动（如品尝斋饭）体验到宗教文化。

在我们国家，广西曾经因为举办“狗肉节”引来众多的讨论。当地人认为这是一种本土文化，评判的人则认为这是一种非人道的饮食文化。像这样，人的对与错的判断往往会包含着文化带来的影响。就如同个人价值观会带来不同的行为那样，处于文化中的人也会在整体上带来群体的价值观。

这种价值观会规定人们可以做和不可以做的事情。人们在去往其他国家或地区旅游的时候，会体验到其他独特文化，而这种文化体验还会通过和当地居民的接触得以实现。这样，旅游者和当地人之间的文化价值观的差异会产生文化冲突，最终导致文化产生变化。

本章从文化的概念和特点出发，继而介绍了文化的构成要素和形成文化差异的原因。之后，本章还介绍了文化和旅游行为的关系。其中具体介绍了旅游者文化和主人文化、文化对旅游者行为的影响以及文化的市场营销策略。最后，作为旅游体验的文化，本章介绍了文化旅游的概念和文化旅游者。本章的学习目标和章节概念如下所示。

学习目标

- 理解文化的概念和构成要素。
- 解释文化旅游者行为的影响因素。
- 理解文化旅游者的体验。

章节概要

一、文化
　1. 文化的概念和特点
　2. 文化的构成要素
　3. 形成文化差异的原因
二、文化和旅游行为
　1. 旅游者文化和主人文化
　2. 文化对旅游者行为的影响
　3. 文化的市场营销策略
三、作为旅游体验的文化
　1. 文化旅游的概念
　2. 文化旅游者

一、文化

（一）文化的概念和特点

关于文化的定义，并不是一个容易回答的问题。学科之间对于文化本身的界定不同，这也就导致了对文化的定义没有一个完全认同的标准。有的观点认为“文化是社会成员的个人交流、解释、评价所形成的一系列的价值、想法、遗产，以及其他表征物”。也有的观点认为“文化是社会成员共有的，历经几代人所形成的一系列信念、价值、态度、习惯以及行为形式”。

由于文化有着多样化的定义，这就需要我们在学习之前讨论一下本章所指文化的定义。我们所说的文化是社会成员共有的，经过代际所形成的信念、价值、规范、态度、习惯、行为、规则、知识、想法和意义等。从这个意义上来说，文化反映了共同的意义和传统，通过其所包含的价值和规范影响多种行为。

文化有几个特点。首先，文化有社会规范的作用和功能，能够引导人的行为。因此，社会规范可以告诉我们怎样的行为是社会成员可以接受的（当然也包含哪些行为是不能接受的）。比如，食用狗肉的这种行为在当地是可以接受的文化，但在其他地方却是很难被接受的饮食文化。又比如，玉米在有的国家可能只是动物饲料。

文化的第二个特点是文化具有学习的过程。文化或者是文化价值是在我们小时候通过学习习得的。我们经常会让我们的子女从小就学习文化规范和价值。这种学习过程所带来的“恰当的行为”影响的不仅是一代人，而且是能够世代传承的。就像伊斯兰国家的女性从小就被教育遵守教义那样，她们从小就从父母那里学习到什么样的行为是被社会所允许的，并将这些行为继续传给她们的子孙。这样，文化就传递到了后代。

另外，文化还有持续和动态的特点。文化不会轻易改变。由于文化是在代与代之间传递的，是一种先前人们获得经验和知识的总和。因此，在相当长的时间内，文化都可以通过社会中的每个成员得以体现。文化也不是固定不变的，会随着新的环境和情境不断进化。比如，从前被认为的好传统，现在也许并没有太大的意义；而过去没有过的文化，现在又在不断涌现。

最后，文化被社会成员所共有，也起到了区别于其他文化的功能。就像前面说到的狗肉的例子，在有些文化中可以被接受，但在有些文化中却很难接受。因此，如果不属于某个文化中的成员，就很难理解该文化。旅游者如果去往某个不是自己文化圈的地方，就很有可能难理解当地文化。这也是旅游者会产生**文化冲击（cultural shock）**的原因。

一般来说，一个国家的文化还会包含几种**亚文化（subculture）**。亚文化作为一种和整体文化相对比而产生的概念，可以被理解为“文化中的文化”。亚文化虽然存在于整体文化之中，但仍然有自己的特点。亚文化中的成员同样会受到整体文化的影响，而亚文化的影响力取决于在多大程度上有其文化的独特性、亚文化中的成员有多大程度的一致性，以及亚文化在整体文化中占到多大的比例（占主流社会的比例）。

亚文化和年龄、宗教、民族有紧密联系，会产生不同的表现形式。在美国，人们会把20世纪50年代出生的人称为“婴儿潮（baby boomer）”的一代，把20世纪70年代出生的人称为“X世代（X-generation）”，把20世纪80年代出生的人称为“N世代（N-generation）”。这样根据不同的代际也形成了不同的亚文化。

另外，还有年龄在25~39岁的“雅皮士（Young Urban Professional，Yuppies）”、双职工无孩子的“丁克族（Double Income No Kids，DINK）”，这些群体都是亚文化的一部分。

中国是一个文化丰富的国家，往往每一个省份甚至每一个城市都有自己独特的文化。而这些地区文化的产生在很大程度上是由于之前地理阻隔所带来交流困难而形成的。

（二）文化的构成要素

文化分为**物质文化（material culture）**和**非物质文化（non-material culture）**。物质文化指的是诸如书、雕塑、技术、设施设备等；而非物质文化则是一些抽象要素。无论是物质文化还是非物质文化，它们都有一些共同的构成要素。其中可以被观察到的有行为和文化遗产等，而不能被观察到的有象征、信念、价值、规范和态度等。

象征是一种代表，比如鸽子是和平的象征。象征让人产生或积极或消极的情绪。比如，五星红旗飘扬在奥运会赛场的时候，就会引发人们的积极情感。象征大体上是由语言、审美风格、故事主题形成的。

鸽子的例子中，“鸽子象征了和平”就是一种语言的象征。艺术表达和美的观念在每个文化中都有不同，而东西方文化中的象征也会存在不同的含义。另外，美学的象征也会随着时代的不同产生变化。信念是对世界上“什么是真实”的询问，比如“数字4被认为是不吉利的数字（东方文化中）”就是一种信念。价值是对“什么是好”的询问，比如，“使用国产商品是好的”“多消费会对国家经济有帮助”都是文化价值的体现。规范是“行为在社会中被接受的程度”。规范让个人产生顺从，社会中的其他人也会对符合规范的行为表示认同，对不符合的行为进行制裁和处罚。这种处罚可以是正式的金钱上的处罚，也可以是非正式的道德上的谴责。

一个社会中的物理产物是文化的另一面，这通常被我们称作**文化遗产（cultural heritage）**。塔、陶瓷、字画、音乐，以及和宗教相关的很多物品都属于文化遗产。人们会改变自己周边的环境，留下痕迹，而这种变化和痕迹就以文化遗产的形式留存，反映出了一种当时社会的人们所共有的协议。

这样，文化也就包含了象征、信念、价值、规范和文化遗产等要素，而这些要素影响了人们如何行动、喜好什么以及如何理解事情等方面，和人类的行为、态度以及旅游行为都有重要的联系。

（三）形成文化差异的原因

文化学者对于文化差异产生的原因十分感兴趣。为什么同样一种行为在有的文化中可以被接受，而在另一种文化中被认为是不好的？为什么会出现文化冲击？很多研究为了回答这些问题，从文化要素的角度（或者叫文化类型）进行了解读。先前的研究显示，有四种文化维度被认为是文化差异产生的原因。

个人主义和集体主义（individualism vs. collectivism）。个人主义和集体主义的文化差别是说在一个文化中的社会成员是更加重视个人的利益，还是更加注重集体的利益。总体来说，东方文化圈集体主义的倾向更强，而西方文化圈个人主义的倾向更强。因此，东方文化中的人们更容易接受为集体的利益而牺牲自己。然而在个人主义倾向强的文化中，人们更加重视自己的利益。

个人主义文化的国家包含有美国、澳洲、英国、加拿大等；集体主义文化的国家有中国、巴基斯坦、土耳其、希腊等国家。在教育方面，个人主义文化中认为教育和个人的利益相关，而集体主义文化认为教育和集体的利益相关。在我国的乡村中，有人考上大学，全村人甚至都会庆祝，这都证明了集体主义的文化。当然，随着全球化的冲击，很多集体主义的国家也会发生变化。一些之前集体主义文化国家的年轻一代也会出现一定程度的个人主义文化。

男性主义和女性主义（masculinity vs. feminity）。男性和女性文化说的是社会文化中对男女角色的差别的区分程度。也有人把男性主义文化解读为以成功为目标的文化，而把女性主义文化解读为追求生活质量、人与人之间和睦关系的文化。总体来说，东方文化圈，如日本等国家对男女的不同区分较为明显，而西方尤其是北欧国家文化认为男女的差别不是很明显。

权利不平等（large and small power distance）。对于社会给予人的不平等，不同文化之间也有差别。欧洲一些国家为了消除社会的不平等在不断努力，亚洲、拉丁美洲等更加容忍社会中的不平等。权利不平等的文化圈中人与人之间的关系是严格遵守的垂直关系，而权利平等社会的文化则更加强调公平和非正式性。

不确定性的逃避（uncertainty avoidance）。最后一个文化特点讲的是社会成员对未来不确定性是接受还是逃避。墨西哥、中东等国家和地区倾向于接受未来的安排，强调宿命论；而中国、美国、欧洲等国家和地区强调克服困难和能动解决问题。在能动论文化的国家里，人们更加重视**意见领袖（opinion leader）**的作用。

二、文化和旅游行为

社会学中对文化的研究大致可分为两类。第一类是认为文化是理解人和人之间的交流活动的框架，第二类是认为文化是社会的产物。第一类涵盖了文化中引发社会成员行为的价值，规范和语言等方面的研究；第二类研究则围绕多样的文化如何发展进行研究。我们下面先学习旅游者和主人文化（人和人的交流），之后学习文化作为社会的产物是如何对旅游者的消费和体验产生影响的。

（一）旅游者文化和主人文化

旅游者文化指的是旅游者所带有的文化。简单理解就是旅游者自己在生活中形成并拥有的文化。旅游文化可以帮助我们理解旅游者是如何行动的，相对应的则是主人文化，是指生活在旅游目的地的当地居民文化。

旅游者文化和主人文化可以有很大的差别。在文化差异很大的时候会引发文化冲击，而文化冲击是文化冲突发生的原因。引发文化冲突的最主要原因包括对自己民族的**文化优越感（cultural ethnocentrism）**、语言和解释等交流过程、旅游者所期待的高服务水平、当地居民的不理解和不承认、低水平的餐饮、住宿等生活方式的差异。

为了减少这些文化差异，旅游者和当地居民要相互知道文化差异，并且要承认对方的不同之处。为了达到这个目的，旅游者和当地居民都要经过一定的教育过程。

事实上，旅游者在旅游的时候虽然也根据自己文化而行动，但多少也表现出不同的行为。主要原因就是旅游者在当地生活的时候，不会受到原来居住地的文化规范影响。而旅游目的地的当地居民在给旅游者提供服务的时候，也会表现出不同的行为。因为旅游提供了一个“舞台”，当地居民在这个舞台上和旅游者接触的同时，文化产生了变化。

由旅游产生的文化变化可以分为两种。一种是两种文化在一定时间内的接触和交互，逐渐变得越来越相像，产生了**文化适应（acculturation）**；另外一种是旅游者和当地居民的接触期间，为了满足旅游者的需求，当地居民的行为发生变化。这被称为**文化漂移（cultural drift）**。文化适应的现象是旅游者和当地居民持续接触的结果，而文化漂移现象是在接触过程中产生的一时的文化变化，对当地的文化并没有产生根本的变化。

不同文化的人在接触时，既会产生负面消极的结果，也会产生正面积极的结果。旅游的负面社会文化影响是当地居民的消费文化会变为“过度消费”，产生所谓的**展示效果（demonstration effect）**。比如，本来喜欢传统酒的当地居民，受到外界旅游者的影响，逐渐开始消费啤酒和红酒。这种过程会逐渐让当地居民失去自己的**真实性（authenticity）**，变得和旅游者的文化融合在一起。

尽管不同文化的接触可能带来负面影响，但不可否认的是文化接触也有积极的影响。旅游者和当地居民都通过这种接触更加理解了其他文化，对其他文化原先的消极态度会转变为积极的态度。而对先前文化本来就是积极态度也会得到强化。

（二）文化对旅游者行为的影响

文化会以各种方式对消费者的决策过程产生影响。从问题认识阶段开始就会产生差异。为了追求高水平、有质量的生活，人们需要什么，在不同的文化中都有不同的表现。

在美国，汽车被认为是一种单纯的交通工具，而在过去的中国（尤其是汽车刚刚进入中国的时候），汽车带有一种生活质量高的象征意义。在搜寻信息阶段，不同文化下对信息搜索的努力程度也不同。比如，我们先前讲到，亚洲文化圈中有较强的回避不确定性，人们为了减少不确定性，会更多地进行信息搜索的活动。

在产品比较阶段，不同文化下使用的评判标准也可能不同。比如，把勤俭节约作为生活重要标准的文化会首先考虑产品的经济性，也就是产品的价格。另外，在消费者的行动中同样也会受到文化的影响，旅游者的动机、信息搜索和评价阶段，旅游活动阶段，活动后的评价阶段都会有文化的影响。

下面，我们从旅游者的动机和旅游目的地形象的偏好是如何受到文化的影响谈起。

1. 旅游者的动机和旅游目的地形象

不同文化的旅游者在接触到旅游目的地信息时，对象征性的解读和目的地形象感知和解读也不同。即使在同一旅游目的地，不同国家的人，如英国、法国、德国等国家对旅游目的地的属性评价会产生不同的结果。这主要是由于各国的审美取向不同所造成的。另外，旅游的动机也会不同，日本的旅游者会重视地位、家庭和睦、知识增长的旅游动机，而美国旅游者的主要动机是为了逃离日常生活和寻求新奇。

2. 信息搜索

在回避不确定倾向强的文化中，人们会不愿意承担风险。因此在信息搜索方面，处于回避危险文化圈的人们会以亲友的口碑信息为主，然后在一定范围内使用旅行社等分销途径。

比如，很多亚洲国家的人（回避危险文化的群体）会在出发之前，选择去大型旅行社咨询。处于弱回避危险文化的人通过电视广告、旅游目的地的旅游局等渠道获取旅游信息。集体主义文化也会影响到旅游行为。集体主义文化中的人会听取旅行社、导游、朋友和亲戚的意见，而个人主义文化的人则会直接通过旅游局获取信息。

3. 选择评价

在几个不同的产品中做出选择时也会受到文化的影响。日本和美国旅游者会特别喜欢计划完美的旅游行程；中国人比较喜欢自由的旅行方式；德国人喜欢自驾旅行，日本人喜欢有导游的旅行。另外，亚洲国家的游客不愿意和别人发生冲突，而澳洲等国家的旅游者并不回避和别人的冲突。总结来看，亚洲国家的人偏好回避当地语言和文化方面的障碍，也更喜欢有导游的旅行。

4. 旅游活动

文化也会旅游活动偏好以及态度方面的改变。回避不确定文化中的旅游者（如亚洲旅游者）在旅游目的地停留的时间相对较短，也相对喜欢和很多人一起去旅行，购物时喜欢品牌声誉比较强的产品；而对服务的不满评价也不愿意直接向服务业者表达。

5. 事后评价

旅游者的事后评价涉及旅游者在重游意愿和满意度方面的不同。文化中表现出的价值观、社会行为、交流活动等规则会对旅游者的行为产生影响，而这些行为又会在对旅游目的地的期待中体现。

比如，日本和韩国人都会期待提供准时的服务，这种感知会影响他们对整体旅游满意度。另外，如何称呼别人在不同文化中也不尽相同。亚洲国家会把姓氏和名字一起称呼，以便显得尊敬。尤其是日本人，会对这样的称呼方式感到满意。而在重游意向的影响因素中，美国和中国游客会因为新奇的学习体验而重新访问一个旅游目的地。

（三）文化的市场营销策略

文化是产生文化的社会中的成员所共同拥有的价值观。因此，同一文化圈的人处在同一种情况中被要求做同一种行为时，在很大概率上会产生类似方式的行为。这种逻辑可以扩展到包括旅游的各种购买行为和消费行为上。旅游者的行为可以根据文化差异来预测其不同的类型。因此，可以根据对这种文化差异的理解来制定相应的营销策略。当然这种预测并不是绝对的，还会受到年龄、性别、家庭结构职业等多种变数的影响。

旅游服务的提供者会通过感知和学习，自行判断旅游者的需求，然后提供和传递旅游相关的服务和体验。这个时候，旅游服务的提供者常会犯以自己的视角提供服务的错误。文化在这一点上可以成为满足游客个体需求的来源，解释文化方面的需求，最终对理解旅游的需求起到作用。

因此，文化差异尤其在国际旅游市场的促销活动中，成为确定目标市场和市场定位的有用工具。在集体主义文化强盛的亚洲国家中，人们认为投资是为了整个家庭的成功，而不仅仅是个人的成功。和普通消费者行为一样，旅游中的文化影响大体都是根据文化的差异而制订相应的营销计划。也正因为此，旅游中文化影响的研究主要是以国际市场为主的细分市场，也就是**文化比较研究**（**cross-cultural study**）。

三、作为旅游体验的文化

（一）文化旅游的概念

当下旅游中最受瞩目的领域之一恐怕要数**文化旅游**（**cultural tourism**）了。文化旅游也被称为**遗产旅游**（**heritage tourism**）。文化旅游是一种通过文化遗产资源，吸引旅游者产生经济活动的旅游形式。

从狭义的范围出发，文化旅游的现象可以被理解为“不是单纯以旅游目的地的独特性为基础，而是以旅游者的动机和感知为根据的旅游”。当地的传统以及社会和文化遗产都可以开发为旅游吸引物，因此文化旅游就自然包含有艺术、手工艺品、民族特有的历史、社会风俗等诸多要素。因此可以说，文化旅游就是以文化为旅游资源为基础的旅游形式。

有学者也认为，文化旅游的形式还包含有**少数民族旅游**（**ethnic tourism**）和**艺术旅游**（**art tourism**）。少数民族旅游的发展主要是由于产业化和城市化的发展所导致的一些从前的文化和生活方式消失，而那些只在小规模社会中存在的，和少数民族群体相关的文化活动就成了文化旅游的资源。这样，少数民族旅游也就成了文化旅游中的一种形式。

而艺术旅游则是把旅游者同博物馆、美术馆、音乐会等艺术场馆联结起来的旅游形式。旅游把一般人和艺术联结起来，扩展了自身的市场。因此，城市旅游的营销人员也不遗余力地把艺术旅游发展为重要的旅游吸引物，吸引更多的旅游者到访。

相比之下，艺术旅游把现代的文化变为旅游吸引物，而遗产旅游把过去的文化变为旅游资源。从广义上来看，文化旅游可以从“过去的文化”和“现在的文化”这两个角度分类。

（二）文化旅游者

文化旅游简单理解就是进行文化旅游的旅游者。文化旅游者和普通旅游者相比，有几个特点。一般来说，文化旅游者普通年龄偏大、具有文化兴趣；和一般旅游者相似的是，他们也有逃离惯常的动机，愿意体验在平常生活中无法体验的、新奇和独特的事物。

另外，和一般游客相比，文化旅游者会更长时间地停留在旅游目的地，每次旅行的花费也比一般游客高。还有就是文化旅游者的受教育水平较高，收入也相对较高。其中一部分人有着宗教或精神的需求。因此，受教育和研究、获取知识等也是文化旅游的重要目的。文化旅游者中多有学生、教师、专家和对文化体验特别有兴趣的人。

文化旅游者根据兴趣是否为文化消费的动机和体验来区分，可分为**文化中心旅游者（culture-core tourist）**和**边缘文化旅游者（culture-peripheral tourist）**。文化中心旅游者是以文化为核心，而边缘文化旅游者则是在去探访亲朋好友或者商务旅游的同时，顺便去博物馆、文化遗产等地方旅游。

不过，文化中心的旅游者也并不是只有文化的体验，还会包含和文化目的相同比重的其他旅游目的。这种旅游者被称之为目的文化中心旅游者。

而边缘文化旅游者中虽然也有为了体验文化的动机，但往往不是第一目的，而是第二目的。还有一种情况就是，尽管一些旅游者在决策的时候完全没有考虑文化的要素，但也访问了文化遗产地或者博物馆。

边缘文化旅游者还有两种小类型。第一种边缘文化旅游者被称为**附带边缘文化旅游者（incidental cultural-peripheral）**。第二种边缘文化旅游者的类型被称为**偶然边缘文化旅游者（accidental cultural-peripheral）**。据此，文化旅游者大体可以分为四类：单一目的文化中心旅游者、多目的文化中心旅游者、附带边缘文化旅游者、偶然边缘文化旅游者。

区分附带型和偶然型的边缘文化旅游者的原因在于他们追求的旅游体验不同，旅游决策的标准也不同，喜好的旅游吸引物自然也不同。比如，文化为主的旅游动机旅游者对距离带来的限制不会太在意，而边缘文化旅游者则不是这样。

因此，针对不同文化旅游者的市场促销策略也不尽相同。对于边缘文化旅游者来说，营销的关键在于文化本身不能成为宣传的重点，要和其他旅游吸引物结合起来一同宣传。另外，文化作为一种旅游的消费品，常会有**商品化（commodification）**的危险。

文化作为商品，为的是把真实的文化频繁展现在旅游者面前。但在这个过程中，为了迎合旅游者的需要会逐渐变得商业化，这样，文化中的价值也就随之丢失了。最终，文化中的本质和意义会被歪曲，随之而来的是文化身份的丧失。

作为消费品，文化和一般消费品不同，文化的消费对象是其中的体验。这种体验只有在真实性得以保持的前提下才能存在。所以，为了理解文化旅游中的当地文化，就需要旅游者有一定的教育过程。也正是由于这个原因，文化解说和文化展示的重要性也逐渐得以体现。

学术用语

[1] 文化冲击（cultural shock）

[2] 亚文化（subculture）

[3] 物质文化（material culture）

[4] 非物质文化（non-material culture）

[5] 文化遗产（cultural heritage）

[6] 个人主义和集体主义（individualism vs. collectivism）

[7] 男性主义和女性主义（masculinity vs. feminity）

[8] 权利不平等（large and small power distance）

[9] 不确定性的逃避（uncertainty avoidance）

[10] 意见领袖（opinion leader）

[11] 文化优越感（cultural ethnocentrism）

[12] 文化适应（acculturation）

[13] 文化漂移（cultural drift）

[14] 展示效果（demonstration effect）

[15] 真实性(authenticity)

[16] 文化比较研究(cross-cultural study)

[17] 文化旅游(cultural tourism)

[18] 遗产旅游(heritage tourism)

[19] 少数民族旅游(ethnic tourism)

[20] 艺术旅游(art tourism)

[21] 文化中心旅游者(culture-core tourist)

[22] 边缘文化旅游者(culture-peripheral tourist)

[23] 附带边缘文化旅游者(incidental cultural-peripheral)

[24] 偶然边缘文化旅游者(accidental cultural-peripheral)

[25] 商品化(commodification)

主要文献

[1] BLACKWELL R D, MINARD P W, ENGEL J F. *Consumer behavior* (9th ed.) [M]. Cincinnati, Ohio: South-Western College Pub, 2001.

[2] JAFAR J. Buth the culture of the short-lived society lives on [J]. *Annals of Tourism Research*, 1987, 14: 143-144.

[3] KIM, C. & LEE, S. Understanding cultural differences in tourism motivation between Anglo-American and Japanese tourists [J]. *Journal of Travel and Tourism Marekting*, 2000, 9 (1/2): 153-170.

[4] PIZAM A, JEON G. Cross-cultural tourist behavior: Perceptions of Korean tour-guides [J]. *Tourism Management*, 1996, 17 (4), 277-286.

[5] PORA Y, BUTLER R, AIREY D. Clarifying heritage tourism [J]. *Annals of Tourism Research*, 2001, 28: 1047.

思考（认知能力训练）

1. 形成文化的原因有哪几个方面?

2. 文化旅游者可以分为几类?

思政（应用能力训练）

孝道文化一直普遍存在于中国文化中，是我们无形的精神财富。试分析一下，孝道文化认同度高的旅游者会有哪些特点?

责任编辑：李冉冉
责任印制：冯冬青
封面设计：中文天地

图书在版编目（CIP）数据

旅游消费者行为 / 孟波编著. -- 北京 : 中国旅游出版社, 2023.3

旅游管理综合实践创新人才培养系列教材

ISBN 978-7-5032-7096-3

Ⅰ. ①旅… Ⅱ. ①孟… Ⅲ. ①旅游－消费者行为论－高等学校－教材 Ⅳ. ① F590

中国国家版本馆 CIP 数据核字（2023）第 029395 号

书　　名：旅游消费者行为

作　　者：孟波编著
出版发行：中国旅游出版社
（北京静安东里6号　邮编：100028）
http://www.cttp.net.cn　E-mail:cttp@mct.gov.cn
营销中心电话：010-57377103，010-57377106
读者服务部电话：010-57377107
排　　版：北京旅教文化传播有限公司
经　　销：全国各地新华书店
印　　刷：三河市灵山芝兰印刷有限公司
版　　次：2023年3月第1版　2023年3月第1次印刷
开　　本：787毫米×1092毫米　1/16
印　　张：16.25
字　　数：293千
定　　价：42.00元
ISBN　978-7-5032-7096-3